高等职业教育规划教材

桥涵施工技术

主编　程青现
参编　洪　英　李卫锋
主审　龚万斌

机械工业出版社

本书主要内容有：桥梁施工准备工作、桥涵施工的常用设备、钢筋工程与混凝土工程、涵洞施工、桥梁基础施工、桥梁墩（台）施工、梁桥就地浇筑施工、梁桥装配式施工、悬臂施工、拱桥施工、斜拉桥与悬索桥施工，以及桥面系施工等内容。

本书可作为高职高专道路和桥梁工程技术专业及其他相关专业的教材。

为方便教学，本书配有电子课件，凡使用本书作为教材的教师可登录机械工业出版社教育服务网 www.cmpedu.com 注册后免费下载。咨询邮箱：cmpgaozhi@sina.com。咨询电话：010-88379375。

图书在版编目（CIP）数据

桥涵施工技术/程青现主编. —北京：机械工业出版社，2016.5（2026.1 重印）
高等职业教育规划教材
ISBN 978-7-111-53626-0

Ⅰ.①桥…　Ⅱ.①程…　Ⅲ.①桥涵工程-工程施工-高等职业教育-教材　Ⅳ.①U44

中国版本图书馆 CIP 数据核字（2016）第 084827 号

机械工业出版社（北京市百万庄大街 22 号　邮政编码 100037）
策划编辑：李　莉　责任编辑：李　莉
责任校对：陈秀丽　责任印制：刘　媛
北京富资园科技发展有限公司印刷
2026 年 1 月第 1 版・第 7 次印刷
184mm×260mm・12.25 印张・296 千字
标准书号：ISBN 978-7-111-53626-0
定价：33.00 元

电话服务　　网络服务
客服电话：010-88361066　机　工　官　网：www.cmpbook.com
010-88379833　机　工　官　博：weibo.com/cmp1952
010-68326294　金　书　网：www.golden-book.com
机工教育服务网：www.cmpedu.com

前　　言

本书按照道路桥梁工程技术专业应用型人才的培养目标及教育特点，结合桥涵建设工作岗位对人才的知识和技能要求编写而成。作者在本书的编写过程中力求突出知识的实用性和可操作性。本书可作为高职高专道路和桥梁工程技术专业及其他相关专业的教材。

本书以《公路桥涵施工技术规范》（JTG/T F50—2011）、《公路工程质量检验评定标准》（JTG F80/1—2004）、《公路工程施工监理规范》（JTG G 10—2006）、《公路桥涵设计通用规范》（JTG D 60—2004）、《公路钢筋混凝土及预应力混凝土桥涵设计规范》（JTG D 62—2004）、《公路桥涵钢结构及木结构设计规范》（JTJ 025—1986）、《建筑施工扣件式钢管脚手架安全技术规范》（JGJ 130—2011）等相关规范为依据，以施工组织的单元模块为项目单元，以施工技术方案为主要素材，介绍了不同构件的施工工艺流程和每道工序的施工技术要点，力求内容的实用性和可操作性；本书在介绍桥涵不同构件施工技术的基础上，重点介绍了目前一些常见桥型、常见构件的施工技术，如圆管涵、灌注桩、预应力梁等，对学习目标提出了掌握、熟悉、了解不同层次的要求。本书内容实用性强，重点突出，强化了对学生职业能力和职业素质的培养，为培养合格的桥梁施工技术人才奠定坚实的基础。

本书由南京交通职业技术学院程青现任主编。其中项目1～项目8由程青现编写，项目9、项目10由南京交通职业技术学院洪英编写，项目11、项目12由南京交通职业技术学院李卫锋编写。江苏省交通工程集团有限公司总裁龚万斌任主审。

本书在编写过程中得到了南京交通职业技术学院蒋玲、中国太平洋建设集团有限公司杨建东的关心与悉心指导，在此表示诚挚的谢意。

由于编者水平有限，书中疏漏之处在所难免，恳请读者提出宝贵意见。

编　者

目　　录

项目1　桥涵施工准备工作

学习目标：1. 了解项目部筹建与项目管理相关知识

2. 掌握施工方法的选择

3. 掌握桥梁施工准备工作有关内容

桥梁施工过程可分为：施工准备阶段、施工阶段和施工收尾阶段。在施工准备阶段承包商有大量工作要做，主要包括：项目部筹建、施工方案编制、技术准备和施工现场准备等。

任务1.1　项目部建设与项目管理

任务描述：项目部是施工企业中标后根据项目情况成立的施工管理临时机构，项目管理是对工程项目的质量、进度、造价及安全等进行有效管理的过程。

一、项目部建设

项目部是项目具体实施的组织机构，施工企业在获得项目中标通知以后，开始筹建项目部，工程项目结束，项目部的工作也就结束。项目部管理由项目经理负责，项目经理人选一般是投标时确定的人员。

1. 机构设置

（1）组织机构框架。项目部组织机构框梁如图1-1所示。

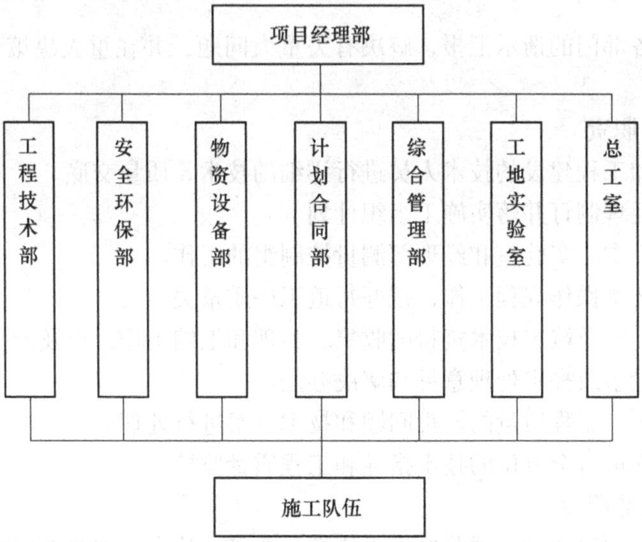

图1-1　项目部组织机构框架

（2）机构设置的要求

1）在中标通知书下达后，由施工企业按投标承诺及时组建项目部。项目部设置地点以方便工作为原则，应设在建设项目现场。

2）项目部一般应设置有：总工室、工程技术部、安全环保部、物资设备部、计划合同部、综合管理部和工地实验室等。项目部应根据投标承诺以及工程实际需要，配置项目部主要负责人、部室负责人及其他人员；建立、健全项目部管理体系、管理制度，落实责任。

3）施工单位应按照投标文件有关承诺，规范用房及场地建设。项目部驻地除了要有便利的交通条件、通电、通水、通电话外，条件允许的，应积极创造信息化办公管理条件。办公、生活用房应坚固、实用、美观、隔热通风，符合招标投标文件及施工管理需要。办公用房面积和办公家具应尽可能满足办公规范化的要求。在施工期间，施工企业应在项目部或工地的显著位置悬挂安全文明生产、质量管理、廉政建设等标牌标语；悬挂施工总体形象进度图、年度进度曲线和实际对比图，项目经理职责、各级主要管理岗位人员的岗位职责。

2. 岗位责任制

（1）项目经理岗位职责

1）根据业主下达的施工设计文件和批准的施工组织设计组织安排好劳动力、机械设备、材料的进场工作，及时协调劳动力、材料、设备的供需关系。

2）安排好施工计划，采取措施确保施工总体计划的完成。

3）负责处理好与业主、监理、工区、当地政府及沿线居民的关系，保证工程的顺利进行。

4）深入现场检查、督促工作，及时了解情况，组织质量、进度检查，考核岗位责任制的执行情况，做好员工的思想工作。

5）主管项目经理部财务，负责审批所有工程费用开支。

6）落实切实可行的安全保证措施，督促、检查执行情况，做好安全生产、文明施工等工作。

7）认真听取各部门的请示汇报，解决有关重大问题，并在重大决策性问题上及时与总公司取得联系。

（2）总工程师职责

1）负责向参加工程建设的技术人员进行详细的技术、质量交底。

2）协助项目经理制订并落实施工组织计划。

3）负责经理部中心实验室和经理部测量控制组的工作。

4）严格抓好技术操作规程工作，把好每道工序质量关。

5）负责抓好平时及竣工技术资料的收集、整理和汇编工作，以及计量支付工作。

6）对工程质量事故提出处理意见和解决办法。

7）对设计变更、工程质量的疑难问题和技术方案进行处理。

8）对整个工程进行全方位的技术指导和工程质量监控。

（3）试验质检部职责

1）工地试验必须遵守试验规范要求，科学、严谨、认真、细致地做好试验工作。

2）对工程所用材料进行事前试验，将试验报告及时报送技术负责人。

3）会同试验监理工程师做好配合比设计，用书面形式及时准确地将配合比方案报告给技术负责人和各工区。

4）随时检测各部位施工中的技术参数，如混凝土强度等级、基层厚度、强度、宽度、平整度、密实度等。

5）及时整理好各种试验资料，并按设计文件要求进行分类、装订、归档。

6）在技术负责人组织下，根据各施工阶段的具体要求，将相关的技术指标和规范要求，以书面形式提供给施工技术人员。

（4）测量控制组职责

1）工地测量，必须严格遵守有关规范要求，及时按图纸放样。

2）施工放样后，仔细地按图纸对放样所依据的测量控制点、图号、放样尺寸等进行复核，记入施工日志。

3）开挖工程在动工前，混凝土及砌筑工程在立模时，以及放样后均须进行复核测量，并将复核测量结果记入施工日志。

4）现场测量，应按操作日期的顺序进行记录，记录本不准涂改、撕页。应根据现场记录分门类整理有关资料，如水准表、中线表、弯沉记录表、平整度检查表、密实度检查表、施工放样归类表等。

5）测量中发现可疑误差或图纸尺寸误差时，应及时报告技术负责人，得不到有效解释时要报监理工程师，不得隐瞒。

二、项目管理制度

项目管理就是以某项目施工为对象的系统管理方法，通过一个临时性的专门组织，对项目进行高效率的计划、组织、指导和控制，以实现项目全过程的动态管理和项目目标的综合协调与优化。自项目开始至项目完成，通过项目计划和项目控制，以使项目的费用目标、进度目标和质量目标得以实现。

1. 施工项目管理的内容

（1）编制施工组织设计。

（2）四大控制：质量、进度、成本、安全。

（3）五大管理：资源管理、技术管理、现场管理、合同管理、信息管理。

（4）组织协调。

（5）竣工验收。

（6）项目考核评价。

（7）项目缺陷责任期。

2. 施工组织的主要依据

（1）施工合同。

（2）《公路桥涵施工技术规范》（JTG/T F50—2011）。

（3）《公路工程质量检验评定标准 第一册 土建工程》（JIG F80/1—2004）。

（4）《公路工程施工监理规范》（JTG G10—2006）。

（5）《公路工程标准施工招标文件》（2009 年版）。

3. 建立、健全各项管理制度

项目部管理制度通常包括：技术质量责任制度、工程技术档案管理制度、施工图纸学习与会审制度、技术交底制度、技术部门及各级人员的岗位责任制、工程材料和构件的检查验收制度、工程质量检查与验收制度、材料出入库制度、安全操作制度、机具使用保养制度等。

任务 1.2 桥梁施工准备

任务描述：施工单位在承接了施工任务后，要尽快做好各项准备工作。施工准备通常包括技术准备、劳动组织准备、物资准备和施工现场准备等工作。

一、施工技术准备

技术准备是施工准备的主要工作。由于任何技术上的差错都可能危及人身安全和造成质量事故，造成生命财产损失，因此必须认真做好技术准备工作。

1. 熟悉设计文件、研究施工图纸并进行现场核对

施工单位收到设计图纸和有关技术文件后，应尽快组织工程技术人员熟悉相关资料，研究所有的技术文件和图纸，全面领会设计意图；检查图纸与其各组成部分之间有无矛盾和错误；在几何尺寸、坐标、高程、说明等方面是否一致；技术要求是否正确；并与现场情况进行核对。同时要做好详细记录，记录应包括对设计图纸的疑问和有关建议等。

2. 原始资料的进一步调查分析

对拟建工程进行实地勘察，进一步获得有关原始数据的第一手资料，这对于正确选择施工方案、制订技术措施、合理安排施工顺序和施工进度计划是非常必要的。

（1）自然条件的调查分析

1）地质。应了解的主要内容有：地质构造、墩（台）位处的基岩埋深、岩层状态、岩石性质、覆盖层土质、土的性质和类别、地基土的承载力、土的冻结深度、妨碍基础施工的障碍物、地震级别和烈度等。

2）水文。应了解的主要内容有：河流流量和水质、年水位变化情况、最高洪水位和最低枯水位的时期及持续时间、流速和漂浮物、地下水位的高低变化、含水层的厚度和流向；冰冻地区的河流封冻时间、融冰时间、流冰水位、冰块大小；受潮汐影响河流或水域中潮水的涨落时间、潮汐水位的变化规律和潮流等情况。

3）气象。调查的内容一般包括工程所在地区的环境温度、气候、降雨、降雪、冰冻、台风（含龙卷风、雷雨大风等突发性灾害）、风向、风速等的变化规律及历年记录；冬、雨季的期限及冬季地层冻结厚度等情况。

4）施工现场的地形地貌。

（2）技术经济条件的调查分析。主要内容包括：施工现场的动迁状况、当地可利用的地方材料状况、地方能源和交通运输状况、地方劳动力和技术水平状况、当地生活物资供应状况，可提供的施工用水用电状况、设备租赁状况、当地消防治安状况及分包单位的实力状况等。

（3）施工前的设计技术交底。设计技术交底一般由建设单位（业主）主持，设计、监理和施工单位（承包商）参加。先由设计单位说明工程的设计依据、设计意图和功能要求，并对特殊结构、新材料、新工艺和新技术提出设计要求，进行技术交底；然后施工单位根据研究图纸的记录以及对设计意图的理解，提出对设计图纸的疑问、建议和变更；最后在统一认识的基础上，对所探讨的问题逐一做好记录，形成设计技术交底纪要，由建设单位正式行文，参加单位共同会签盖章，作为与设计文件同时使用的技术文件和指导施工的依据，以及建设单位与施工单位进行工程结算的依据。当工程为设计施工总承包时，应由总承包人主持进行内部设计技术交底。

二、制订施工方案、进行施工组织设计

在全面掌握设计文件和设计图纸，正确理解了设计意图和技术要求，以及进行了以施工为目的的各项调查之后，应根据进一步掌握的情况和资料，对投标时初步拟定的施工方法和技术措施等进行重新评价和深入研究，以制订出详尽的更符合现场实际情况的施工方案。

施工方案一经确定，即可进行各项临时性结构的施工设计，如基坑围堰，浮运沉井和钢围堰的制造场地及下水、浮运、就位、下沉等设施，钻孔桩水上工作平台，连续梁桥顶推施工的台座和预制场地，悬浇桥梁的挂篮，导梁或架桥机，模板、支架及脚手架，自制起重吊装设备，施工便桥、便道及装卸码头等的施工设计。施工设计应在保证安全的前提下尽量考虑使用现有材料和设备，使设计出的临时结构经济适用、装拆简便、通用性强。

三、开工申请

开工申请是施工单位根据投标承诺的内容完成了施工准备工作，向项目总监理工程师申请开工的程序。

施工单位根据承诺，在人员、机械设备、材料和相应的技术准备都完成的前提下，用书面开工报告的形式向总监理工程师提出申请，经过监理单位的逐项审核，由总监理工程师签发开工令。开工报告的内容根据项目的内容确定，一般包括项目概况、施工组织、施工方案、工期计划、相应试验资料、测量资料、原材料检验、进场设备报验、质量保证体系、创优计划等内容。

四、工地实验室筹建

在桥梁施工现场，施工方必须有工地实验室。实验室的建设要满足工程建设的需要。包括房屋、场地、水电、人员、设备等都要满足工程建设的需要，并通过项目质检单位的验收。

（1）机构设置。一般工地实验室的机构如图1-2所示，具体到每个工地，实验室的机构要根据工程的具体内容与规模确定。

（2）工地实验室根据合同的约定合理配备试验检测人员。工地实验室负责人和试验人员必须持有交通运输部工程质量监督局颁发的《试验检测工程师证书》或《试验检测员证书》，持证上岗。

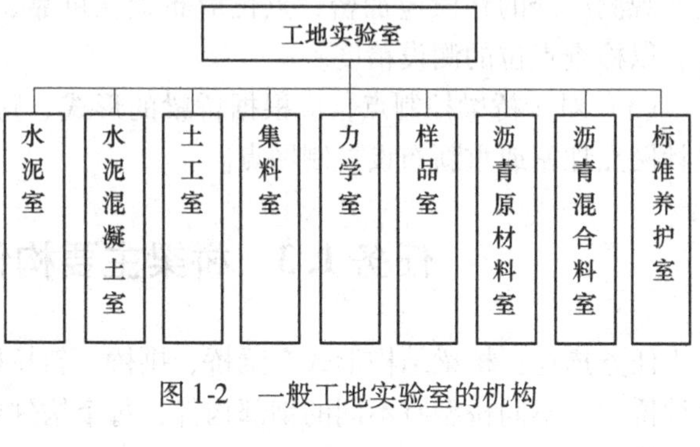

图1-2　一般工地实验室的机构

（3）试验仪器、设备必须满足工程实际需要，并进行相应的标定工作。

（4）试验规章制度、操作规程要完善。

（5）实验室建设完成后，要申请项目质检单位验收。

五、施工准备阶段测量工作

公路工程施工准备阶段的测量工作有：编制测量工作规划，参加开工前的交接桩，控制点的复测、加密，放样检查、验收等。

1. 测量工作规划

测量工作规划包括以下内容：

（1）测量工作的依据。应包括规范、图纸、验收标准、招标投标文件等。

（2）规定测量工作的内容和检查频率。应按照实施工程的内容并根据有关规范、验收标准对测量检查的要求确定。可按照单位工程、分部工程、分项工程的划分来确定测量检查的内容和频率，同时按照该分项工程的施工规范要求来确定各工序中需测量检查的内容和频率。

（3）测量的工作程序和工作制度。

2. 开工前的交接桩

由业主主持，设计单位向监理及承包商提供平面控制点及高程控制点，在交接桩过程中一定要注意点位的完好并与交桩资料要匹配，同时要做好交接记录。

3. 控制点的复测工作

（1）测量工程师要认真检查仪器、人员数量、人员资质，施工单位的测量仪器是否送检标定，标定证书是否在有效使用期内，人员、仪器准确度和数量是否符合合同要求；要对复测的技术方案认真审查。

（2）设计单位提供的导线点和水准点是以后整个工程施工放样与检测的依据，因此测量工程师接桩后应按相应规范要求对其进行复测；测量工程师在复测过程中，应对重要桥梁的控制网，相邻标段的导线点、水准点，以及过河水准点进行复测。

4. 施工控制点的加密

（1）控制点的加密要求与原设计的控制点的精度相同，导线点的加密应采用附合导线，应附合到原设计单位提供的导线点上，同时要注意加密点位离开路线中线的距离要合适。

（2）控制点的加密应闭合到原设计的点位上，点位布置应注意：在桥梁的两侧要加密；需要观测沉降的路段应加密；点位应布置在可靠、稳固的地方。控制点加密应采用严密平差，以检查点位的测设精度。

（3）对于桥梁控制点，应根据桥梁的形式、跨径及设计要求的施工精度，确定利用原设计网点加密或重新布设控制网点。

任务 1.3　桥梁主要构件施工方法简介

任务描述：桥梁结构形式有梁桥、拱桥、斜拉桥、悬索桥等，其中梁桥是使用最广泛的一种桥型。不同桥型有不同的细部构件，每个构件要根据具体的施工环境条件选择合适的施工方法。

一、桥梁基础工程施工方法

在桥梁工程中，通常采用的基础有扩大基础、桩基础、沉井基础等（图1-3）。

1. 扩大基础

扩大基础是将墩（台）及上部结构传来的荷载由其直接传递至较浅的支撑地基的一种基础形式，一般采用明挖基坑的方法进行施工，故又称为明挖扩大基础或浅基础。其主要特点是：

（1）由于能在现场用眼睛确认支撑地基的情况，因而施工质量可靠。

（2）施工时的噪声、振动较小，环境污染较少。

（3）与其他类型的基础相比，施工所需的操作空间较小。

（4）在多数情况下，比其他类型的基础造价少、工期短。

（5）易受冻胀和冲刷的影响。

扩大基础施工的顺序是先开挖基坑，对基底进行处理（当地基的承载力不满足设计要求时，需对地基进行加固），然后砌筑圬工或立模、绑扎钢筋、浇筑混凝土。其中，开挖基坑是施工中的一项主要工作，而在开挖过程中，必须解决挡土与止水的问题。当土质坚硬时，对基坑的坑壁可不进行支护，仅按一定坡度进行开挖。在土质疏松的情况下，一般应对开挖后的基坑坑壁进行支护加固，以防止坑壁坍塌。支护的方法有挡板支护加固、混凝土及喷射混凝土加固等。扩大基础施工的难易程度与地下水处理的难易有关。当地下水位高于基础的设计底面高程时，施工时须采取止水措施，如打钢板桩、采用集水坑用水泵排水、深井排水及井点法排水等，使地下水位降至开挖面以下，以使开挖工作能在干燥的状态下进行。还可采用化学灌浆法及围幕法（冻结法、硅化法、水泥灌浆法和沥青灌浆法等）进行止水或排水。但扩大基础的各种施工方法都有各自的制约条件，因此在选择时应特别注意。

- 基础
  - 扩大基础
    - 机械开挖基坑浇筑法
    - 人工开挖基坑浇筑法
    - 土石围堰开挖基坑浇筑法
    - 板桩围堰开挖基坑浇筑法
  - 桩基础
    - 沉入桩
      - 锤击法
      - 振动法
      - 静力压桩法
      - 辅助沉桩法
        - 射水辅助沉桩
        - 预钻孔辅助沉桩
      - 沉管灌注法
    - 灌注桩
      - 人工挖孔
      - 机械成孔
        - 螺旋钻机成孔法
        - 潜水钻机成孔法
        - 冲击钻机成孔法
        - 正循环回转法
        - 反循环回转法
        - 冲抓钻机成孔法
        - 旋转锥钻孔法
    - 大直径钻孔埋置空心桩
  - 沉井基础
    - 排水开挖下沉法
    - 不排水开挖下沉法
    - 空气幕下沉法
    - 泥浆润滑套下沉法
  - 管柱基础
  - 地下连续墙

图1-3 桥梁基础施工方法

2. 桩基础

桩是深入土层的柱形构件，其作用是将作用于桩顶的荷载传递到土体的较深处。根据不同情况，桩可以有不同的分类方法，现按成桩方法对桩进行分类，并分别叙述其不同的施工方法。

（1）沉入桩。沉入桩是将预制桩用锤击打或振动法沉入地层至设计要求的标高。预制桩包括木桩、混凝土桩和钢桩，一般有如下特点：

1）因桩在预制场内制造，故桩身质量易于控制。

2）沉入桩施工工序简单，工效高，能保证质量。

3）易于水上施工。

4）多数情况下施工噪声和振动较大，污染环境。

5）受运输、起吊等的限制，其单节预制桩的长度不能过长；沉入长桩时要在现场接桩；桩的接头施工复杂，且易出现构造上的弱点；接桩后如果不能保证全桩长的垂直度，则将降低桩的承载能力，甚至在沉入时造成断桩。

6）不易穿透较厚的坚硬地层，当坚硬地层下存在较弱层，而设计要求桩必须穿过时，则需辅以其他施工措施，如射水或预钻孔等。

7）当沉入地基的桩超长时，需截除其超长部分，截桩工作不仅困难，且不经济。

沉入桩施工方法主要有：锤击沉桩法、振动沉桩法、静力压桩法、辅助沉桩法、沉管灌注法以及锤底沉管法等。

（2）灌注桩。灌注桩是在现场采用钻孔机械（或人工）将地层钻挖成预定孔径和深度的孔后，将预制成一定形状的钢筋骨架放入孔内，然后在孔内灌入流动的混凝土而形成桩基。水下混凝土多采用垂直导管法灌注。灌注桩的特点是：

1）与沉入桩的锤击法和振动法相比，施工噪声和振动要小得多。

2）能修建比预制桩的直径更大的桩。

3）与地基土质无关，在各种地基上均可使用。

4）施工时应特别注意孔壁坍塌及孔底沉淀等的处理，处理的质量对桩的承载力影响很大。

5）因混凝土是在泥水中灌注的，因此混凝土质量较难控制。

灌注桩因成孔的机械不同，通常采用旋转锥钻孔法、潜水钻机成孔法、冲击钻机成孔法、正循环回转法、反循环回转法、冲抓钻机成孔法及人工挖孔法等。

（3）大直径桩。一般认为，直径在2.5m以上的桩可称为大直径桩。近年来，大直径桩在桥梁基础中得到广泛应用，结构形式也越来越多样化，除实心桩外，还发展了空心桩；施工方法不仅有钻孔灌注法，还有预制桩壳钻孔埋置法等。根据桩的受力特点，大直径桩多做成变截面的形式。大直径桩与普通桩在施工上的区别主要反映在钻机选型、钻孔泥浆及施工工艺等方面。

3. 沉井基础

沉井基础是一种截面和刚度均比桩大得多的筒状结构，施工时在现场重复交替进行沉井构筑和开挖井内土方，使其沉落到预定支撑地基上。在岸滩或浅水中建造沉井时，可采用筑岛法施工；在深水中建造时，则可采用浮式沉井，即先将其浮运至预定位置，再进行下沉施工。按材料、形状和用途不同，可将沉井分成很多种类型，但各种沉井基础有如下的共同特点：

（1）沉井基础的适宜下沉深度一般为10～40m。

（2）与其他基础形式相比，沉井基础的抗水平力作用能力及竖直支承力均较大，刚度也大，故其变形较小。

沉井基础施工的难点在于沉井的下沉。沉井下沉主要是通过从井孔内除土，清除刃脚正面阻力及沉井内壁摩擦阻力后，依靠其自重下沉。沉井下沉的方法可分为排水开挖下沉和不排水开挖下沉，应优先采用不排水开挖下沉，只有在稳定的土层中，而且渗水量不大时，才采用排水开挖下沉。另外还有压重、高压射水、炮震（必要时）、降低井内水位减少浮力以增加沉井自重、采用泥浆润滑套或空气幕等一些沉井下沉的辅助施工方法。

4. 管柱基础

管柱基础因其施工的方法和工艺相对来说较复杂，所需的机械设备也较多，一般的桥梁极少采用这种形式的基础，仅当桥址处的水文地质条件十分复杂，采用其他的基础形式不能奏效时，才使用这种基础形式。因此，对于大型的深水或海中基础，特别是深水岩面不平、水流流速大的地方采用管柱基础是比较适宜的。

管柱基础的施工一般包括管柱预制、围笼拼装浮运和下沉定位、下沉管柱、在管柱底基岩上钻孔、在管柱内安放钢筋笼并灌注水下混凝土等内容。管柱有钢筋混凝土、预应力钢筋混凝土和钢管三种，其下沉的方法与前述的沉入桩类似，大多采用振动法并辅以射水、吸泥等措施。管柱的下沉必须要有导向装置，浅水时可用导向架，深水时则用整体围笼。

5. 地下连续墙

地下连续墙是用膨润土泥浆进行护壁，在防止开挖壁面坍塌的同时，在设计位置开挖一条狭长端圆的深槽，然后将钢筋骨架放入槽内并灌注水下混凝土，从而在地下形成连续墙体的一种基础形式。地下连续墙有墙式和排柱式之分，但一般多用墙式。地下连续墙的特点有：

（1）施工时噪声、振动较小。

（2）墙体刚度大且截水性能优良，对周边地基无扰动。

（3）所获得的支承力较大，可用作刚性基础，对墙体进行适当的组合后可用以代替桩基础和沉井基础。

（4）在挖槽时因采用泥浆护壁，如管理不当，有槽壁坍塌的可能。

地下连续墙的施工方法很多，根据机械类型和开挖方法可分为抓斗式、冲击式和旋转切削式三类。

二、桥梁下部结构施工方法

1. 承台

位于旱地、浅水河中采用土石筑岛施工桩基的桥梁，其承台的施工方法与扩大基础的施工方法相类似，可采取明挖基坑、简易板围堰后开挖基坑等方法进行施工。对深水中的承台，可供选择的围堰通常有钢板桩围堰、钢管桩围堰、双壁钢围堰及套箱围堰等。不论选择哪种形式的围堰，其目的都是为了止水，以实现承台的干处施工。钢板桩围堰和钢管桩围堰实际上是同一类型的围堰形式，只不过所用材料不同；双壁钢围堰通常是将桩基和承台的施工一并考虑，桩顶设钻孔平台，桩基施工结束后拆除平台，在堰内进行承台施工；套箱围堰现多采用钢材制作，分为有底和无底两种类型，根据受力情况不同又可设计成单壁或双壁。

2. 墩（台）身

墩（台）身的施工方法根据其结构形式的不同而各异。对结构形式较简单、高度不大的中、小型桥梁墩（台）身，通常采取传统的方法立模（一次或几次）现浇施工。但对高墩及斜拉桥、悬索桥的索塔，则有较多的可供选择的方法，而施工方法的多样化主要反映在模板结构形式的不同。近年来，滑升模板、爬升模板和翻升模板等在高墩及索塔上应用较多，其共同的特点是：将墩身分成若干节段，从下至上逐段进行施工。

采用滑升模板（简称滑模）施工，对结构物外形尺寸的控制较准确，施工平稳、安全，机械化程度较高，但因多采用液压装置实现滑升，故成本较高，所需的机具设备也较多。爬升模板（简称爬模）一般要在模板外侧设置爬架，因此这种模板相对而言费用较高，但不需设专门用于提升的起吊设备。高墩的施工，应根据现场的实际情况进行综合比较后再选择适宜的施工方案。中、小型桥梁中，有的设计成石砌墩（台）身，其施工工艺虽较简单，但必须严格控制砌石工程的质量。

三、桥梁上部结构施工方法

桥梁上部结构的形式是多种多样的，其施工方法的种类也较多，但除一些比较特殊的施工方法之外，大致可分为预制安装法和现浇法两大类（图 1-4）。

1. 预制安装法

预制安装可分为预制梁安装和预制节段式块件拼装两种类型。前者主要指装配式的简支梁板，如空心板梁、T 形梁、I 形梁及小跨径箱梁等的安装，是先将梁（板）吊装就位，然后进行横向连接或施工桥面板而使其成为桥梁整体；后者是指将梁体（一般为箱梁）沿桥轴向分段预制成节段式块件，运到现场进行拼装（悬臂拼装），连续梁、T 构桥、刚构桥和斜拉桥多应用这种方法进行施工。

（1）自行式起重机吊装法。这种吊装法多采用轮式起重机、履带式起重机等机械，有单吊和双吊之分，一般适用于跨径在 30m 以内的简支梁（板）的安装作业。在现场吊装的桥梁孔跨内或引道上应有足够设置起重机的场地，同时应确保运梁道路的畅通。起重机的选型应充分考虑梁体的质量和作业半径。

- 施工方法
  - 预制安装法
    - 自行式起重机吊装
    - 跨墩轨道式起重机安装
    - 架桥机安装
    - 扒杆吊装
    - 浮式起重机架设
    - 浮运整孔架设
    - 缆索吊装
    - 提升
    - 逐孔拼装
    - 悬臂拼装
  - 现浇法
    - 固定支架
    - 逐孔现浇
    - 悬臂浇筑
    - 顶推
  - 转体法
  - 劲性骨架法

图 1-4　桥梁上部结构施工方法

（2）跨墩轨道式起重机安装法。这种方法是在墩（台）两侧顺桥向设置轨道，其上安置跨墩的轨道式起重机，将梁体在吊起状态下运到架设地点并安装在预定位置。这种方法一般可将梁的预制场地安排在桥头引道，以缩短运梁距离。其优点是施工作业简单、施工速度快，容易保证施工安全。但要求架设地点的地形平坦、土质良好，梁体应能沿顺桥向搬运，桥墩不能太高。这种方法因设备的费用较高，故架设安装的孔跨数不能太少。

（3）架桥机安装法。这是预制梁的典型架设安装方法。在孔跨内设置安装导梁，以此作为支撑梁来架设梁体，这种作为支撑梁的安装梁结构称为架桥机。目前，架桥机的种类很多，既有专用的架桥机设备，也有施工人员应用常备构件（万能杆件和贝雷片等）自行拼装而成的。按形式的不同，架桥机可分为单导梁式、双导梁式、斜拉式和悬吊式等。悬臂拼装和逐跨拼装的节段式桥梁也经常采用专用的架桥机设备进行施工。其特点是：不受架设孔跨的桥墩高度影响，也不受梁下条件的影响；架设速度快，作业安全系数高，适用于跨数较多的大型桥梁施工。

（4）扒杆吊装法。扒杆吊装法是一种较原始但简单易行的方法，对一些质量小的小型构件比较适宜，目前已很少采用。但近年我国也有采用扒杆吊装大跨径（330m）桁式拱的经验，单件吊装最大质量达200t。

（5）浮式起重机架设法。这种方法一般适用于河面、海上特大桥梁的架设安装，包括整孔架设和节段式块件的悬臂拼装。采用这种方法工期较短，浮式起重机和趸船在移动时会使梁体发生摇动，因此应充分考虑其倾覆问题。但梁体的补强，趸船的补强及趸船、大型吊具、架设用的卡具等设备均较大型化。一般梁体质量大，安装时梁体、趸船均应采取相应的安全措施。

（6）浮运整孔架设法。浮运整孔架设法是将梁体用趸船载运至架设地点后进行架设安装的方法，可采用两种方式：第一种方式是用两套卷扬机（或液压千斤顶）组合提升吊装就位；第二种方式是利用趸船的吃水落差将整体梁体安装就位。

（7）缆索吊装法。缆索吊装法是当桥址为深谷、急流等桥下净空不能利用的地形时，在桥台或桥台后方设立钢塔架，塔架上悬挂缆索，以缆索作为承重索进行架设安装的施工方法。缆索吊装多应用于拱桥的拼装施工，梁式桥及其他桥型也可采用这种方法施工。缆索吊装法有直吊式和斜拉式之分，缆索吊装法比其他方法的架设机械要庞大且工期更长，采用时应对其经济性进行充分分析。

（8）提升法。提升法有两种形式：一种是采用卷扬机进行提升，较适用于悬臂拼装的桥梁；另一种是采用液压千斤顶进行连续提升，较适用于重型构件或梁（板）的架设安装。

（9）逐孔拼装法。逐孔拼装法一般适用于节段式预应力混凝土连续梁的施工。在施工的孔跨内搭设落地式支架或采用悬吊式支架，将节段预制块件按顺序吊放在支架上；然后在预留孔道内穿入预应力筋，对梁施加预应力使其成为整体。

（10）悬臂拼装法。悬臂拼装法现多用于预应力混凝土梁体的施工，其他类型的桥梁也可选用。施工时将梁体分节段预制，墩顶附近的块件用其他架设机械安装或现浇；然后以桥墩为对称点，将预制块件沿桥跨方向对称起吊、安装；就位后，张拉预应力筋，使悬臂不断接长，直至合龙。悬臂拼装法施工速度快，桥梁上、下部结构可平行作业，预制块件的施工质量易控制，但预制节段所需的场地较大，大跨度桥梁施工时，对拼装精度要求较高，因此这种方法可在跨径为100～200m的大桥中选用。这种施工方法可不用或少用支架，施工时不影响通航或桥下交通，宜在跨深水、山谷处和海上进行施工，并适用于变截面预应力混凝土梁桥。悬臂拼装可用的机具设备较多，有移动式起重机、轮式起重机和浮式起重机等，可根据不同的桥梁结构和地形条件进行选择。

2. 现浇法

（1）固定支架法。这是在桥跨间设置支架，安装模板，绑扎钢筋，现场浇筑混凝土的施工方法，特别适用于旱地上的钢筋混凝土和预应力混凝土中、小跨径连续梁桥的施工。支架按其构造的不同可分为满布式、柱式、梁式和梁柱式几种类型，组件形式有门式支架、扣件式支架、碗扣式支架、贝雷桁片、万能杆件及各种型钢组合构件等。在这种施工方法中，支架虽为临时结构，但施工中需承受梁体的大部分重量，因此必须有足够的强度和刚度。同时，支架的地基要可靠，必要时需对地基进行加固处理。固定支架法施工的特点是：梁的整体性好，施工平稳、可靠，不需大型起重设备，施工中无体系转换的问题；需要大量的施工支架，并要有较大的施工场地。

（2）逐孔现浇法

1）在支架上逐孔现浇施工。这是一种与前述的固定支架法相类似的施工方法，其区别在于逐孔现浇施工仅在梁的一孔（或两孔）间设置支架，完成后将支架整体转移到下一孔连续施工，因此这种方法可仅用一孔（或两孔）的支架和模板周转使用，所花费的施工费用较少。支架的形式可采用落地式、梁式和落地移动式。落地式支架多用于旱地桥梁或桥墩较低的情况；梁式支架的承重梁可支撑在位于桥墩承台的立柱上或锚固于桥墩的横梁上；落地移动式支架可在地面设置轨道，支架在轨道上（或其他滑动、滚动装置上）进行转移。逐孔现浇施工的接头通常设在距桥墩中心约 $L/4$ 且弯矩较小的部位，这种施工方法适用于中、小跨径及结构构造比较简单的预应力混凝土桥梁。

2）移动模架逐孔现浇施工。这种方法是使用不着地移动式的支架和装配式的模板进行连续地逐孔现浇施工。这种方法自 20 世纪 50 年代末开始使用以来，得到了较广泛的应用，特别对于多跨长桥如高架桥、海湾桥，使用十分方便，施工快速，安全可靠，机械化程度高，节省劳动力，减轻劳动强度，少占施工场地，不会受桥下各种条件的影响，能周期循环施工。但因其模架设备的投资较大，拼装与拆除都较复杂，所以这种方法一般适用于跨径为 20～50m 的预应力混凝土连续梁桥施工，且桥长至少应在 500m 以上。移动模架可分为在梁下以支架梁等支撑梁重的活动模架（支撑式）和在桥面上设置的以主梁支撑梁重的移动悬吊模架两种形式。

（3）悬臂浇筑法。这种方法最常用的是采用挂篮悬臂浇筑施工，在桥墩两侧对称逐段就地浇筑混凝土，待混凝土达到一定强度后张拉预应力筋，移动挂篮继续进行施工，使悬臂不断接长，直至合龙。挂篮悬臂浇筑施工是 1959 年首先由德国迪维达克公司创造和使用的，因此又称迪维达克施工法。挂篮的构造形式很多，通常由承重梁、悬吊模板、锚固装置、行走系统和工作平台几部分组成。挂篮的功能是：支撑梁段模板，调整位置，吊运材料、机具，浇筑混凝土，拆模和在挂篮上进行预应力张拉工作。挂篮应具有安全可靠、造价低、用料少、操作使用方便、变形小、稳定性好、装拆移动灵活和便于施工等特点。

悬臂浇筑施工不需在跨间设置支架，使用少量施工机具设备，便可以很方便地跨越深谷和河流，适用于大跨径连续梁桥的施工。同时，根据施工受力特点，悬臂施工一般宜在变截面梁中使用。

（4）顶推法。顶推法是在桥台的后方设置施工场地，分节段浇筑梁体，并用纵向预应力筋将浇筑节段与已完成的梁体联成整体，在梁体前端安装长度为顶推跨径 0.7 倍左右的钢导梁；然后通过水平千斤顶施力，将梁体向前方顶推出施工场地。重复这些工序即可完成全部梁体的施工。顶推法最早于 1959 年在奥地利的阿格尔桥上使用，其特点是：由于作业场所限定在一定范围内，可于作业场上方设置顶棚而使施工不受天气影响，全天候施工。连续的顶推跨径以 30～50m 最为经济。如果跨径大于此值，则需有临时墩等辅助手段。逐段顶推施工宜在等截面的预应力混凝土连续梁桥中使用，也可在组合梁和斜拉桥的主梁上使用。用顶推法施工，设备简单、施工平稳、噪声小、施工质量好，可在深谷和宽深河道上的桥梁、高架桥以及等曲率曲线桥、带有曲线的桥和坡桥上采用。顶推施工的方法可分为单点顶推和多点顶推两种。

四、桥梁施工方法的选择原则

施工方法的分类乃是一种权宜的办法，在实际施工中不太可能仅采用分类中的某一种施工方法，多数情况下是将几种方法组合起来应用的。另一方面，桥梁的施工方法很多，本书不可能全部包罗，即使在同一种方法中也有不同的情况，所需的机具、劳动力以及施工的步骤和施工期限也不一样。因此，在确定桥梁施工方法时应根据桥梁的设计要求，施工的现场、环境、设备和经验等各种因素综合分析考虑，以合理选择最佳的施工方法。

选择桥梁施工方法时应考虑的主要因素有以下几点：

(1) 桥梁的结构形式和规模。

(2) 桥位处的地形、自然环境和社会环境。

(3) 施工机械和施工管理的制约。

(4) 以往的施工经验。

(5) 安全性和经济条件等。

思 考 题

1. 扩大基础的主要特点是什么?
2. 桥梁上部结构的施工方法主要有哪些?
3. 桥梁桩基础施工的施工方法分为哪几类?
4. 桥梁施工准备中的技术准备的主要内容有哪些?
5. 桥梁施工前的设计技术交底应如何进行?
6. 桥梁施工准备中的劳动组织准备包括哪些内容?
7. 施工现场准备工作的具体内容有哪些?

项目 2　桥涵施工的常用设备

学习目标：1. 了解桥涵施工常用设备的种类及性能

2. 了解各种设备的使用要求

桥涵施工设备品种繁多，按功能分类主要有临时支架、混凝土施工设备、普通钢筋加工设备与预应力钢筋张拉设备等。

任务 2.1　临时支架

任务描述：桥涵施工中临时支架是最常用的设备之一，常用组成支架的构件主要有万能杆件、贝雷梁、钢板桩、各种型钢、木枋、各种模板等，临时支架是根据工程需要由工程技术人员自己设计、组装的施工设施。

一、施工临时支架分类

施工临时支架按其构造可分为立柱式、梁式和梁柱式支架；按其材料可分为木支架、钢支架、万能杆件组拼支架等；按其用途可分为混凝土梁现浇满堂支架、悬臂浇筑支架、墩（台）现浇支架、大梁安装支架、拱桥缆索吊装设备等。

（1）混凝土梁现浇满堂支架（图 2-1）是普通钢筋混凝土梁、预应力混凝土梁现浇常用的支架形式，工程施工中应用十分广泛。

（2）悬臂浇筑是预应力连续梁、T 形结构等结构常用的施工方法，悬臂浇筑支架有桁架式（图 2-2）、斜拉式、弓弦式、菱形等，是悬臂浇筑常采用的支架形式之一。

图 2-1　混凝土梁现浇满堂支架

图 2-2　桁架式悬臂浇筑支架

（3）墩（台）现浇支架如图 2-3 所示。

（4）大梁安装支架如图 2-4 所示。

（5）拱桥缆索吊装设备（图 2-5）又称为缆索起重机，主要用于高差较大的垂直吊装和架空纵向运输。缆索吊装设备主要由主索、起重索、牵引索、主索收紧装置、主索地垄、主索塔架、万能杆件缆风架等组成。

图2-3　墩（台）现浇支架

图2-4　大梁安装支架

二、常用临时施工支架的构件

图2-5　拱桥缆索吊装设备

搭设临时支架常用的构件有：钢管、扣件、可调托撑、型钢、万能杆件、贝雷梁及钢丝绳等。

1. 钢管

钢管应采用《直缝电焊钢管》（GB/T 13793—2008）或《低压流体输送用焊接钢管》（GB/T 3091—2008）中规定的Q235普通钢管；钢管的钢材质量应符合《碳素结构钢》（GB/T 700—2006）中Q235钢的规定。

2. 扣件

扣件应采用可锻铸铁或铸钢制作，其质量和性能应符合《钢管脚手架扣件》（GB 15831—2006）的规定。采用其他材料制作的扣件，应经试验证明其质量符合《钢管脚手架扣件》（GB 15831—2006）的规定后方可使用。

3. 可调托撑

可调托撑的螺杆外径不得小于36mm，直径与螺距应符合《梯形螺纹 第2部分：直径与螺距系列》（GB/T 5796. 2—2005）、《梯形螺纹 第3部分：基本尺寸》（GB/T 5796. 3—2005）的规定。可调托撑的螺杆与支托板应焊接牢固，焊缝高度不得小于6mm；可调托撑的螺杆与螺母的旋合长度不得少于5扣，螺母厚度不得小于30mm。可调托撑的抗压承载力设计值不应小于40 kN，支托板厚度不应小于5mm。

4. 支架用型钢

支架常用型钢有工字钢、槽钢、角钢和钢管等（图2-6），型钢的材质应符合《碳素结构钢》（GB/T 700—2006）或《低合金高强度结构钢》（GB/T 1591—2008）的规定。用于固定型钢悬挑梁的U形钢筋拉环或锚固螺栓的材质应符合《钢筋混凝土用钢 第1部分：热轧光圆钢筋》（GB 1499. 1—2008）中HPB235钢筋的规定。

5. 万能杆件

万能杆件是用角钢等制成的可拼成一定节间距的桁架杆件。因其通用性强，弦杆、腹杆及连接板等均为标准件，故具有装拆方便、运输方便、利用率高等特点，可以拼装成桁架、墩架、塔架、龙门架等形式，还可以作为墩（台）、索塔施工的脚手架等。万能杆件的构件

图 2-6　型钢

一般分为三大类：第一类为杆件，杆件在拼装时组成桁架的弦杆、腹杆、斜撑；第二类为连接板，各种规格的连接板可将弦杆、腹杆、斜撑等连接成需要的各种形状；第三类为缀板，缀板可将由四肢或两肢角钢组成的各种弦杆、腹杆等在其节间中点做一个加强连接点，使组合断面的整体性更好。

6. 贝雷梁

贝雷梁是一种由桁架拼装而成的定型的钢桁架结构，如图 2-7 所示，由桁架、加强弦杆、横梁、桁架销、螺栓、支撑构件等组成。

图 2-7　贝雷梁

三、施工临时支架的设计

施工临时支架的设计可根据受力分析，并按照《公路桥涵钢结构及木结构设计规范》（JTJ 025—1986）和《建筑施工扣件式钢管脚手架安全技术规范》（JGJ 130—2011）进行。

任务 2.2　普通钢筋加工设备与预应力钢筋张拉设备

任务描述：普通钢筋加工设备有调直、切断、焊接设备等；预应力钢筋张拉设备有锚固、张拉设备等。

一、钢筋加工机械

1. 钢筋调直机

钢筋调直机用于将成盘的细钢筋和经冷拔的低碳钢丝调直。目前，常用的定型调直机有GT4/8型、GT4/14型钢筋调直机以及数控钢筋调直机。

2. 钢筋切断机

钢筋切断机是把钢筋原材料和已矫直的钢筋切断成所需长度的专用机械。切断机有机械式和液压式两种，多以电动机驱动。目前普遍使用的机械式切断机是GQ40型钢筋切断机，主要用于切断直径为6～40mm的普通钢筋，每分钟可切断32次；常用液压式切断机的型号有DYJ-32型。

3. 钢筋弯曲机

图2-8 钢筋弯曲机外形

钢筋经过调直、切断后，需加工成构件或构件中所需要配置的形状，如端部弯钩、梁内弓筋、起弯钢筋等。钢筋弯曲机（图2-8）又称为冷弯机，常用型号有GW40型。

4. 钢筋连接设备

（1）对焊机。对焊是将两根钢筋的端部加热到近于熔化的高温状态，利用其高塑性实行顶锻而达到连接的一种工艺操作。对焊不仅可以提高工效、节约钢材，而且能确保焊接质量，大量利用短料钢筋。常用对焊机是UN1型系列对焊机。

（2）电弧焊机。电弧焊机分为直流弧焊机和交流弧焊机。工程建设中常用的交流弧焊机的型号有BX3-120-1型、BX3-300-2型、BX3-500-2型、BX2-1000型等。

（3）钢筋螺纹滚丝机。钢筋螺纹滚丝机用于粗钢筋连接。

二、预应力张拉锚固设备

预应力锚具、夹具是预应力工程中的核心元件。预应力张拉锚固体系按锚固原理不同可分为：支撑锚固、楔紧锚固、握裹锚固和组合锚固等体系。支撑式锚（夹）具主要有螺杆锚具、镦头锚具。楔紧式锚（夹）具主要有锥销锚具、夹片锚具等。锚（夹）具应具有可靠的锚固能力，其材料的优劣、热处理工艺的好坏，直接影响锚固的可靠性、安全性，因此在选择生产厂家和进行锚具、夹具验收时一定要认真慎重。

1. 几种常用的预应力张拉锚具

（1）镦头锚具。镦头锚具是利用钢丝（或热轧粗钢筋）两端的镦粗来锚固预应力钢丝的一种锚具。镦头锚具加工简单，张拉方便，锚固可靠，成本低，还可以节约两端伸出的预应力钢丝。这种锚具可根据张拉力和使用条件设计成多种形式和规格，能锚固任意根数的钢丝。常用的镦头锚具有：锚杯与螺母（张拉端用）、锚板（固定端用），如图2-9所示。

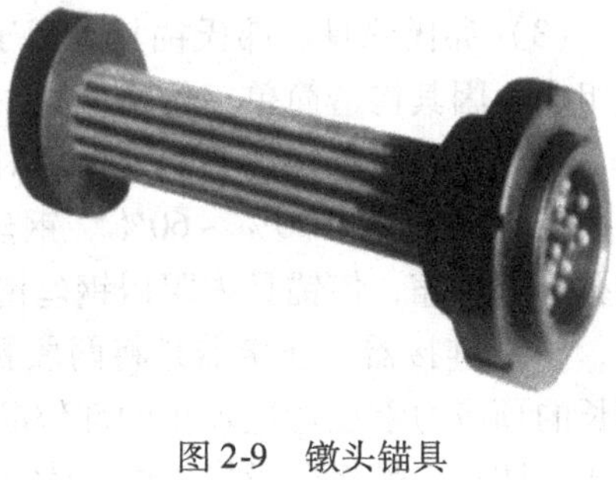

图2-9 镦头锚具

锚具材料采用45钢，锚杯与锚板的调质热处理硬度为 251 ~ 253HBW，锚杯底部（锚板）的锚孔沿圆周分布。DM5 型镦头锚具可以锚固 ϕ5mm 的钢丝束，DM7 型可以锚固 ϕ7mm 钢丝束。为了改善镦头锚具在没有孔道灌浆的情况下的抗疲劳强度，发展出了 LZM 型、LM 型冷铸镦头锚具。

（2）夹片锚具

1）JM 锚具。JM 锚具不仅可以锚固直径为 12mm 的光圆冷拉热轧钢筋束，还能锚固直径为 12mm 的螺纹冷拉热轧钢筋束和钢绞线束，以及直径为 15mm 的钢绞线束。它是利用双重的楔紧锚固作用原理来制造锚具的，其夹具和锚具相同，其张拉千斤顶为兼顾张拉和顶紧夹片双重作用的千斤顶。

JM 锚具的优点是预应力筋（钢绞线）相互靠近，结构尺寸小，混凝土构件不需扩孔。

①单孔夹片锚具。它由锚环和夹片组成，如图 2-10 所示。锚环的锥角为 7°，采用 45 钢。夹片有三片式和二片式两种，三片式夹片按 120°铣分；二片式夹片的背面上部有一弹性槽，以提高锚面性能。这种锚具主要用于无黏结预应力混凝土结构，也可用作先张法钢丝的夹具。

②多孔夹片锚具（图 2-11）。多孔夹片锚具也称为群锚，由多孔锚板与夹片组成。在每个锥形孔内装一副夹片，夹持一根钢绞线。这种锚具的优点是每束钢绞线的根数不受限制，任何一根钢绞线锚固失效，都不会引起整束锚面失效。

图 2-10 单孔夹片锚具

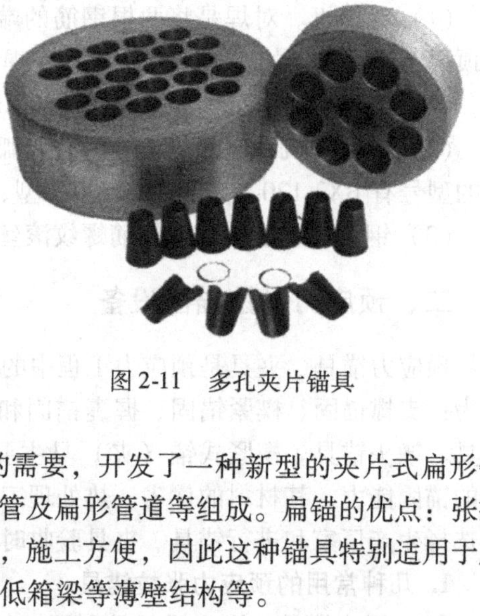

图 2-11 多孔夹片锚具

2）扁锚。20 世纪 80 年代末，根据桥梁施工的需要，开发了一种新型的夹片式扁形锚具，简称扁锚。扁锚是由扁锚头、垫板、扁形喇叭管及扁形管道等组成。扁锚的优点：张拉槽口扁小，可减少混凝土板厚；可以单根分束张拉，施工方便，因此这种锚具特别适用于后张预应力简支 T 形梁、空心板、城市高度受限制的低箱梁等薄壁结构等。

（3）弗氏锚具。弗氏锚具是用于锚固 ϕ5 钢丝的一种楔紧式锚具，它由钢锚环和锥形锚塞组成。因其构造简单、价格低廉，目前仍应用于张拉吨位较小的预应力结构中。

弗氏锚具是靠锚销的楔紧作用对受拉钢丝进行楔紧锚固的。张拉后必须压销，压销力为最大控制张拉力的 40% ~60%。钢丝束张拉后，放松千斤顶时，锚塞随同受拉钢丝一起向锚孔小端回缩，使锚具内阻碍钢丝滑动的阻力增大到与钢丝的拉力相平衡为止。

（4）连接器。连接器是将两段预应力索连接成整体的机具。它有两种用途：一是将特别长的预应力索在弯矩较小的部位断开，变成多个短索，逐段张拉，逐段连接，使预应力索连成一体；二是将分段搭接的短索连成长索，梁上不必设置突出或凹入的齿板、齿槽。

连接器可分为周边悬挂式连接器与中间连接式连接器。

1）周边悬挂式连接器（图 2-12）。其锚具中央为群锚，用以张拉锚固前段的预应力束。锚具直径大于群锚，锚具周边等距分布“V”形槽口，数量与群锚锚孔数相同。槽口内放置有挤压式锚固头的钢绞线或直径大于 $\phi5$ 的钢丝束，并加以锚固，然后用钢质护套罩紧。

图 2-12　周边悬挂式连接器

2）中间连接式连接器（图 2-13）。它不用于构造端部，不起减少摩擦的作用，仅有连接作用。连接器中，挤压式锚头是关键体，和群锚的单孔锚具相比，挤压式锚头直径小，不会松脱，锚固效率还可更高，因此有利于减小连接器的直径。

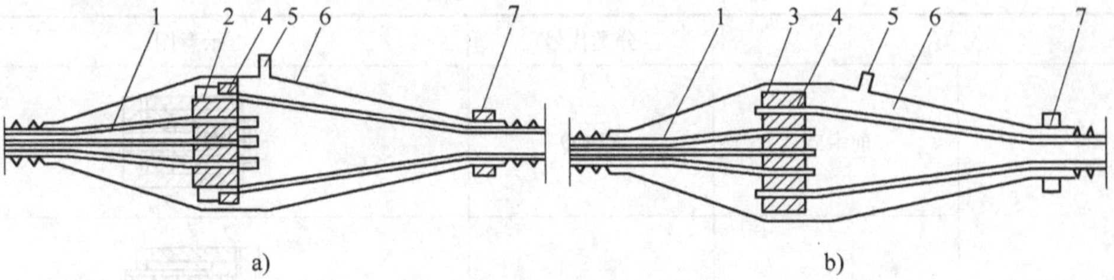

图 2-13　中间连接式连接器

1—钢绞线束　2—挤压式锚头　3—夹片　4—连接体　5—灌浆口　6—护罩　7—钢环

2. 技术要求

锚（夹）具是建立预应力值和保证结构安全的关键，要求锚具的尺寸形状准确，有足够的强度和刚度，受力后变形小，锚固可靠，不致产生预应力筋的滑移和断裂现象。

3. 锚具质量检验

锚具、夹具和连接器，应有出厂合格证，进场时应按下列规定进行验收：

（1）验收批次。在同种材料和同一生产条件下，锚具、夹具应以不超过 1000 套为一个验收批次；连接器应以不超过 500 套为一个验收批次。

（2）外观检查。从每批中抽取 10% 但不少于 10 套的锚具，检查其外观和尺寸，当有一套表面有裂纹或超过产品标准及设计图纸规定尺寸的允许偏差时，应另取双倍数量的锚具重做检查，如仍有一套不符合要求，则不得使用或逐套检查，合格的方可使用。

（3）硬度检查。从每批中抽取 5% 但不少于 5 套的锚具，对其中有硬度要求的零件做硬度检查（多孔夹片锚具的夹片，每套至少抽 5 片）。每个零件测试 3 个点，其硬度应在设计要求范围内。如有一个零件不合格时，应另取双倍数量的零件重做检查，如仍有一个零件不合格，则不得使用或逐套锚具检查，合格的方可使用。

（4）静载锚固性能试验。在外观和硬度检查合格后，应从同批中抽 6 套锚具（夹具或连接器）与预应力筋组成 3 个预应力筋锚具（夹具、连接器）组装件，进行静载锚固性能试验。组装件应符合设计要求；当设计无具体要求时，不得在锚固零件上添加影响锚面性能的物质，如金刚砂、石墨等。预应力筋应等长平行，使其受力均匀，其受力长度不得小于 3m（单根预应力筋的锚具组装件，预应力筋的受力长度不得小于 0.6m）。试验时，先用张拉设备分四级张拉至预应力筋标准强度的 80% 并进行锚固（对支撑式锚具），也可直接用试验设备加荷；然后持荷 1h，再用试验设备逐级加荷至破坏。当有一套试件不符合要求，应加取双倍数量的锚具（夹具、连接器）重做试验，如仍有一套不合格，则该批锚具（夹具、连接器）为不合格产品。

三、预应力用液压千斤顶

预应力张拉机构由预应力用液压千斤顶和供油的高压油泵组成。千斤顶可分为穿心式千斤顶和实心式千斤顶。穿心式千斤顶可分为前卡式、后卡式和穿心拉杆式；实心式千斤顶可分为顶推式、机械自锁式和实心拉杆式。其分类代号和示意图见表 2-1。选用千斤顶型号与吨位时，应根据预应力筋的张拉力和所用的锚具形式来确定。

表 2-1　千斤顶分类代号和示意图

分类		分类代号	示意图
穿心式千斤顶	前卡式	YDCQ	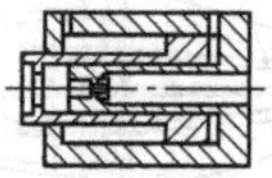
	后卡式	YDC	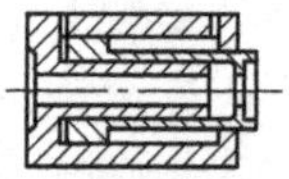
	穿心拉杆式	YDCL	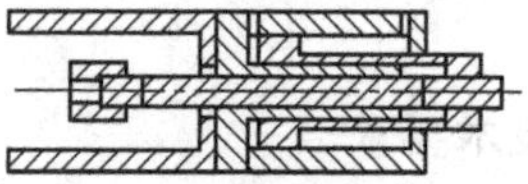
实心式千斤顶	顶推式	YDT	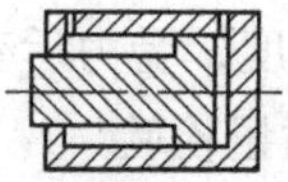
	机械自锁式	YDS	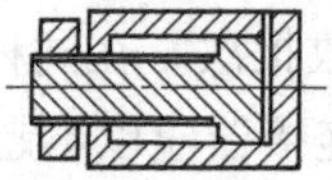
	实心拉杆式	YDL	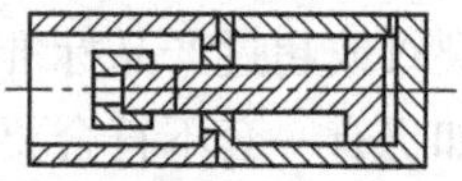

1. 千斤顶型号

千斤顶的型号由分类代号、主参数等组成，其表示方法如下：

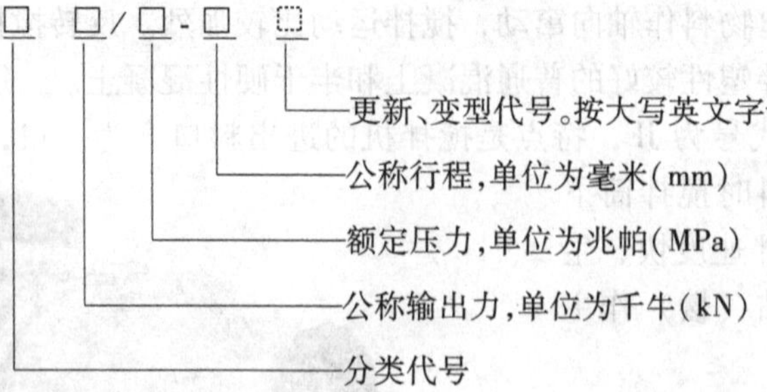

示例：

公称输出力为600kN，额定压力为50MPa，公称行程为200mm的实心拉杆式千斤顶：千斤顶YDL 600/50-200

2. 液压千斤顶的校验

采用千斤顶张拉预应力筋时，预应力筋的张拉力由高压油泵上的压力表读数反映，压力表的读数表示千斤顶油缸活塞单位面积上的油压力，理论上等于张拉力除以活塞面积。但是由于活塞与油缸之间存在摩擦力，使得实际张拉力比理论计算的张拉力要小。为了准确地获得实际张拉力值，应采用标定法直接测定千斤顶的实际张拉力与压力表读数之间的关系，绘出张拉力 N 与压力表读数 p 的关系曲线，供施工时使用。检校方法可在实验机上进行。千斤顶要和工程中使用的油压表、油管一起进行配套标定。标定应在下列情况下进行：

（1）新千斤顶初次使用前。

（2）压力表受到碰撞或出现失灵现象，压力表指针不能退回零点。

（3）千斤顶、油压表和油管进行更换或维修后。

（4）张拉100～200次或连续张拉1～2月后。

（5）停放三个月不用后，重新使用前。

（6）张拉过程中，预应力筋突然发生成束破断。

任务2.3　混凝土施工设备

任务描述：混凝土施工设备主要包括混凝土搅拌机、混凝土搅拌站（楼）、混凝土运输设备、混凝土振捣设备等。

一、混凝土搅拌机

1. 混凝土搅拌机分类

按搅拌原理分有自落式搅拌式、强制式搅拌机两种。

（1）自落式搅拌机　指搅拌叶片和拌筒之间无相对运动。自落式搅拌机按形状和出料方式又可分为滚筒式（图2-14）、锥形反转出料式、锥形倾翻出料式。

（2）强制式搅拌机　指搅拌叶片和拌筒之间有相对运动。

2. 混凝土搅拌机构造特点

（1）锥形反转出料式。其代号为JZ，主要特点是搅拌筒轴线始终保持水平位置。筒内设有交叉布置的搅拌叶片。在出料端设有一对螺旋形出料叶片，正转搅拌时，物料一方面被叶片提升、落下；另一方面强迫物料作轴向窜动，搅拌运动比较强烈。反转搅拌时，由出料叶片将混凝土卸出。适用于搅拌塑性较好的普通混凝土和半干硬性混凝土。

（2）锥形倾翻出料式。其代号为 JF，特点是搅拌机的进出料口合为一口，搅拌时锥形筒轴线具有约 15°的仰角，出料时搅拌筒下旋转 50°～60°，卸料方便、搅拌速度快、生产效率高。适用于混凝土搅拌站（楼）作主机使用。

（3）涡桨式　其代号为 JW，特点是靠搅拌筒内的涡桨式叶片的旋转将物料挤压、翻转、抛出，从而进行强制搅拌。具有搅拌均匀、搅拌时间短、密封性好等特点，适合于搅拌干硬性混凝土和轻质混凝土。

图 2-14　滚筒式搅拌机

（4）单卧轴式（JD）与双卧轴式（JS）。这两种搅拌机兼有自落式和强制式的优点，即搅拌质量好、生产效率高、耗能少。能搅拌干硬性、塑性、轻集料混凝土以及各种砂浆、灰浆和硅酸盐等混合物。

3. 混凝土搅拌机安装

（1）搅拌机必须安装在坚实、平整的地面上，以保证搅拌过程的正常进行。搅拌机的撑脚要调整到轮胎不受力。

（2）使用前，按清洁、紧固、润滑、调整、防腐“十字”作业法检查各系统；注意各结合机件是否松动，离合器和制动装置是否灵活可靠，钢丝绳是否损坏，传动带松紧是否合适等。

（3）钢丝绳的表面要保持有一层润滑油膜，绳头卡结必须牢固。当钢丝绳断丝过多时应及时更换。

（4）安装强制式搅拌机须在料斗上的最低点设置地坑，上料轨道要伸入坑内，斗口与地面相平。

（5）强制式搅拌机的出料门应保持轻快开启，并保证封闭严密。

4. 混凝土搅拌机的生产率计算

周期式混凝土搅拌机的生产率计算公式

$$Q = 3600V/(t_1 + t_2 + t_3)k_1$$

式中　Q——生产率（m^3/h）；

V——搅拌机的额定出料容量（m^3）；

t_1——每次上料时间（s），使用上料斗进料时，一般为 8～15s；使用漏斗或链斗提升机进料时，可取 15～26s；

t_2——每次搅拌时间（s），受混凝土坍落度、拌合机容量影响，可根据实测确定或参考表 2-2 内数据；

t_3——每次出料时间（s），倾翻出料时间为 10～15s；非倾翻出料时间为 40～50s；

k_1——时间利用系数，一般为 0.9。

表 2-2　搅拌物在自落式搅拌机中（连续）每次搅拌最短时间　（单位：s）

出料容量/m^3	坍落度≤60mm	坍落度 > 60mm	出料容量/m^3	坍落度≤60mm	坍落度 > 60mm
≤0.25	60	45	1.5	150	120
0.75	120	90			

二、混凝土搅拌站（楼）

搅拌站（楼）的特点是制备混凝土的全过程机械化或自动化、产量大、搅拌效率高、质量稳定、成本低，劳动强度小。

搅拌站或搅拌楼的区别是：搅拌站的生产能力较小，结构容易拆装，能组成集装箱转移地点，适用于施工现场；搅拌楼体积大，生产效率高，只能作为固定式的搅拌装置，适用于生产产量大的商品混凝土。

搅拌站（楼）主要由物料供给系统、称量系统、主机系统和控制系统等四大部分组成。

1. 物料供给系统

物料供给系统指组合成混凝土的砂、石、水泥、水等几种物料的堆积和提升系统。砂和石的提升，一般是以悬臂拉铲为主，另有少部分采用装载机上料，配以带式输送机输送的方式。水泥则以压缩空气吹入散装的水泥筒仓，辅以螺旋机和水泥秤供料。搅拌用水一般用水泵实现压力供水。

2. 称量系统

砂、石一般采用累积计量，水泥单独称量，搅拌用水一般采用定量水表计量。

3. 控制系统

控制系统一般有两种方式：一种是开关电路，有电气控制和计算机控制，能够对混凝土拌合材料进行准确的计量；另一种是采用运算放大器电路，增加了配合比设定功能。微型计算机控制技术现已应用于控制系统，从而提高了控制系统的可靠性。

4. 主机系统

搅拌主机的选择决定了搅拌站（楼）的生产率。常用的主机有锥形反转出料式（Z锥）、涡桨式（W 涡）、单卧强制式（S 单）、双卧强制式（S 双）、锥形倾翻出料式（F 翻）等多种形式。

大型混凝土搅拌站有单阶式和双阶式两种。单阶式混凝土搅拌站是由带式运输机等运输设备一次将原材料提升到需要高度后，靠自重下落，依次经过储料、称量、集料、搅拌等程序完成整个搅拌过程。

图 2-15　单阶式混凝土搅拌站

单阶式混凝土搅拌站（图 2-15）具有工作效率高、自动化程度高、占地面积小等优点，但一次投资大。双阶式混凝土搅拌站是将原材料一次提升后，依靠材料的自重完成储料、称量、集料等工序，再经过二次提升进入搅拌机搅拌。双阶式混凝土搅拌站的建筑物总高度较小，运输设备较简单，和单阶式混凝土搅拌站相比投资相对较少，但生产效率和自动化程度较低，占地面积较大。

三、混凝土运输设备

混凝土运输设备必须根据工程情况来选用。常用的混凝土运输设备有手推车、翻斗车、混凝土搅拌运输车、混凝土泵、提升机、起重机、架空缆索等。

1. 手推车

手推车主要用于短距离水平运输，具有轻巧、方便等特点，其容量为0.07～0.1 m^3。

2. 翻斗车

翻斗车具有机动灵活、装卸快速、操作简便等特点，运用于短距离混凝土的运输或砂、石等散装材料的倒运。

3. 混凝土搅拌运输车

混凝土搅拌运输车是一种用于长距离运输混凝土的运输设备。它是将搅拌筒安装在汽车底盘上，把在搅拌站生产的混凝土成品装入拌合筒内，然后运至施工现场。在整个运输过程中，搅拌筒始终在作慢速转动，从而使混凝土在长途运输后仍不会出现离析现象，以保证混凝土的质量。

当运输距离很长，采用上述运输设备难以保证运输质量时，可采用装载干料运输、拌和用水另外存放的方法，当快到浇筑地点时加水搅拌，待到达浇筑地点时混凝土已经搅拌完毕，便可卸料进行浇筑。混凝土搅拌运输车的外形如图2-16所示。

图2-16　混凝土搅拌运输车的外形

四、混凝土振捣设备

混凝土振捣设备是一种借助动力并通过一定装置作为振源产生频繁的振动，并将这种振动传给混凝土，以捣固混凝土的设备。合理选择和正确使用混凝土振捣设备，不但可以提高混凝土的浇筑速度和质量，而且还可以降低工程成本，改善劳动条件。

混凝土振捣设备有插入式振捣棒、附着式振动器、平板振动器和振动台等。

1. 插入式振捣棒

插入式振捣棒（图2-17）又叫内部振动器，主要由振捣棒、软轴和电动机三部分组成。振捣棒工作部分的长度约为500mm，直径为35～50mm，内部装有偏心振子。电动机开动后，由于偏心振子的作用，使整个棒体产生高频微幅的振动。振捣棒和混凝土接触时，将振动传给混凝土，很快使混凝土密实成型。插入式振捣棒主要用于振捣各种垂直方向尺寸较大的混凝土体，如桥梁墩（台）、基础、柱、梁、坝体、桩及预制构件等。根据工作原理的不同，可把插入式振捣棒分为偏心式和行星式两种。偏心式是在振捣棒中心安装具有偏心质量的转轴，偏心转轴在电动机带动下高速旋转时产生的离心力将振动传给振捣棒外壳。行星式是在振捣棒内部装有一带有滚锥的转轴，转轴在电动机带动下，滚锥沿滚道公转从而使棒体产生振动。常见的插入式振捣棒有ZX50、ZX70等型号。

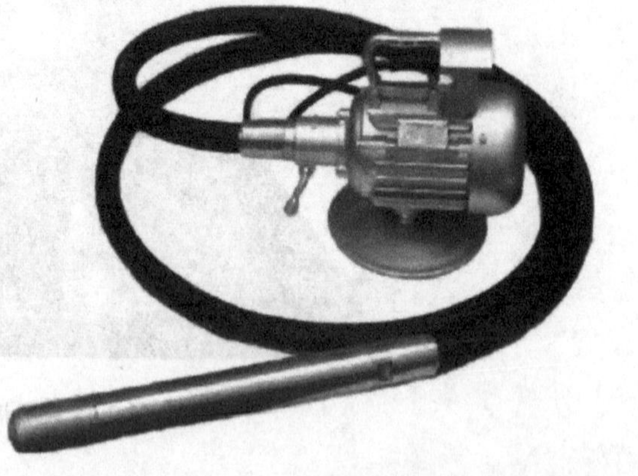

图2-17　插入式振捣棒

施工作业要点：

（1）电动机运行时，若软轴不转，振捣棒不起振，一般是电动机旋转方向不对，可调换任意两相电源线即可；若软轴转动，振捣棒不起振，可摇晃棒头或将棒头轻磕地面，即可起振。

（2）作业时，要使振捣棒自然沉入混凝土，要做到“快插慢拔”，快插是为了防止先将表面混凝土振实而无法振捣下部混凝土，使下部混凝土出现分层、离析现象；慢拔是为了让混凝土有充足的时间填满振捣棒抽出时形成的空隙。宜将振捣棒上下略为抽动，以使上下混凝土振捣均匀。

（3）分层振捣混凝土时，每层厚度不应超过振捣棒长度的1.25倍；在振捣上一层时，应插入下层50mm左右，以促使上下层相互结合。

（4）振捣时间要掌握好，过短混凝土不易被捣实，过长又可能使混凝土出现离析。一般每个插入点的振捣时间为20~30s，以混凝土表面出现浮浆，不再出现气泡、不再沉落为准。

（5）作业时，振捣棒插入混凝土的深度不应超过棒长的2/3~3/4。否则，振捣棒将不易拔出而导致软管损坏。

（6）作业时，插入点要排列均匀，可采用“行列式”或“交错式”的移动顺序。注意振捣棒各插点的间距应均匀，一般间距不要超过振捣棒有效作用半径的1.5倍，以免漏振。

2. 平板振动器

平板振动器属外部振动器，它是直接放在混凝土表面上移动进行振捣工作，适用于坍落度不太大的塑性、半塑性、干硬性、半干硬性混凝土或浇筑层不厚，表面较宽敞的混凝土捣固，如水泥混凝土路面、平板、拱面等。平板振动器构造如图2-18所示。

施工作业要点：

（1）平板振动器与混凝土接触，将振动有效地传给混凝土，使混凝土振实至表面出浆，不再下沉。每一位置的连续振捣时间一般为20~40s。

（2）开启的振动器不应放在已凝固或初凝的混凝土上，以防振伤振动器和振松已凝固的混凝土。

3. 附着式振动器

附着式振动器也属于外部振捣棒，其振动构造与平板振动器的工作部分相同。由于振捣作业方式的不同，附着式振动器是靠底部的螺栓或其他锁紧装置固定安装在模板外部（或滑槽料斗等），振动器的能量是通过模板传给混凝土，从而使混凝土被振捣密实。附着式振动器的振捣半径不大，仅适用于振捣钢筋较密、厚度较小等不宜使用插入式振捣棒的结构。

图 2-18　平板振动器构造

施工作业要点：

（1）在一个模板上同时用多台附着式振动器振捣时，各振动器的频率必须保持一致。相对面的振捣棒应交错布置，布置间距应通过试验确定。

（2）作业时，每次振捣时间不超过 1min，当混凝土在模内泛浆流动成水平状不再出现气泡。

（3）当钢筋较密或构件断面较窄时，可采取边浇筑边振捣的方法。

4. 振动台

振动台为一个支撑在弹性支座上的工作平台，平台下设有振动机构。混凝土振动台是由电动机、同步器、振动平台、固定框架、支撑弹簧及偏振子等组成。工作时，振动机构作上下方向的定向振动。振动台具有生产效率高、振捣效果好等优点，主要用于混凝土制品厂预制件的振捣。

施工作业要点：

（1）混凝土振动台需施加强力振动使混凝土振实成型，故应安装在牢固的基础上。

（2）混凝土构件的厚度小于 200mm 时，可将混凝土一次装满振捣；如厚度大于 200mm 时，则需分层浇筑，每层厚度不大于 200mm 时，可边浇筑边振捣。

（3）振捣时间应根据实际情况决定，一般以混凝土表面出现浮浆，不再出现气泡，不再沉落为准。

思　考　题

1. 桥梁施工的临时支架有哪些？
2. 万能杆件的构件分为哪三类？
3. 桥梁施工起重设备有哪些？
4. 简述混凝土搅拌站（楼）的组成。
5. 混凝土振捣设备有哪几类？混凝土振捣时需注意什么？
6. 预应力张拉锚固设备有哪几类？各有什么特点？

项目3　钢筋工程与混凝土工程

学习目标：1. 掌握钢筋原材料检验、钢筋加工的工序及质量要求
　　　　　2. 掌握混凝土原材料检验、混凝土配合比设计、混凝土施工工序及质量要求

桥梁工程主要由钢筋混凝土构件组成，桥梁的各部分构件，对钢筋原材料及加工、混凝土施工有共性技术要求。

任务3.1　钢筋工程

任务描述：普通钢筋从加工到形成钢筋骨架需要经过原材料检验、下样，钢筋调直、切断、除锈、弯钩、焊接、绑扎等工序。

一、钢筋原材料的检验

（1）普通钢筋抗拉强度标准值见表3-1，普通钢筋弹性模量见表3-2。

表3-1　普通钢筋抗拉强度标准值

钢筋种类	符　号	f_{sk}	钢筋种类	符　号	f_{sk}
R235　$d=8\sim20$	Φ	235	HRB400　$d=6\sim50$
Φ	400
HRB335　$d=6\sim50$	Φ	335	KL400　$d=8\sim40$	$Φ^{R}$	400

注：表中 d 是指国家标准中的钢筋公称直径，单位mm。

表3-2　普通钢筋弹性模量

钢筋种类	E_s	钢筋种类	E_p
R235	2.1×10^5	消除应力光面钢丝、螺旋肋钢丝、刻痕钢丝	2.05×10^5
HRB335、HRB400、KL400、精轧螺纹钢筋	2.0×10^5	钢绞线	1.95×10^5

（2）钢筋原材料的检验方法及频率。进场钢材应具有出厂质量证明书和试验报告单，对使用的钢筋应抽取试样做力学性能试验。

钢筋分批检验时，每批由同一牌号、同一炉罐号、同一尺寸的钢筋组成，每批的质量不宜大于60t；超过60t的部分，每增加40t（或不足40t的余数）应增加一个拉伸试验试样和一个弯曲试验试样。允许由同一牌号、同一冶炼方法、同一浇注方法的不同炉罐号组成混合批，但各炉罐号的碳含量之差应不大于0.02%，锰含量之差应不大于0.15%。

钢筋在运输过程中应避免锈蚀、污染或被压弯；在工地存放时，应按不同品种、规格，分批堆置整齐，不得混杂，并应设立识别标志，存放的时间不宜超过6个月。存放场地应有防水、排水设施，且钢筋不得直接置于地面，应垫高或堆置在台座上，顶部应采用合适的材料予以覆盖，防止水浸和雨淋。

在工程施工过程中，应采取适当的措施，防止钢筋产生锈蚀。对设置在结构或构件中的预留钢筋的外露部分，当外露时间较长且环境湿度较大时，宜采取包裹、涂刷防锈材料或其他有效措施进行临时性防护。

二、钢筋的加工

1. 钢筋的除锈

钢筋的表面应洁净、无损伤，使用前应将表面的油渍、漆皮、鳞锈等清除干净，带有颗粒状或片状老锈的钢筋不得使用；当除锈后钢筋表面有严重的麻坑、斑点，已伤蚀截面时，应降级使用或剔除不用。

2. 钢筋的弯曲

《公路桥涵施工技术规范》（JTG/T F50—2011）对纵向钢筋、弯起钢筋等的弯钩与弯折作了详细的规定，钢筋的弯制和末端的弯钩应符合设计要求，如设计无要求时，应符合表 3-3 的规定。

三、钢筋的接头

钢筋不够长时，需要用接头将钢筋接长。钢筋的接头一般采用焊接或绑扎。焊接有闪光对焊、电弧焊等多种形式。电弧焊又分为搭接焊、帮条焊、坡口焊、熔槽帮条焊等情况。绑扎仅适用于钢筋直径在 25mm 以下、无焊接及机械接头的条件时。

表 3-3　受力主钢筋制作和末端弯钩形状

弯曲部位	弯曲角度	形状图	钢筋种类	弯曲直径 D	平直部分长度	备　注
末端弯钩	180°	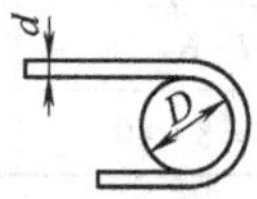	R235	$\geqslant 2.5d$	$\geqslant 3d$	d 为钢筋直径
	135°		HRB335	Φ8～Φ25 $\geqslant 4d$	$\geqslant 5d$	
			HRB400	Φ28～Φ40 $\geqslant 5d$		
	90°	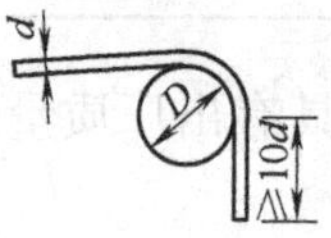	HRB335	Φ8～Φ25 $\geqslant 4d$	$\geqslant 10d$	
			HRB400	Φ28～Φ40 $\geqslant 5d$		
中间弯钩	90°以下	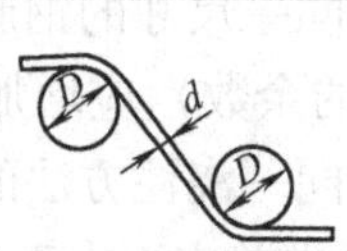	各类	$\geqslant 20d$		

注：环氧树脂涂层钢筋当进行弯曲加工时，对直径 d 不大于 20mm 的钢筋。其弯曲直径不应小于 $4d$；对直径 d 大于 20mm 的钢筋，其弯曲直径不小于 $6d$。

1. 焊接接头

（1）钢筋的纵向焊接，应优先采用闪光对焊，当缺乏闪光对焊条件时，可采用电弧焊搭接焊连接。钢筋焊接的焊接方法、接头形式和适用范围见表3-4。

表3-4 钢筋焊接方法、接头形式和适用范围

焊接方法			接头形式	适用范围	
				钢筋牌号	钢筋直径/mm
电阻点焊			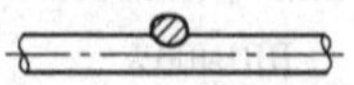	HPB300 HRB335 HRBF335 HRB400 HRBF400 HRB500 HRBF500 CRB550 CDW550	6~16 6~16 6~16 6~16 4~12 3~8
闪光对焊				HPB300 HRB335 HRBF335 HRB400 HRBF400 HRB500 HRBF500 RRB400W	8~22 8~40 8~40 8~40 8~32
箍筋闪光对焊			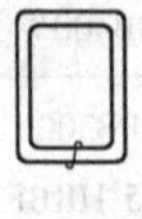	HPB300 HRB335 HRBF335 HRB400 HRBF400 HRB500 HRBF500 RRB400W	6~18 6~18 6~18 6~18 8~18
电弧焊	帮条焊	双面焊	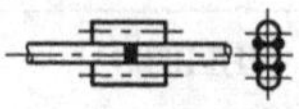	HPB300 HRB335 HRBF335 HRB400 HRBF400 HRB500 HRBF500 RRB400W	10~22 10~40 10~40 10~32 10~25
电弧焊	帮条焊	单面焊	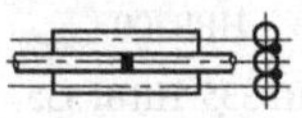	HPB300 HRB335 HRBF335 HRB400 HRBF400 HRB500 HRBF500 RRB400W	10~22 10~40 10~40 10~32 10~25
电弧焊	搭接焊	双面焊		HPB300 HRB335 HRBF335 HRB400 HRBF400 HRB500 HRBF500 RRB400W	10~22 10~40 10~40 10~32 10~25
电弧焊	搭接焊	单面焊		HPB300 HRB335 HRBF335 HRB400 HRBF400 HRB500 HRBF500 RRB400W	10~22 10~40 10~40 10~32 10~25

（续）

焊接方法			接头形式	适用范围：钢筋牌号	适用范围：钢筋直径/mm
电弧焊	熔槽帮条焊		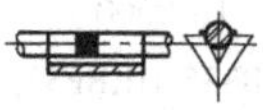	HPB300 HRB335 HRBF335 HRB400 HRBF400 HRB500 HRBF500 RRB400W	20 ~ 22 20 ~ 40 20 ~ 40 20 ~ 32 20 ~ 25
电弧焊	坡口焊	平焊		HPB300 HRB335 HRBF335 HRB400 HRBF400 HRB500 HRBF500 RRB400W	18 ~ 22 18 ~ 40 18 ~ 40 18 ~ 32 18 ~ 25
电弧焊	坡口焊	立焊		HPB300 HRB335 HRBF335 HRB400 HRBF400 HRB500 HRBF500 RRB400W	18 ~ 22 18 ~ 40 18 ~ 40 18 ~ 32 18 ~ 25
电弧焊	钢筋与钢板搭接焊		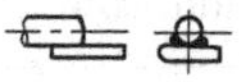	HPB300 HRB335 HRBF335 HRB400 HRBF400 HRB500 HRBF500 RRB400W	8 ~ 22 8 ~ 40 8 ~ 40 8 ~ 32 8 ~ 25
电弧焊	窄间隙焊			HPB300 HRB335 HRBF335 HRB400 HRBF400 HRB500 HRBF500 RRB400W	16 ~ 22 16 ~ 40 16 ~ 40 18 ~ 32 18 ~ 25
电弧焊	预埋件钢筋	角焊	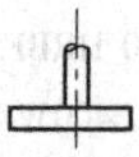	HPB300 HRB335 HRBF335 HRB400 HRBF400 HRB500 HRBF500 RRB400W	6 ~ 22 6 ~ 25 6 ~ 25 10 ~ 20 10 ~ 20
电弧焊	预埋件钢筋	穿孔塞焊	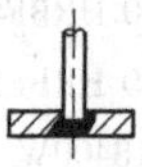	HPB300 HRB335 HRBF335 HRB400 HRBF400 HRB500 RRB400W	20 ~ 22 20 ~ 32 20 ~ 32 20 ~ 28 20 ~ 28
电弧焊	预埋件钢筋	埋弧压力焊 埋弧螺柱焊	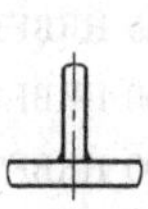	HPB300 HRB335 HRBF335 HRB400 HRBF400	6 ~ 22 6 ~ 28 6 ~ 28

（续）

焊接方法		接头形式	适用范围	
			钢筋牌号	钢筋直径/mm
电渣压力焊			HPB300 HRB335 HRB400 HRB500	12～22 12～32 12～32 12～32
气压焊	固　态	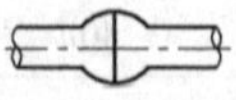	HPB300 HRB335 HRB400 HRB500	12～22 12～40 12～40 12～32
	熔　态	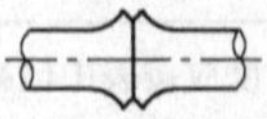		

注：1. 电阻点焊时，适用范围的钢筋直径指两根不同直径钢筋交叉叠接中较小钢筋的直径。

2. 电弧焊含焊条电弧焊和二氧化碳气体保护电弧焊两种工艺方法。

3. 在生产中，对于有较高要求的抗震结构用钢筋，在牌号后加 E，焊接工艺可按同级别热轧钢筋施焊；焊条应采用低氢型碱性焊条。

4. 生产中，如果有 HPB235 钢筋需要进行焊接时，可按 HPB300 钢筋的焊接材料和焊接工艺参数，以及接头质量检验与验收的有关规定施焊。

（2）钢筋接头采用搭接电弧焊时，两钢筋搭接端部应预先折向一侧，使两连接钢筋轴线一致。接头双面焊缝的长度不应小于 $5d$，单面焊缝的长度不得小于 $10d$（d 为钢筋直径）。搭接电弧焊的焊缝总长度应大于 $10d$。

（3）钢筋电弧焊的焊接性能应符合有关规定，焊条牌号应符合设计要求，若设计无要求时，焊条选用可参考表 3-5。

表 3-5　钢筋电弧焊使用焊条

钢筋级别	电弧焊接接头形式			
	帮条焊、搭接焊	坡口焊、熔槽帮条焊 预埋件穿孔塞焊	窄间隙焊	钢筋与钢板搭接焊 预埋件 T 形角焊
HPB300	E4303	E4303	E4316 E4315	E4303
HRB335	E4303	E5003	E5016 E5015	E4303
HRB400	E5003	E5503	E6016 E6015	—

（4）焊接时，对施焊场地应有适当的防风、防雨、防雪和防严寒措施。冬期施焊时，应按《公路桥涵施工技术规范》（JTG/T F50—2011）第 25 章冬期施工的要求进行，低于 -20℃时不得施焊。

（5）钢筋焊接前，必须根据施工条件进行试焊，合格后方可正式施焊。

2. 绑扎接头

钢筋采用绑扎接头时，必须注意以下几点：

（1）搭接处钢筋一定要绑牢，绑结点要设在接头处的中心和两端。

（2）绑扎接头的数量在同一截面内，受拉钢筋不宜超过受力钢筋根数的 1/4，受压钢筋不宜超过受力钢筋根数的 1/2。

（3）受拉钢筋绑扎接头的搭接长度见表 3-6，受拉区内 R235 钢筋绑扎接头的末端应做弯钩，HRB335、HRB400 钢筋的绑扎接头末端可不做弯钩。直径等于和小于 12mm 的受压 R235 钢筋的末端，可不做弯钩，但搭接长度不应小于钢筋直径的 30 倍。钢筋搭接处，应在中心和两端用钢丝扎牢。

表 3-6　受拉钢筋绑扎接头的搭接长度

钢筋类型		混凝土强度等级		
		C20	C25	高于 C25
R235		35d	30d	25d
月牙纹	HRB335	45d	40d	35d
	HRB400	55d	50d	45d

注：1. 当带肋钢筋直径 d 不大于 25mm 时，其受拉钢筋的搭接长度应按表中值减少 5d 采用；当带肋钢筋直径 d 大于 25mm 时，其受拉钢筋的搭接长度应按表中值增加 5d 采用。
2. 当混凝土在凝固过程中受力钢筋易受扰动时，其搭接长度宜适当增加。
3. 在任何情况下，纵向受拉钢筋的搭接长度不应小于 300mm；受压钢筋的搭接长度不应小于 200mm。
4. 当混凝土强度等级低于 C20 时，R235、HRB335 牌号钢筋的搭接长度应按表中 C20 的数值相应增加 10d；HRB500 钢筋不宜采用。
5. 对有抗震要求的受力钢筋的搭接长度，当抗震烈度为七度（及以上）时应增加 5d。
6. 两根不同直径的钢筋的搭接长度，以较细的钢筋直径计算。

接头长度区段内受力钢筋接头面积的最大百分率见表 3-7。

表 3-7　接头长度区段内受力钢筋接头面积的最大百分率

接头形式	接头面积最大百分率（%）	
	受拉区	受压区
主钢筋绑扎接头	25	50
主钢筋焊接接头	50	不限制

注：1. 焊接接头长度区段内是指 35d（d 为钢筋直径）长度范围内，但不得小于 500mm，绑扎接头长度区段是指 1.3 倍搭接长度。
2. 在同一根钢筋上应尽量少设接头。
3. 装配式构件连接处的受力钢筋焊接接头可不受此限制。
4. 绑扎接头中，钢筋的横向净距不应小于钢筋直径且不应小于 25mm。

3. 螺纹接头

螺纹接头适用于直径大于或等于 25mm 的 HRB335、HRB400 热轧钢筋。

四、钢筋骨架的成型和安装

1. 制作和拼装钢筋骨架

钢筋常以骨架的形式在混凝土中存在。骨架成型是指钢筋或钢丝按构件设计的需要进行焊接或绑扎，形成钢筋网或钢筋骨架。

在支架上浇筑钢筋混凝土梁时，为减少在支架上的钢筋安装工作，梁内的钢筋宜预先在工厂或工地制成平面或立体骨架。当梁的跨径较大时，可预先分段制成骨架。当不能预先制成骨架时，钢筋的接头应尽可能预先完成。制作钢筋骨架时应焊接、绑扎牢固，并采用适当技术措施临时加固，以防止运输或吊装过程中变形。

用焊接来加工骨架时，应用样板严格控制骨架位置。骨架的施焊顺序，宜由骨架的中间对称地向两端进行，并应先焊下部后焊上部。相邻的焊缝应分区对称地跳焊，不可顺方向连续施焊，焊皮应边焊边敲。

绑扎钢筋骨架时，应在钢筋骨架与模板之间错开放置一定数量的水泥砂浆垫块、混凝土垫块或钢筋头垫块，以保证混凝土保护层的厚度。骨架侧面的垫块应绑扎牢固。固定垫块时，应错开位置，不要贯通全部断面。另外，绑扎钢丝不得接触模板。

2. 钢筋骨架的运输和安装

运输预制好的钢筋骨架，可利用平车或在骨架下面垫以辊轴，用卷扬机拖拉。运输道路可设在桥上或桥侧面，孔数较多时宜设在桥侧面。由桥侧面运进和吊装时，侧模板应在骨架入模后再安装。用起重机吊装骨架时，为防止骨架弯曲变形，宜加设扁担梁。箱形梁钢筋的安装和预应力筋的配置，应与混凝土的浇筑程序和模板的安装顺序配合进行。

3. 质量检查

在混凝土浇筑之前，钢筋骨架和模板应先进行验收，钢筋位置允许偏差见表 3-8。

表 3-8　钢筋位置允许偏差

检查项目			允许偏差/mm
受力钢筋间距	两排以上排距		±5
	同排	梁、板、拱肋	±10
		基础、锚碇、墩（台）、柱	±20
	灌注桩		±20
箍筋、横向水平钢筋、螺旋筋间距			0，-20
钢筋骨架尺寸	长		±10
	宽、高或直径		±5
弯起钢筋位置			±20
保护层厚度	柱、梁、拱肋		±5
	基础、锚碇、墩（台）		±10

任务 3.2　混凝土工程

任务描述：混凝土工程包括原材料检验，配合比设计及施工控制，混凝土的拌和、运输、浇筑，以及混凝土验收标准。

一、水泥混凝土原材料的检验

1. 水泥的检查与保管

（1）水泥进场之前应抽取样品进行检验，应按其品种、强度等级、证明文件（质保书）以及出厂时间等分批进行检查、验收。

（2）入库的水泥应按品种、强度等级、出厂日期分别堆放，并竖立标志。做到先到先用，防止混掺使用。

（3）为了防止水泥受潮，现场仓库应尽量密封，包装水泥存放时应垫离地面 30cm，离墙也要在 30cm 以上。临时露天存放水泥时应用防雨篷布覆盖，底板需垫高。

（4）水泥存放时间不宜过长，以免结块降低强度。常用水泥出厂 3 个月应视为过期水泥，使用时必须重新检验确定其等级。水泥正常存放超过 3 个月，强度会降低 10% ~20%；存放 6 个月，强度会降低 15% ~30%。

（5）受潮、结块的水泥一般不得用在结构工程中。

（6）水泥的碱含量应符合下列要求：当集料具有碱—硅酸反应活性时不应超过 0.6%；C40 及以上混凝土，不宜超过 0.6%。

（7）水泥质量标准。水泥化学指标应符合表 3-9 的规定，水泥不同龄期的强度应符合表 3-10 的规定。

表 3-9　水泥化学指标

<table>
<tr><th>品种</th><th>代号</th><th>不溶物
（质量分数）</th><th>烧失量
（质量分数）</th><th>三氧化硫
（质量分数）</th><th>氧化镁
（质量分数）</th><th>氯离子
（质量分数）</th></tr>
<tr><td rowspan="2">硅酸盐水泥</td><td>P · Ⅰ</td><td>≤0.75</td><td>≤3.0</td><td rowspan="3">≤3.5</td><td rowspan="3">≤5.0①</td><td rowspan="8">≤0.06③</td></tr>
<tr><td>P · Ⅱ</td><td>≤1.50</td><td>≤3.5</td></tr>
<tr><td>普通硅酸盐水泥</td><td>P · O</td><td>—</td><td>≤5.0</td></tr>
<tr><td rowspan="2">矿渣硅酸盐水泥</td><td>P · S · A</td><td>—</td><td>—</td><td rowspan="2">≤4.0</td><td>≤6.0②</td></tr>
<tr><td>P · S · B</td><td>—</td><td>—</td><td>—</td></tr>
<tr><td>火山灰硅酸盐水泥</td><td>P · P</td><td>—</td><td>—</td><td rowspan="3">≤3.5</td><td rowspan="3">≤6.0②</td></tr>
<tr><td>粉煤灰硅酸盐水泥</td><td>P · F</td><td>—</td><td>—</td></tr>
<tr><td>复合硅酸盐水泥</td><td>P · C</td><td>—</td><td>—</td></tr>
</table>

①如果水泥压蒸试验合格，则水泥中氧化镁的含量允许放宽至 6.0%。

②当水泥中氧化镁的含量大于 6.0% 时，需进行水泥压蒸安定性试验并合格。

③当有更低要求时，该指标由买卖双方确定。

表 3-10　水泥不同龄期的强度

品种	强度等级	抗压强度/MPa	
		3d	28d
硅酸盐水泥	42.5	17.0	42.5
	42.5R	22.0	42.5
	52.5	23.0	52.5
	52.5R	27.0	52.5
	62.5	28.0	62.5
	62.5R	32.0	62.5
普通水泥	32.5	11.0	32.5
	32.5R	16.0	32.5
	42.5	16.0	42.5
	42.5R	16.0	42.5
	52.5	22.0	52.5
	52.5R	26.0	52.5
矿渣硅酸盐水泥、火山灰质硅酸盐水泥、粉煤灰硅酸盐水泥	32.5	10.0	32.5
	32.5R	15.0	32.5
	42.5	15.0	42.5
	42.5R	19.0	42.5
	52.5R	23.0	52.5

2. 细集料的质量要求

（1）细集料应采用级配良好、质地坚硬、吸水率小、颗粒洁净的河砂。河砂不易得到时，也可使用山砂或由硬质岩石轧制得到的机制砂。

细集料不宜采用海砂，必须使用时，应具备可靠的冲洗条件。冲洗后的细集料，其氯离子含量等技术指标必须符合规范的规定。

氯盐锈蚀环境严重作用下的混凝土，不宜采用抗渗性较差的岩质（如花岗岩、砂岩等）作细集料。

细集料的试验可按《公路工程集料试验规程》（JTG E42—2005）执行。

（2）砂按规格分类可分为粗、中、细三种细度模数，见表3-11。

表3-11　砂的分类

砂　组	粗　砂	中　砂	细　砂
细度模数	3.7～3.1	3.0～2.3	2.2～1.6

（3）砂按用途分为Ⅰ类、Ⅱ类、Ⅲ类。Ⅰ类宜用于强度等级大于C60的混凝土；Ⅱ类宜用于强度等级为C30～C60及有抗冻、抗渗或其他要求的混凝土；Ⅲ类宜用于强度等级小于C30的混凝土和建筑砂浆。

（4）砂的分区及级配范围见表3-12。

表3-12　砂的分区及级配范围

标准筛筛孔尺寸/mm	级配区 1	级配区 2	级配区 3	标准筛筛孔尺寸/mm	级配区 1	级配区 2	级配区 3
	累计筛余（%）				累计筛余（%）		
9.5	0	0	0	0.60	85～71	70～41	40～16
4.75	10～0	10～0	10～0	0.30	95～80	92～70	85～55
2.36	35～5	25～0	15～0	0.15	100～90	100～90	100～90
1.18	65～35	50～10	25～0				

注：1. 表中除4.75mm、0.60mm筛孔外，其余各筛孔累计筛余允许超出分界线，但其总量应小于5%。

2. 人工砂中0.15 mm筛孔的累计筛余：1区可以放宽到100～85，2区可以放宽到100～80，3区可以放宽到100～75。

3. 配不同等级的混凝土宜优先选2区砂；1区砂宜提高砂率以配低流动性混凝土；3区砂宜适当降低砂率以保证混凝土的强度。

4. 对于高强度等级泵送混凝土用砂宜选用中砂，细度模数宜为2.9～2.6。

3. 粗集料的质量要求

（1）桥涵混凝土的粗集料，应采用质地坚实、均匀洁净、级配合理、粒形良好、吸水率小的碎石，也可采用碎卵石，低强度等级混凝土还可采用卵石。

（2）粗集料应采用二级或多级配。粗集料的颗粒级配，宜采用连续级配或连续级配与单粒级配合使用。在特殊情况下，通过试验证明混凝土无离析现象时，也可采用单粒级。粗集料的级配范围应符合表3-13的要求。

（3）粗集料最大粒径应按混凝土结构及施工方法选取，但最大粒径不得超过结构最小边尺寸的1/4和钢筋最小净距的3/4；在两层或多层密布钢筋结构中，不得超过钢筋最小净距的1/2，同时最大粒径不得超过100mm。混凝土实心板的粗集料最大粒径不宜超过板厚的

1/3 且不得超过 40mm。

氯盐锈蚀环境严重作用下的混凝土，粗集料粒径不宜超过 25mm（大体积混凝土除外），且不得超过保护层厚度的 2/3。

4. 水

（1）拌制混凝土宜采用饮用水，一般能满足要求，使用时可不经试验。

表 3-13　碎石或卵石的颗粒级配规格

级配情况	公称粒级/mm	累计筛余（按质量百分率计）											
		方孔筛筛孔尺寸/mm											
		2.36	4.75	9.50	16.0	19.0	26.5	31.5	37.5	53.0	63.0	75.0	90.0
连续级配	5~10	95~100	80~100	0~15	0	—	—	—	—	—	—	—	—
	5~16	95~100	85~100	30~60	0~10	0	—	—	—	—	—	—	—
	5~20	95~100	90~100	40~80	—	0~10	0	—	—	—	—	—	—
	5~25	95~100	90~100	—	30~70	—	0~5	0	—	—	—	—	—
	5~31.5	95~100	90~100	70~90	—	15~45	—	0~5	0	—	—	—	—
	5~40	—	95~100	70~90	—	30~65	—	—	0~5	0	—	—	—
单粒级	10~20	—	95~100	85~100	—	0~15	0	—	—	—	—	—	—
	16~31.5	—	95~100	—	85~100	—	—	0~10	0	—	—	—	—
	20~40	—	—	95~100	—	80~100	—	—	0~10	0	—	—	—
	31.5~63	—	—	—	95~100	—	—	75~100	45~75	—	0~10	0	—
	40~80	—	—	—	—	95~100	—	—	70~100	—	30~60	0~10	0

（2）被检验水样应与饮用水样进行水泥凝结时间对比试验。对比试验的水泥初凝时间差及终凝时间差均不应大于 30min；同时，初凝和终凝时间应符合《通用硅酸盐水泥》（GB 175—2007）的规定。

（3）被检验水样应与饮用水样进行水泥胶砂强度对比试验，被检验水样配制的水泥胶砂 3d 和 28d 强度不应低于饮用水配制的水泥胶砂 3d 和 28d 强度的 90%。

（4）混凝土拌和用水不应有漂浮明显的油脂和泡沫，不应有明显的颜色和异味。

（5）未经处理的海水严禁用于钢筋混凝土和预应力混凝土的拌制、养护。

5. 掺合料

掺合料主要为粉煤灰、磨细矿渣、硅灰等。使用时应保证其产品品质稳定，来料均匀。

（1）粉煤灰、磨细矿渣、硅灰的质量指标及适用范围符合规范要求。

（2）掺合料在运输与存储中，应有明显标志，严禁与水泥等其他材料混淆。

（3）施工需要掺用的掺合料（粉煤灰、磨细矿渣、硅灰等），使用前应通过试配检验，确定其掺量。掺用掺合料的混凝土应符合设计、有关的施工要求，并符合国家现行有关标准的规定。

（4）严禁使用已结硬、结团的或失效的掺合料用于混凝土工程中。

（5）应采取有效措施防止由于在混凝土中掺入掺合料而产生的不利影响（如掺入硅粉后应加强降温和保湿养护，避免混凝土产生温缩、干缩和自缩裂缝）。

6. 外加剂

外加剂的品种应根据设计和施工要求选择，应采用减水率高、坍落度损失小、能明显改善混凝土性能的质量稳定的产品。工程使用的外加剂与水泥、矿物掺合料之间应有良好的相容性。试配掺外加剂的混凝土时，应采用工程使用的原材料，按设计与施工要求进行检测，检测条件应与施工条件相同，当材料或混凝土性能变化时应重新进行试配。所采用的外加剂，应对人员、环境无毒害作用，其质量应符合《混凝土外加剂》（GB 8076—2008）的规定。

二、水泥混凝土配合比

（1）混凝土强度主要是由施工配合比控制的，无论是哪种形式的拌和，都需要进行配合比的设计和实际控制，确保实际施工配合比和设计配合比一致。

（2）配合比的设计是依据设计图纸中的混凝土强度等级进行的。选择配合比的原则是：在具有适合作业要求的和易性范围内，应尽量减少单位用水量，并根据试验确定配合比。

（3）由于计量、搅拌、养护、浇筑以及集料的含水量等方面原因，施工现场拌制混凝土时与实验室存在着一定的差异，因此试配强度应大于设计标准强度。

（4）在做配合比试验时，所有材料都应当与施工用料相同，否则试配将是无效的。为了节约水泥和改善和易性，缩短或延长凝结时间，提高抗冻性能，应积极使用外加剂。

（5）不同混凝土构件对坍落度的要求参见表3-14。

表3-14 不同混凝土构件对坍落度的要求 （单位：mm）

结构类别	坍落度（振动器振捣）
小型预制块及便于浇筑、振捣的结构	0~20
桥涵基础、墩（台）等无筋或少筋的结构	10~30
普通配筋率的钢筋混凝土结构	30~50
配筋较密、断面较小的钢筋混凝土结构	50~70
配筋极密、断面高而窄的钢筋混凝土结构	70~90

（6）工程施工应进行耐久性设计，结构混凝土的基本要求应符合表3-15的规定。

表3-15 结构混凝土耐久性的基本要求

环境类别	环境条件	最大水灰比	最小水泥用量 /(kg/m³)	最低混凝土强度等级	最大氯离子含量（%）	最大碱含量 /(kg/m³)
Ⅰ	温暖或寒冷地区的大气环境、与无侵蚀的水或土接触的环境	0.55	275	C25	0.30	3.0
Ⅱ	严寒地区的大气环境、使用除冰盐环境、滨海环境	0.50	300	C30	0.15	3.0
Ⅲ	海水环境	0.45	300	C35	0.10	3.0
Ⅳ	受侵蚀性物质影响的环境	0.40	325	C35	0.10	3.0

注：1. 有关现行规范对海水环境中结构混凝土的最大水灰比和最小水泥用量有更详细规定时，可参照执行。

2. 本表中的氯离子含量是指其与水泥用量的百分比。

3. 预应力混凝土构件中的最大氯离子含量为0.06%，最小水泥用量为350kg/m³。

（7）不同强度等级混凝土的最大胶凝材料总量（水泥和掺合料）要求如下：大体积混凝土不宜超过350kg/m^3；C40以下不宜大于400kg/m^3；C40～C50不宜大于450kg/m^3；C60不宜大于500kg/m^3（非泵送混凝土）和530kg/m^3（泵送混凝土）。对于暴露于空气中的一般混凝土，粉煤灰掺量不宜大于20%，且每立方米混凝土的硅酸盐水泥用量不宜小于240kg/m^3。

（8）混凝土拌和方法不同，施工配合比的控制方法也不同。混凝土搅拌站（楼）的进料由程序控制，配合比控制比较容易。混凝土搅拌机的进料是由人工操作，配合比要严格控制，以确保混凝土质量。

三、水泥混凝土的拌制与运输

1. 机械拌制

拌制混凝土配料时，宜采用自动计量装置，各种衡器精度应符合要求，计量应准确。计量器具应定期检定，经大修、中修或迁移至新的地点后，也应进行检定。配料数量的允许偏差（以质量计）见表3-16。

表3-16 配料数量的允许偏差

材料类别	允许偏差（%）	
	现场拌制	预制场或集中搅拌站拌制
水泥、混合材料	±2	±1
粗、细集料	±3	±2
水、外加剂	±2	±1

大型结构物混凝土应使用卧轴式、行星式或逆流式带有自动计量的装置到搅拌机械搅拌。机械搅拌时，最短搅拌时间应符合设备出厂说明书的规定，并经试验确定，且不得低于表3-17的规定。

表3-17 混凝土最短搅拌时间

搅拌机类别	搅拌机容量	混凝土坍落度/mm		
		<30	30～70	>70
		混凝土最短搅拌时间/min		
自落式	≤400	2.0	1.5	1.0
	≤800	2.5	2.0	1.5
	≤1200	—	2.5	1.5
强制式	≤400	1.5	1.0	1.0
	≤1500	2.5	1.5	1.5

2. 人工拌和

零星、少量工程的低标号塑性混凝土也可在不渗水、平整耐磨的平板上进行人工拌和。

3. 混凝土的运输

混凝土应以最少的转运次数，最短的距离迅速地从拌制地点运往浇筑地点，避免发生离析、泌水和灰浆流失现象，坍落度前后相差不得超过30%，否则应进行二次拌制。混凝土运输时间不宜超过《公路桥涵施工技术规范》（JTG/T F50—2011）表6.7.1的规定。

（1）在桥面上运输。对于跨径不大的桥梁，可在上部结构模板上运送混凝土；用手推车或小型翻斗车运送时，需在模板上铺跳板和马凳，并随着浇筑工作的推进逐一撤除。用轻轨斗车运送时，模板上需放置混凝土短柱或铁支架，上搁纵梁、横木、面板，再铺铁轨。混凝土短柱和铁支架可留在混凝土体内。

（2）索道起重机运输。索道起重机一般沿顺桥方向跨越全部桥跨设置，可设一条或两条索道。在桥的横向可用牵引的方法或搭设平台分送混凝土。

（3）在河滩上运输。当桥下为较平坦的河滩时，可用汽车或轻轨斗车进行水平运输，用起重机进行垂直和横向运输。进行水平运输（顺桥向）和垂直运输（上、下方向）时，宜用同一活底吊斗装载混凝土并将其送入模板，避免倒料；如必须先将混凝土放在平台上，然后进行分送时，应经过重新拌和后再分送与浇筑。

（4）水上运输。在较大、可通航的河流上，可在浮船上设置水上混凝土工厂和起重机，以供应混凝土并将其运送到浇筑部位。需另用小船运送混凝土时，应尽可能使用同一装载混凝土的工具。

（5）混凝土的运输能力应适应混凝土凝结速度和浇筑速度的需要，使浇筑工作不间断并使混凝土运到浇筑地点时仍保持均匀性和规定的坍落度。当混凝土拌合物运距较近时，可采用无搅拌器的运输工具运输；当运距较远时，宜采用搅拌运输车运输。运输时间不宜超过表3-18的规定。

表3-18　混凝土拌合物运输时间限制

环境温度/℃	无搅拌设施运输/min	有搅拌设施运输/min
20～30	30	60
10～19	45	75
5～9	60	90

（6）采用泵送混凝土应符合下列规定：混凝土的供应必须保证输送混凝土的泵能连续工作；输送管线宜直，转弯宜缓，接头应严密，如管道向下倾斜，应防止混入空气，产生阻塞；泵送前应先用适量的、与混凝土内成分相同的水泥浆润滑输送管内壁；混凝土出现离析现象时，应立即用压力水或其他方法冲洗管内残留的混凝土，泵送间歇时间不宜超过15min；在泵送过程中，受料斗内应具有足够的混凝土，以防止吸入空气产生阻塞。

四、水泥混凝土的浇筑

浇筑前应对模板、钢筋以及预埋件进行检查。

1. 混凝土的浇筑速度

为了保证浇筑混凝土的整体性，防止在浇筑上层混凝土时破坏下层混凝土，应在下层混凝土初凝或能重塑前浇筑完上层混凝土。

2. 混凝土梁的浇筑顺序

无论是简支梁桥，还是悬臂梁或连续梁桥，在考虑主梁混凝土的浇筑顺序时，不应使模板和支架产生有害的下沉；为了使混凝土振捣密实，应采用分层浇筑法；当在斜面或曲面上浇筑混凝土时，一般应从低处开始。

（1）水平分层浇筑法。对于跨径不大的简支梁桥，可在钢筋全部扎好以后，将梁或板沿一跨全长内水平分层浇筑，在跨中合龙。分层的厚度不宜超过《公路桥涵施工技术规范》（JTG/T F50—2011）表6.8.5的规定。为消除支架不均匀沉陷带来的影响，浇筑应快速进行，以便在混凝土失去塑性前完成浇筑。

(2) 斜层浇筑法。跨径不大的简支梁桥的混凝土浇筑，还可用斜层浇筑法从主梁两端对称向跨中进行，并在跨中合龙。T 形梁和箱梁采用斜层浇筑法的浇筑顺序如图 3-1a 所示。当采用梁式支架，支点不设在跨中时，应在支架下沉量大的位置先浇混凝土，使应该发生的支架变形及早完成，浇筑顺序如图 3-1b 所示。采用斜层浇筑法时，混凝土的倾斜角一般为 20°～25°。

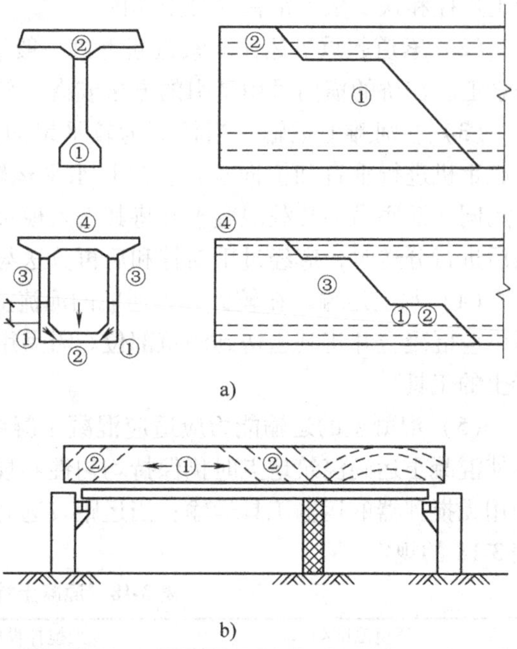

图 3-1　简支梁在支架上的浇筑顺序

较大跨径的简支梁桥，可用水平分层浇筑法或斜层浇筑法先浇筑纵、横梁，待纵、横梁浇筑完毕后，再沿桥的全宽浇筑桥面板混凝土。在桥面板与纵、横梁间应按设置工作缝处理。

(3) 单元浇筑法。当桥面较宽且混凝土数量较大时，可分成若干纵向单元分别浇筑。每个单元的纵、横梁可沿其长度方向水平分层浇筑或用斜层浇筑法浇筑，在纵梁间的横梁上设置工作缝，并在纵、横梁浇筑完成后填缝连接。之后桥面板可沿桥全宽全面积一次浇筑完成，不设工作缝。桥面板与纵、横梁间设置水平工作缝。

(4) 悬臂梁、连续梁混凝土的浇筑。悬臂梁、连续梁混凝土的浇筑除了要注意上述施工要点外，由于是在支架上浇筑悬臂梁、连续梁混凝土，桥墩（台）为刚性支撑，桥跨下的支架为弹性支撑，在浇筑上部结构的混凝土时，桥墩（台）和支架将产生不均匀的沉降。为防止上部结构在桥墩处产生裂缝，在浇筑悬臂梁、连续梁混凝土时，可在桥墩上设置临时工作缝，待梁体混凝土浇筑完毕、支架沉降稳定、上部结构沉降停止后，再浇筑墩顶处的接缝混凝土。当支架采用较大跨径的梁式支架时，在梁的两端支点上也应设置临时工作缝。为防止不均匀沉降引起梁体混凝土开裂，还可采取预压支架的方法，即预先对支架施加与梁体重量相同的荷载，根据预压及测量结果，消除塑性变形，测出弹性变形，使支架预先完成变形。

连续箱梁混凝土的浇筑，可以先浇筑底板，待达到一定强度后进行腹板施工，最后浇筑顶板。当工程量较大时，各部位还可分数次完成浇筑。

3. 墩（台）混凝土的浇筑

(1) 对墩（台）基底的处理，除应符合《公路桥涵施工技术规范》（JTG/T F50—2011）第 4 章天然地基的有关规定外，还应符合下列规定：基底为非黏性土或干土时，应将其润湿；基面为岩石时，应加以润湿，铺一层厚 20～30mm 的水泥砂浆，然后于水泥砂浆凝结前浇筑第一层混凝土。

(2) 一般墩（台）及基础混凝土，应在整个平截面范围内水平分层进行浇筑。混凝土分层浇筑厚度见表 3-19。

表3-19 混凝土分层浇筑厚度

捣实方法		浇筑层厚度/mm
用插入式振捣棒		300
用附着式振动器		300
用平板振动器	无筋或配筋稀疏时	250
	配筋较密时	150
人工捣实	无筋或配筋稀疏时	200
	配筋较密时	150

注：表列规定可根据结构物和振动器型号等情况适当调整。

4. 混凝土的振捣

混凝土的振捣详见任务2.3。

五、混凝土的养护

（1）对于在施工现场集中养护的混凝土，应根据施工对象、环境、水泥品种、外加剂以及对混凝土性能的要求，提出具体的养护方案，并应严格执行规定的养护制度。

（2）一般混凝土浇筑完成后，应在收浆后尽快予以覆盖和洒水养护。对干硬性混凝土、炎热天气浇筑的混凝土以及桥面等大面积裸露的混凝土，有条件的可在浇筑完成后立即加设棚罩，待收浆后再予以覆盖和洒水养护。覆盖时不得损伤或污染混凝土的表面。混凝土面有模板覆盖时，应在养护期间经常使模板保持湿润。

（3）当环境温度低于5℃时，应覆盖保温，不得向混凝土面上洒水。

（4）混凝土养护用水的条件与拌和用水相同。

（5）混凝土的洒水养护时间一般为7d，可根据空气的湿度、温度和水泥品种及掺用的外加剂等情况，酌情延长或缩短。每天的洒水次数以能保持混凝土表面经常处于湿润状态为准。用加压成型、真空吸水等方法施工的混凝土，其养护时间可酌情缩短。采用塑料薄膜或喷化学浆液等养护层时，可不洒水养护。

（6）当结构物混凝土与流动性的地表水或地下水接触时，应采取防水措施，保证混凝土在浇筑后7d以内不受水的冲刷侵袭。当环境水具有侵蚀作用时，应保证混凝土在10d以内，且强度达到设计强度的70%以前，不受水的侵袭。

（7）对大体积混凝土的养护，应根据气候条件采取控温措施，并按需要测定浇筑后的混凝土表面和内部温度，将温差控制在设计要求的范围内。当设计无要求时，温差不宜超过25℃。

（8）混凝土强度达到2.5MPa前，不得使其承受行人、运输工具、模板、支架及脚手架等荷载。

思 考 题

1. 钢筋原材料检测项目是什么？每个检测项目的抽检频率是什么？
2. 钢筋加工工艺包括哪些内容？
3. 混凝土原材料检验的项目有哪些？
4. 混凝土施工过程中如何对施工配合比进行有效的控制？

项目4　涵 洞 施 工

学习目标：1. 掌握涵洞的分类及常见的结构形式
　　　　　2. 掌握圆管涵的施工技术
　　　　　3. 熟悉其他形式涵洞施工技术

涵洞是公路工程中常见的建筑物，尤其在南方水网地区，使用较多，常见的有圆管涵、箱涵、盖板涵、拱涵及倒虹吸管等，其中圆管涵使用比较普遍。

任务4.1　涵洞的结构形式与施工准备

任务描述：涵洞工程是公路及周边地区水系的重要组成部分，涵洞质量直接影响到公路工程的整体质量和周边地区水系的完整等。

一、涵洞的分类

按构造形式的不同，涵洞可以分为管涵（通常为圆管涵）、盖板涵、拱涵、箱涵、倒虹吸管等。

1. 圆管涵

圆管涵主要由管身、基础、接缝及防水层组成，各部分构造如图4-1所示。

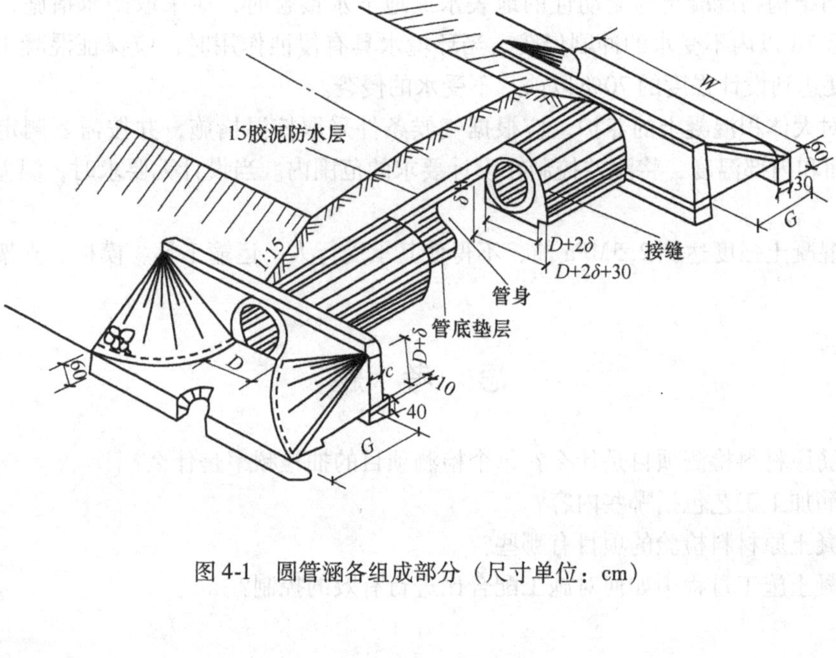

图4-1　圆管涵各组成部分（尺寸单位：cm）

2. 盖板涵

盖板涵主要由盖板、涵台、基础、洞身铺底、伸缩缝及防水层等部分组成，如图4-2所示。

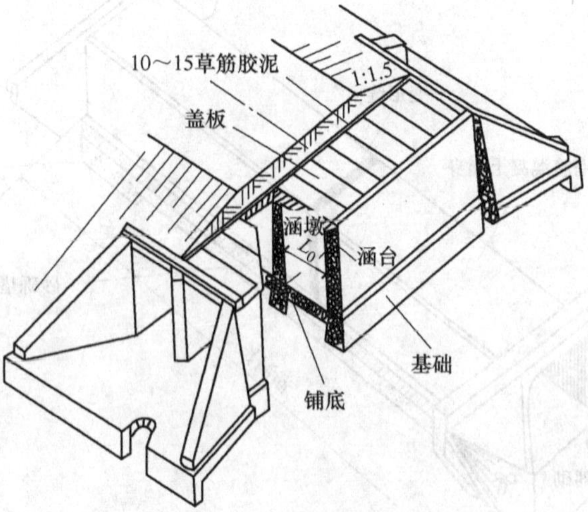

图4-2 盖板涵各组成部分

3. 拱涵

拱涵主要由拱圈、护拱、拱上建筑、涵台、基础、铺底、沉降缝及排水设施等组成，各部分构造如图4-3所示。

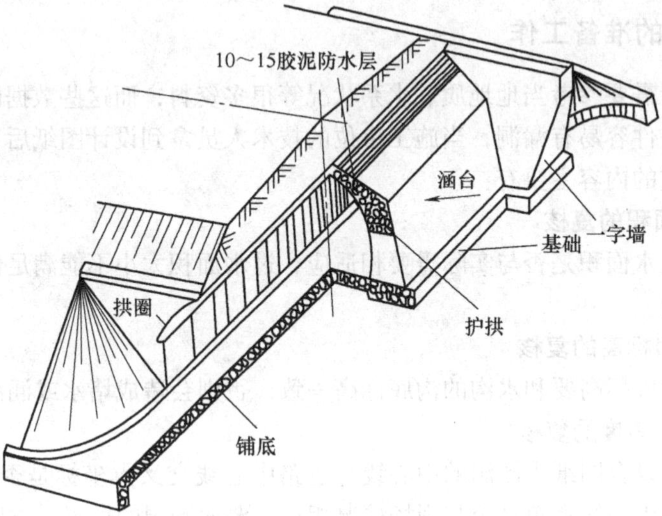

图4-3 拱涵构造

4. 箱涵

箱涵主要由钢筋混凝土涵身、翼墙、基础、变形缝等部分组成，如图4-4所示。因箱涵为整体闭合式钢筋混凝土框架结构，所以具有良好的整体性及抗震性能，在高等级公路和软土地基中使用比较广泛。

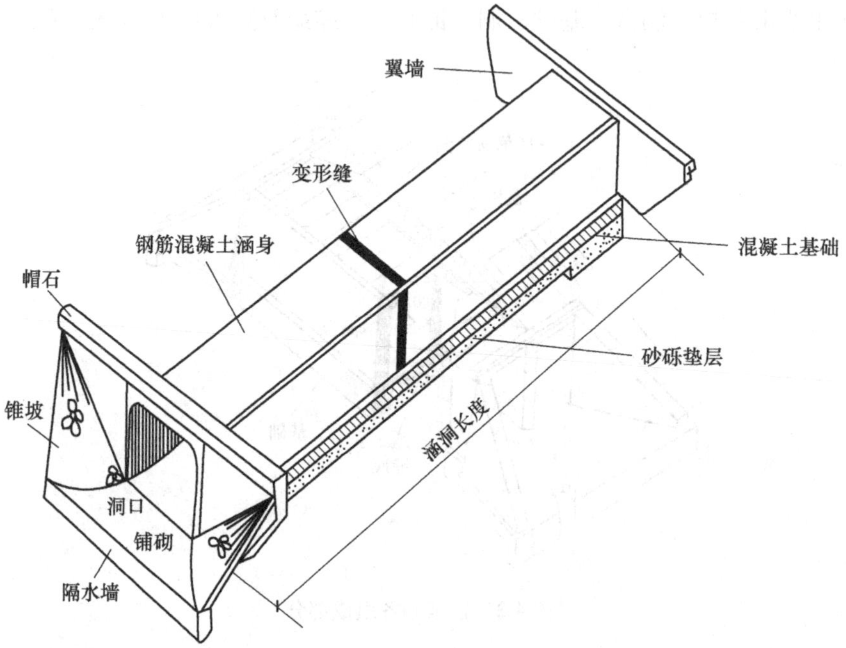

图 4-4　箱涵各组成部分

二、施工前的准备工作

由于涵洞设计需要参考当地地质、水系状况等很多资料，而这些数据的采集面很广、数量又很多，设计文件容易有漏洞，当施工单位的技术人员拿到设计图纸后，要对图纸进行详细复核。需要复核的内容主要有：

1. 涵洞过水面积的复核

复核涵洞的过水面积是否与实际需要相适应，过水面积太小不能满足使用要求，过水面积太大会造成浪费。

2. 涵洞进出口标高的复核

涵洞进出口的底标高要和水沟的沟底标高一致，否则会造成堵水或涵洞淤塞。

3. 涵洞位置与角度的复核

在放样前，要复合图纸中涵洞的中心线与道路中心线交叉点坐标是否与现场情况相符、涵洞中心线与道路中心线夹角是否与现场情况相符，要使涵洞的位置、方向与原来水沟的位置、方向基本一致。

若原设计文件、图纸不能满足实际需要时，应由承包人进行申报，申请设计方对图纸进行完善和变更。

三、涵洞长度计算与复核

涵洞长度是指包括沉降缝、接缝在内的涵洞出入口两端墙外缘间的总长度。一般情况下，设计资料会提供涵洞长度，可不必再进行计算；但在设计文件比较简单，或需要变更设计时，则需要进行涵洞长度计算及八字翼墙尺寸计算。

（1）涵洞与路线正交（图4-5）的涵洞长度计算公式如下

$$L_{上}=\frac{B_{上}+m\ (H-h_{上})}{1+mi_0} \quad (4\text{-}1)$$

$$L_{下}=\frac{B_{下}+m\ (H-h_{下})}{1-mi_0} \quad (4\text{-}2)$$

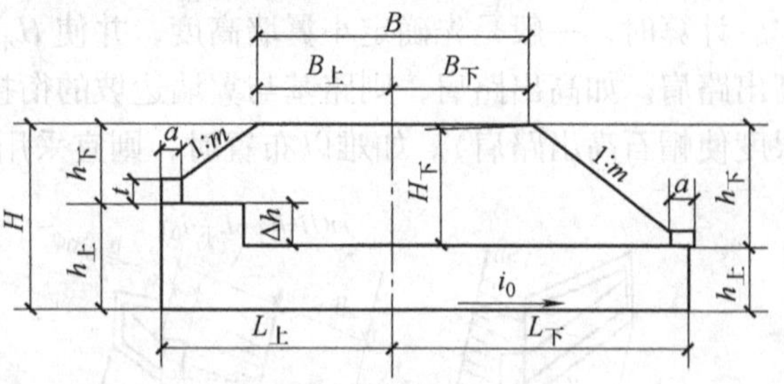

图4-5　涵洞与路线正交

$$L=L_{上}+L_{下} \quad (4\text{-}3)$$

式中　$B_{上}$、$B_{下}$——由路中心至上、下游路基边缘的宽度，当路基无加宽时均为0.5B（m）；

H——路基填土总高度，即由涵底中心至路基边缘高度（m）；

$h_{上}$、$h_{下}$——涵洞上、下游洞口建筑高度（m）；

m——路基边坡坡度，按1:m表示；

i_0——涵底坡度，以小数表示；

$L_{上}$、$L_{下}$——涵洞上、下游长度（m）。

当帽石底端外缘不位于路基边缘延长线上时，按下式计算

$$L_{上}=\frac{B_{上}+m(H-h_{上}-t)+a}{1+mi_0} \quad (4\text{-}4)$$

$$L_{下}=\frac{B_{下}+m(H-h_{下}-t)+a}{1-mi_0} \quad (4\text{-}5)$$

式中　a——涵洞端墙帽石宽度（m）。

（2）涵洞与路线斜交、洞口端墙斜做（与路线平行，图4-6）的涵洞长度计算公式如下

$$L_{上}=\frac{B_{上}+m(H-h_{上})}{\cos\varphi+mi_0} \quad (4\text{-}6)$$

$$L_{下}=\frac{B_{下}+m(H-h_{下})}{\cos\varphi-mi_0} \quad (4\text{-}7)$$

（3）涵洞与路线斜交、洞口正做（洞口端墙与墙身垂直，图4-7）的涵洞长度计算公式如下

$$L_{上}=\frac{B_{上}+m(H-h_{上})-0.5b\sin\varphi}{\cos\varphi+mi_0} \quad (4\text{-}8)$$

$$L_{下}=\frac{B_{下}+m(H-h_{下})-0.5b\sin\varphi}{\cos\varphi-mi_0} \quad (4\text{-}9)$$

式中符号意义同前。一般常采用出檐的办法，将帽石长度调整为较整齐的数值。

图4-7中，图4-7b应用较多，有时也可做成图4-7c的形式。

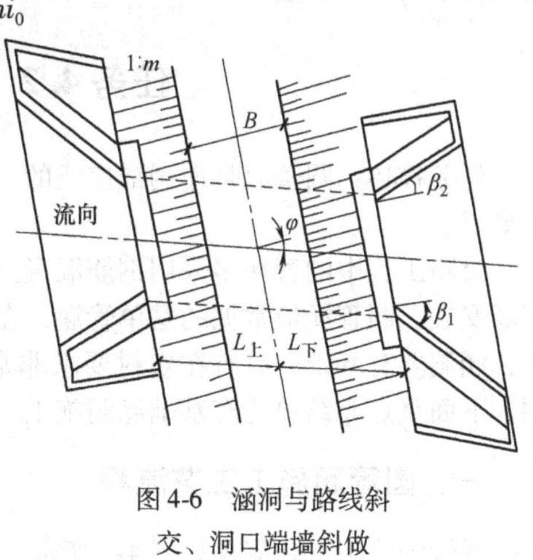

图4-6　涵洞与路线斜交、洞口端墙斜做

图4-7中，$H_{大}$、$H_{小}$分别表示大小翼墙的高

度；H_d 表示大小翼墙的高差；b 表示帽石长度。

计算时，一般是先确定小翼墙高度，并使 $H_小 = h_F$，然后按 $H_小 + H_d$ 计算 $H_大$，且 $H_大$ 不高出路肩。如高出路肩，则路基与翼墙边坡的衔接不好处理，往往需要重新调整 $H_小$（最大限度使帽石高出路肩）。如难以布置时，则宜采用洞口端墙斜做。

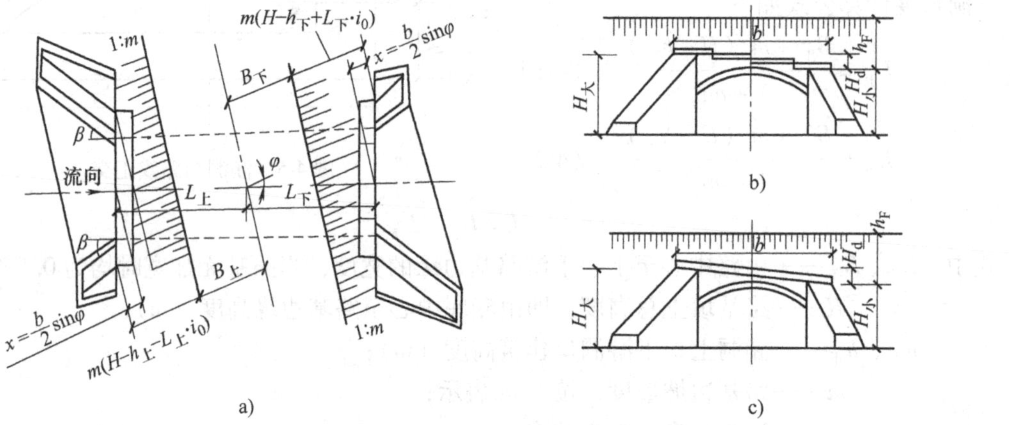

图 4-7　涵洞与路线斜交、洞口正做

a）涵洞平面图　b）台阶式端墙　c）斜坡式端墙

大小翼墙的高差 H_d、小翼墙的高度 $H_小$ 和大翼墙的高度 H_D 可分别按下式计算

$$H_d = \frac{b\sin\varphi}{m} \tag{4-10}$$

$$H_小 = H_{F下} \tag{4-11}$$

$$H_大 = H_小 + H_d \tag{4-12}$$

在一般情况下，上游大翼墙的高度如不超出路肩，则下游亦然，但因有路基纵坡影响，两者也不经常一致，有时需分别进行验算。

以上所列各公式的推算，以及其他情况（如路基边坡有两种坡率时，路基有超高加宽时，考虑路线纵坡影响时）下涵洞长度的计算，限于篇幅没有进行说明，请参阅《公路桥涵设计手册——涵洞》。

任务 4.2　圆管涵施工技术

任务描述：圆管涵是使用最广泛的一种涵洞形式，要掌握其施工工艺流程及主要施工技术要点。

公路工程中的管涵多采用钢筋混凝土管涵。公路管涵的施工一般是预制管节，然后运往现场安装。圆管涵最常见的是单管涵，在过水量不能满足要求时可以采用双管涵。一般情况下，涵洞要有基础，只有在农村要求非常低的田间小道上才可以做无混凝土基础的简易涵洞。下面重点介绍单孔有基础涵洞施工。

一、圆管涵施工工艺流程

圆管涵施工工艺流程如图 4-8 所示。

（1）挖基坑并准备修筑管涵基础的材料。

（2）砌筑圬工基础或浇筑混凝土基础。

（3）安装涵洞管节，修筑涵管出入口端墙、翼墙及涵底（端墙外涵底铺装）。

（4）敷设管涵防水层及修整。

（5）敷设管涵顶部防水黏土（设计需要时），填筑涵洞缺口填土及修建加固工程。

二、圆管涵施工技术要点

1. 涵管的预制和运输

预制混凝土圆管可采用振动制管法、离心法、悬辊法和立式挤压法。鉴于公路工程中涵管一般为外购，故对涵管预制不再进行详细说明，但涵管进场后必须对其质量进行检验。

管节成品的质量检验分为管节尺寸检验和管节强度检验。混凝土管涵质量要求及尺寸允许偏差见表4-1。

涵管强度试验应按规范要求的方法进行，其抽样数量及合格要求如下：

（1）涵管试验数量应为涵管总数的1%～2%，但每种孔径的涵管至少要试验1个。

（2）如首次抽样试验未能达到试验标准时，允许对其余的同孔径管节再抽选2个重新试验。只有当2个重复试验的管节达到强度要求时，涵管才可验收。

（3）在进行大量涵管检验性试验时，是以试验荷载大于或等于裂缝荷载（0.2mm）时还没有出现裂缝的为达到标准。

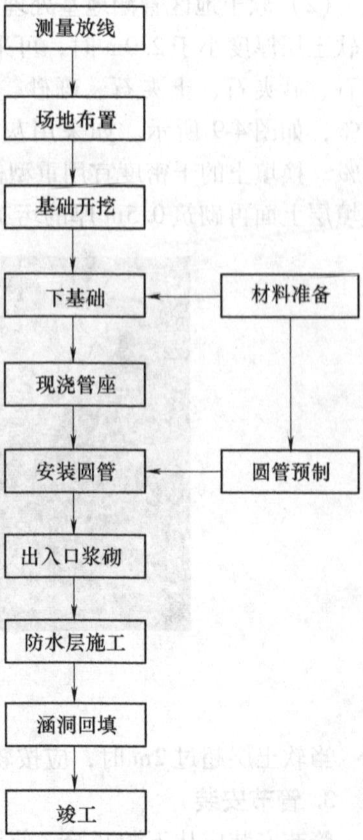

图4-8 圆管涵施工工艺流程

表4-1 混凝土管涵质量要求及尺寸允许偏差

项次	检查项目	规定值或允许偏差	项次	检查项目	规定值或允许偏差
1	混凝土强度/MPa	在合格标准内	4	顺直度	矢度不大于0.2%管节长
2	内径/mm	不小于设计值	5	长度/mm	+5，-0
3	壁厚/mm	不小于设计壁厚-3			

2. 管涵基础修筑

（1）当地基土为岩石时，管节下一般采用无圬工基础，管节下挖去风化层或软土层后，填筑0.4m厚砂垫层；出入口两端端墙、冀墙下，在岩石层上用混凝土做基础，埋置深度为风化层以下0.15～0.25m，且最小等于管壁厚度加5cm。风化层过深时，可改用片石圬工，最深不大于1m。管节下为硬岩时，可用混凝土抹成与管节密贴的垫层。当地基土为砾石土、卵石土或砂砾、粗砂、中砂、细砂或匀质黏性土时，管节下一般采用无圬工基础，对砾石土、卵石土，先用砂填充地基土空隙并夯实，然后填筑0.4m厚砂垫层；对粗砂、中砂、细砂，表层应夯实；对匀质黏性土，应做砂垫层。当地基土为黏性土时，管节下应采用0.5m

厚的圬工基础。

可采用砂、砾石或碎石，但必须注意清除基底耕作层。为避免管节承受冒尖石料的集中应力，当使用碎石、卵石作垫层时，要有一定级配或掺入一定数量的砂，并夯捣密实。

（2）软土地区管涵地基处理。管涵地基土如遇到软土，应按软土层厚度分别进行处理。当软土层厚度小于2.0m时，可采取换填法处理，即将软土层全部挖除，换填当地的碎石、卵石、砂夹石、土夹石、砾砂、粗砂、中砂等材料并碾压密实，压实度要求达到94%～97%，如图4-9所示。如采用灰土（石灰土、粉煤灰土）换填，压实度要求达到93%～95%。换填土的干密度宜用重型击实试验法确定，碎石或卵石的干密度可取2.2～2.4t/m³。换填层上面再砌筑0.5m厚的圬工基础。

图4-9　碎石垫层基础

当软土层超过2m时，应按软土层厚度、路堤高度、软土性质做特殊设计处理。

3. 管节安装

管节安装应从下游开始，使接头面向上游。每节涵管应紧贴于垫层或基座上，使涵管受力均匀，所有管节应按正确的轴线和图纸所示坡度敷设。在敷设过程中，要保持管内清洁无脏物，无多余的砂浆及其他杂物。

管节的安装方法通常有滚动安装法、滚木安装法、压绳下管法、龙门架安装法、起重机安装法等，可根据施工现场实际情况选用。

4. 防水层

涵洞的钢筋混凝土结构设置防水层的作用是防止水分侵入混凝土内，使钢筋锈蚀，缩短结构寿命。北方严寒地区的无筋混凝土结构需要设置防水层，防止侵入混凝土内的水分冻胀造成结构破坏。

防水层的材料多种多样，公路涵洞使用的防水材料主要是沥青，一些部位可按设计要求使用黏土。

防水层的设置部位如下：

（1）各式钢筋混凝土涵洞（不包括圆管涵）的洞身及端墙在基础以上被土掩埋的部分，均须涂以热沥青两道，每道厚1～1.5mm，不另外抹砂浆。

（2）无筋混凝土及石砌涵洞的洞身、端墙和翼墙的被土掩埋部分，只需将圬工表面凿平，无凹入存水部分，可不设防水层，但北方严寒地区的混凝土结构仍需设防水层。

5. 沉降缝

（1）沉降缝设置的目的。结构物设置沉降缝的目的是避免结构物因荷载或地基承载力不均匀而发生不均匀沉陷，产生不规则的多处裂缝，而使结构物破坏。设置沉降缝后，可限定结构物发生整齐、位置固定的裂缝，并可预先对沉降缝处予以处理；如有不均匀沉降，则将其限制在沉降缝处，有利于结构物的安全、稳定。

（2）沉降缝设置的位置和方向。涵洞沉降缝的具体设置位置应根据结构物和地基土的情况确定。一般涵身每隔4～6m设置1处，两端与附属工程连接处也各设置1处。但无圬工基础的涵洞仅两端与附属工程连接处各设置1处。

凡地基土质发生变化、基础埋置深度不一、基础对地基的荷载发生较大变化处、基础挖填交界处、采用填石垫高基础交界处，均应设置沉降缝。

凡置于岩石地基上的涵洞，不设沉降缝。

涵洞与路线斜交、洞口正做的，沉降缝应与涵洞中心线垂直；涵洞与路线斜交、洞口端墙斜做的，沉降缝与路基中心线平行。拱涵与管涵的沉降缝，一律与涵洞轴线垂直。

（3）沉降缝的施工方法。沉降缝的施工，要求做到既使缝两边的构造物能自由沉陷，又能严密防止水分渗漏，故沉降缝必须贯穿整个断面（包括基础）。沉降缝具体施工方法如下：

1）基础部分。可将原基础施工时嵌入的沥青木板或沥青砂板留下，用于防水。如基础施工时不用木板，也可用黏土填入捣实，并在流水面边缘以1∶3水泥砂浆填塞，深度约为15cm。

2）涵身部分。缝外侧以热沥青浸制的麻筋填塞，深度约为5cm；内侧以1∶3水泥砂浆填塞，深度约为15cm（具体深度根据沉降缝处圬工的厚度确定）。缝内可以用沥青麻筋与水泥砂浆填满，如太厚，也可将中间部分先填以黏土。

沉降缝的施工质量要求：沉降缝端面应整齐、方正，基础和涵身上下不得交错，应贯通，嵌塞物质紧密填实。

保护层：各式有圬工基础涵洞的基础襟边以上，均顺沉降缝周围设置黏土保护层，厚约20cm，顶宽约20cm。对于无圬工基础涵洞，保护层宜使用沥青混凝土或沥青胶砂，厚度为10～20cm。沉降缝构造如图4-10所示。

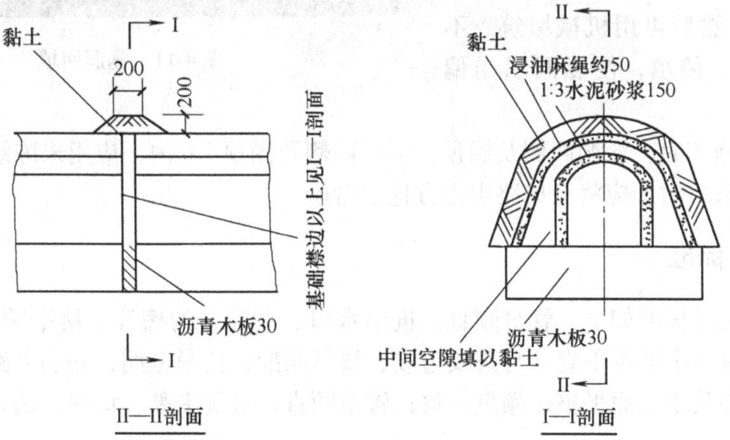

图4-10 沉降缝构造

6. 涵洞进出水口

涵洞进出水口工程是指涵洞端墙、翼墙（包括八字墙锥坡、平行廊墙）以外的部分，如沟底铺砌和其他进出水口处理工程。

（1）平原区的处理工程。涵洞进出水口的沟床应整理顺直，与上、下排水系统（天沟、路基边沟、排水沟、取土坑等）的连接应圆顺、稳固，保证流水顺畅，避免排水损害路堤、村舍、农田、道路等。

（2）山丘区的处理工程。在山丘区的涵洞，底纵坡的坡度超过5%时，除进行上述整理外，还应对沟床进行干砌或浆砌片石防护。翼墙以外的沟床当坡度较大时，也应进行铺砌防护。防护长度，砌石的宽度、厚度、形状等，应满足设计图纸要求。如设计图纸漏列，应按合同规定向业主提出，做出补充设计。

7. 涵洞缺口填土

（1）建成的涵管、圬工混凝土达到设计要求的强度后，应及时回填。回填土要注意质量，严格按照有关施工规定和设计要求处理。

（2）填土路堤在涵洞每侧不小于两倍孔径的宽度及高出洞顶1m范围内，应采用非膨胀土从两侧分层仔细夯实，每层厚度为10～20cm。特殊情况下也可用与路堤填料相同的土填筑。管节两侧夯填土的密实度标准，高等级公路和一级公路为95%；其他公路为93%。管节顶部其宽度等于管节外径的中间部分填土，其密实度要求与该处路基相同。如为填石路堤，则在管顶以上1.0m范围内应分三层填筑：下层为20cm厚的黏土；中层为50cm厚的砂卵石；上层为30cm厚的小片石或碎石。在两端的上述范围及两侧每侧宽度不小于孔径的两倍范围内，砌筑片石。

对于其他各类涵洞的特别填土要求，应分别按照有关的设计要求处理。涵洞回填如图4-11所示。

图4-11　涵洞回填

（3）用机械填筑涵洞缺口时，须待涵洞圬工达到允许强度后，涵身两侧应用人工或小型机具对称夯填，应高出涵顶至少1m，然后再用机械填筑。不得从单侧偏推、偏填，使涵洞承受偏压。

（4）冬期施工时，涵洞两侧及涵顶、涵身两侧及涵顶1m内，应用未冻结土填筑。

（5）回填缺口时，应将已成路堤土方挖出台阶。

三、质量标准

管涵施工质量标准如下：管身顺直，进出水口、洞身、沟槽等衔接平顺，无阻水现象；帽石、一字墙或八字墙等平直，与路线边坡、线形匹配，棱角分明；涵洞处路面平顺，无跳车现象；外露混凝土表面平整，颜色一致；管壁顺直，接缝平整，填缝饱满。管涵施工允许偏差见表4-2。

表 4-2 管涵施工允许偏差

项次	检查项目		规定值或允许偏差
1	轴线偏位/mm		50
2	流水面高程/mm		±20
3	涵管长度/mm		+100，-50
4	管座或垫层混凝土强度/MPa		在合格标准内
5	管座或垫层宽度、厚度		不小于设计值
6	相邻管节底面错台/mm	管径≤1m	3
		管径>1m	5

任务4.3 箱涵、倒虹吸管、拱涵及盖板涵施工

任务描述：熟悉箱涵、倒虹吸管、拱涵及盖板涵的施工工艺和技术要点。

一、箱涵的施工

箱涵又称为矩形涵，它与盖板涵的区别是：盖板涵的台身与盖板是分开浇筑的，盖板涵结构是简支结构，而箱涵是顶板、底板与两侧墙身连续浇筑的，结构形式是刚性结构，整体性能好，因此在高等级公路或软土地区普遍使用。

1. 箱涵施工工艺流程

箱涵施工工艺流程如图 4-12 所示。

2. 施工技术要点

（1）测量放样。在基础开挖之前，按照图纸所示坐标及尺寸，放出箱涵中心线及基础开挖边线，并敷设临时水准点，作为箱涵施工过程中的高程控制依据。箱涵中心线应引至两端木桩上，以便随时进行中心线检查。

（2）基础土方开挖及支护。箱涵基础土方一般情况下可用挖掘机进行开挖，再进行人工清理。在开挖过程中，采用水准仪随时进行观测控制，为不扰动基底土，机械开挖时应预留 20cm 厚的土进行人工清理。基槽开挖根据土质状况，按合理坡度放坡开挖，每边各预留 50cm 宽的工作面。

（3）地基承载力检测。基槽挖至设计标高后，应及时验槽，对基底标高、尺寸、轴线位置进行检查，符合设计要求后方可进行碎石垫层及后续工序的施工。

（4）碎石垫层敷设及混凝土垫层浇筑。地基检测合格后，应及时敷设碎石垫层。碎石运至现场基槽一侧，采用挖掘机布料至槽底，由人工摊铺整平至设计标高。经检查验收后，支设垫层模板，浇筑混凝土垫层。

（5）箱涵底板施工。底板可以一次性支模成型，分两次间隔进行混凝土浇筑，外侧用短钢管夹紧打入土中并支撑在基坑边坡的土壁上。支撑采用钢管进行对撑。模板支设完毕，绑扎底板钢筋，预留好侧墙钢筋，经检查验收合格后进行混凝土浇筑。

箱涵侧墙上的施工缝留设，一般应在墙体留缝处嵌入通长的 100mm×100mm 木枋，以留设企口凹槽，在混凝土浇筑完初凝后及时取出。浇筑中应根据图纸要求预留沉降缝。

（6）墙身及顶板施工。墙身和顶板施工时，每段按变形缝分开，并与底板上下保持一致。墙身施工前，将施工缝处混凝土表面凿毛，剔除松散混凝土，清理杂物并冲洗干净；然后绑扎墙身钢筋，支设墙身模板。墙身模板一般采用厚度为2cm的胶合模板（也可以采用钢模板），以100mm×100mm木枋作为竖向背楞，间距30cm；横向ϕ48mm钢管辅以双向Φ16@600mm对拉螺杆进行对拉加固，底排螺杆距底面不得大于30cm，螺杆外套ϕ20mmPVC管。墙身和顶板模板在支设时，考虑到连续安装，墙身模板在变形缝处使用加密拉杆固定墙身两端挡模。顶板支模搭设满堂支撑架，双向间距90cm；顶板模板可采用2cm厚的胶合模板拼装而成，以100mm×100mm木枋作背楞，间距30cm，ϕ48mm满堂钢管脚手架作支撑体系。模板拼缝采用夹双面胶带或涂抹玻璃胶的方法进行封堵，以防漏浆。检查验收后，绑扎顶板钢筋。

在混凝土浇筑前，应清理模板内的杂物及垃圾，并冲洗干净，检查验收后浇筑混凝土。混凝土运至现场，在两侧对称浇筑入模。墙身混凝土应分层浇筑，分层振捣，分层厚度不得大于50cm，每段墙身和顶板应连续浇筑，中途不得间断形成施工冷缝。间隔浇筑完第一次混凝土后，待混凝土浇筑完达到拆模强度，抽出加密拉杆，拆除挡板，将分段接缝采用泡沫板隔开，重新穿入加密拉杆加固，将杂物清理并冲洗干净后，进行第二次混凝土浇筑。

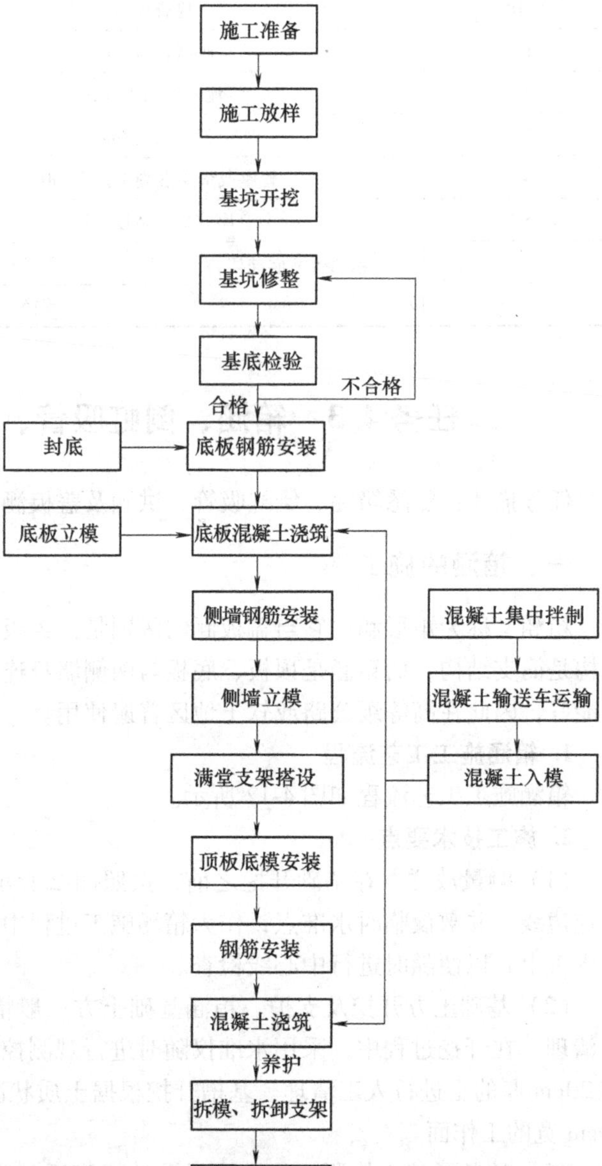

图4-12　箱涵施工工艺流程

（7）台背填土。箱涵施工完，箱涵基础及两侧墙身高度范围内，须按设计和规范要求，采用透水材料进行分层对称夯填。每层填料的虚铺厚度不得大于20cm。每层填料压实后进行压实度检测，符合压实度要求后才能进行下层填土。台背填土采用小型压路机或冲击振动夯进行压实，压实度不得低于95%。

3. 质量控制指标

箱涵施工允许偏差见表4-3。

表4-3 箱涵施工允许偏差

项次	检查项目		规定值或允许偏差
1	轴线偏位/mm		明涵20，暗涵50
2	流水面高程/mm		±20
3	涵长/mm		+100，-50
4	混凝土强度/MPa		在合格范围内
5	高度/mm		+5，-10
6	宽度/mm		±30
7	顶板厚/mm	明涵	+10，-0
		暗涵	不小于设计值
8	侧墙和底板厚度/mm		不小于设计值
9	平整度/mm		5

二、倒虹吸管

1. 适用范围

当路线穿过沟渠、路堤高度很低或在浅挖方地段通过，填挖高度不足，难以修建明涵时，或因灌溉需要，必须提高渠底高程，修筑架空渡槽又不能满足路上净空要求时，常修建倒虹吸管。

公路上通常采用的倒虹吸管为竖井出入口式。

2. 倒虹吸管施工工艺流程

倒虹吸管施工工艺流程如图4-13所示。

3. 施工技术要点

（1）管节结构。一般采用预制的钢筋混凝土圆管，管径可按水流的流量选择，一般为0.5~1.5m。管节长度一般为1m，调整管涵长度的管节长度为0.5m，并有正交、斜交两种，可根据实际情况选用。

（2）倒虹吸管埋置深度的确定。埋置深度应适当，过浅则车轮荷载传布影响较大，受力状况不利，管节有可能被压破，在严寒地区还会受到冻害影响；埋置过深则工程量增加导致费用上升。一般埋置深度要求为：

1）管顶面距路基边缘深度不小于50cm。

2）管顶距边沟底覆土不小于25cm。

3）管节顶部必须埋置在当地最深冰冻线以下。

（3）倒虹吸管底坡。倒虹吸管内的水流属于压力水流，水流状态与底坡的坡度无关，故倒虹吸管底坡一般均做成水平状。

（4）基础。宜采用外包混凝土基础形式。混凝土基础下面宜填筑15~30cm砂砾垫层，并用重锤夯实。

（5）防漏接缝。防漏接缝处理，一般采用浸过沥青的麻絮填塞，外用满涂热沥青油毛毡包裹两道，然后外包以就地浇筑的钢筋混凝土方形套梁，使形成整体。套梁底设置15cm砂砾或碎石基础垫层。

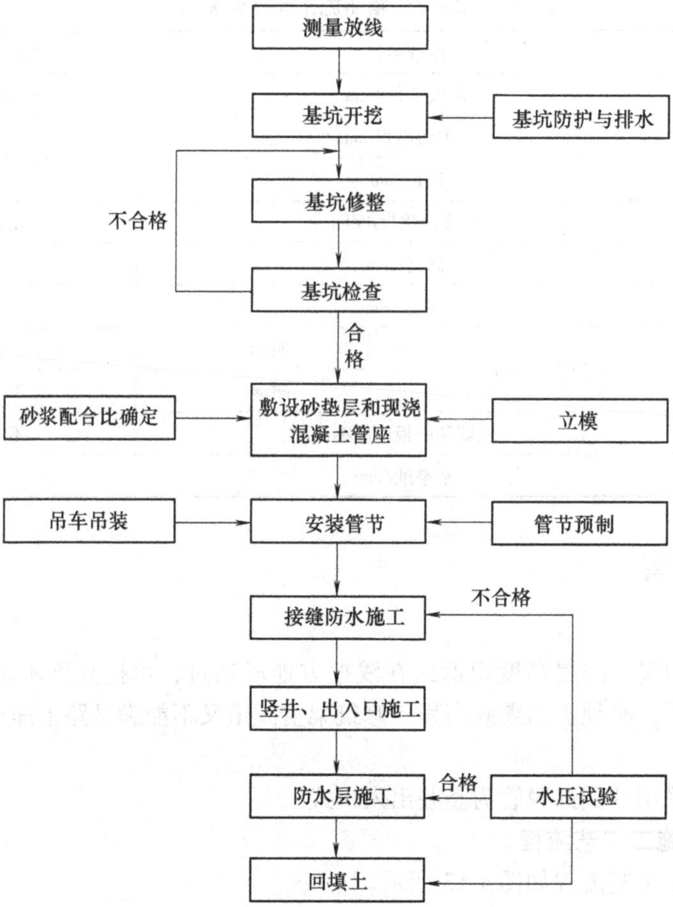

图 4-13　倒虹吸管施工工艺流程

（6）进出口竖井。倒虹吸管上、下游两端的连接构造物宜用 C15 混凝土就地浇筑。

（7）沉淀池。水流进入倒虹吸管前应先进入沉淀池，一般沉淀池深度为 30cm。

4. 倒虹吸管施工质量标准

倒虹吸管施工允许偏差见表 4-4。

表 4-4　倒虹吸管施工允许偏差

项　次	检查项目		规定值或允许偏差
1	轴线偏位/mm		30
2	流水面高程/mm		±20
3	涵管长度/mm		+100，-50
4	管座或垫层混凝土强度/MPa		在合格标准内
5	管座或垫层宽度、厚度		不小于设计值
6	相邻管节底面错台/mm	管径≤1m	3
		管径＞1m	5
7	砂浆强度/MPa		在合格标准内

（续）

项次	检查项目	规定值或允许偏差
8	井底高程/mm	±15
9	井口高程/mm	±20
10	圆井直径或方井边长/mm	±20
11	井壁井底厚/mm	+20，-5

三、拱涵和盖板涵的施工

1. 拱涵和盖板涵基础

（1）整体式基础。两座涵台的下面和孔径中间使用整块的混凝土浇筑的基础称为整体式基础。

（2）非整体式基础。两座涵台的下面为独立的现浇混凝土或浆砌块石基础，两者之间不相连的称为非整体式基础。

（3）板凳式基础。两座涵台下面的混凝土基础之间用较薄的混凝土或钢筋混凝土板在顶部连接，一起浇筑成似同板凳一样的基础。

上述地基土的承载力大小可用轻型动力触探仪进行测试。

根据当地材料情况，基础可采用C15片石混凝土或M5水泥砂浆砌片石，石料强度不得低于25MPa。

2. 支架和拱架

支架和拱架一般可以用各种型钢或木材搭设而成。钢支架和拱架是用角钢、钢板和钢轨等材料在工厂制成装配式构件，在工地拼装使用。木拱架主要由木材组合而成，拆装比较方便。图4-14为用钢轨制成的跨径为1.5～3.0m拱涵的钢拱架。

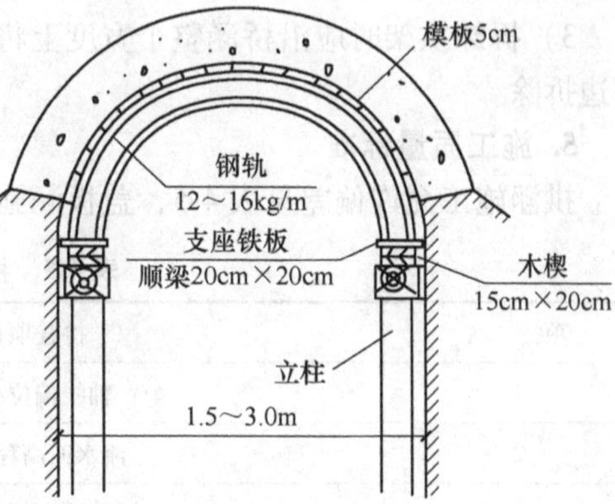

图4-14 钢拱架

3. 拱涵与盖板涵基础、墩（台）、拱圈、盖板的施工

（1）基础施工。无论是圬工基础或砂垫层基础，施工前必须先对下卧层地基土进行检查验收，地基土承载力或密实度符合设计要求时，才可进行基础施工。对于软土地基应按照设计规定进行加固处理，符合要求后才可进行基础施工。

对孔径较宽的拱涵、盖板涵兼作行人和车辆通道时，其底面应按照设计用圬工加固以承受行人和车辆荷载及磨耗。

1）圬工基础。圬工基础的施工工艺和技术要求可参照“任务4.2　圆管涵施工技术”的要求进行。

2）砂垫层基础。砂垫层基础的施工工艺和技术要求可参照“任务4.2　圆管涵施工技术”的要求进行。

（2）墩（台）施工。涵洞墩（台）的施工工艺和技术要求可参照“项目6　桥梁墩

（台）施工”的要求进行。

（3）拱圈和盖板施工。拱圈和盖板浇筑或砌筑施工应注意：拱圈和端墙的施工，应由两侧拱脚向拱顶同时对称进行；拱圈和盖板混凝土的现场浇筑施工，应连续进行，尽量不留施工缝；当涵身较长时，可沿涵长方向分段施工，每段应一次浇筑完成；施工缝应设在涵身沉降缝处。

4. 拱架和支架的安装与拆卸

（1）安装的一般要求。拱架和支架应支立牢固、装拆方便（可用木楔作支垫），纵向连接应稳定，拱架外弧应平顺。拱架不得超越拱模位置，拱模不得侵入圬工断面。

拱架和支架安装完毕后，应对其位置、顶部标高、节点联系及横向稳定性进行检查，不符合要求的应立即进行纠正。

（2）拆卸的一般要求。拱架和支架的拆除及拱顶填土，在具备下列条件之一时方可进行：

1）拱圈圬工强度达到设计值的70%时，即可拆除拱架，并必须达到设计值后方可填土。

2）拱涵拆除拱架可用木楔，木楔用比较坚硬的木料经斜角对剖制成，并将剖面刨光。两块木楔接触面的斜度为1:6～1:10。在垫楔时应使上面一块的楔尖各伸出下面一块楔尾以外，这样在拆架时敲击木楔比较方便。木楔楔好后将两端钉牢。

3）拆卸拱架时应沿桥涵整个宽度上将拱架同时均匀降落，并从跨径中点开始，逐步向两边拆除。

5. 施工质量标准

拱涵施工允许偏差见表4-5，盖板涵施工允许偏差见表4-6。

表4-5　拱涵施工允许偏差

项　次	检查项目		规定值或允许偏差
1	轴线偏位/mm		30
2	流水面高程/mm		±20
3	涵底铺砌厚度/mm		+40，-10
4	涵长/mm		+100，-50
5	孔径/mm		±20
6	净高/mm		±50
7	混凝土或砂浆强度/MPa		在合格范围内
8	涵台断面尺寸/mm	石　料	±20
		混凝土	±15
9	垂直度或斜度/mm		0.3%台高
10	顶面高程/mm		±10
11	拱圈厚度/mm	石　料	±20
		混凝土	±15
12	内弧线偏离设计弧线/mm		±20

表4-6　盖板涵施工允许偏差

<table>
<tr><th>项　　次</th><th colspan="2">检查项目</th><th>规定值或允许偏差</th></tr>
<tr><td rowspan="2">1</td><td rowspan="2">轴线偏位/mm</td><td>明涵</td><td>20</td></tr>
<tr><td>暗涵</td><td>50</td></tr>
<tr><td>2</td><td colspan="2">流水面高程/mm</td><td>±20</td></tr>
<tr><td>3</td><td colspan="2">涵底铺砌厚度/mm</td><td>+40，-10</td></tr>
<tr><td>4</td><td colspan="2">涵长/mm</td><td>+100，-50</td></tr>
<tr><td>5</td><td colspan="2">孔径/mm</td><td>±20</td></tr>
<tr><td rowspan="2">6</td><td rowspan="2">净高/mm</td><td>明涵</td><td>±20</td></tr>
<tr><td>暗涵</td><td>±50</td></tr>
<tr><td>7</td><td colspan="2">混凝土或砂浆强度/MPa</td><td>在合格范围内</td></tr>
<tr><td rowspan="2">8</td><td rowspan="2">涵台断面尺寸
/mm</td><td>石　料</td><td>±20</td></tr>
<tr><td>混凝土</td><td>±15</td></tr>
<tr><td>9</td><td colspan="2">垂直度或斜度/mm</td><td>0.3%台高</td></tr>
<tr><td>10</td><td colspan="2">顶面高程/mm</td><td>±10</td></tr>
<tr><td rowspan="2">11</td><td rowspan="2">盖板高度
/mm</td><td>明涵</td><td>+10，-0</td></tr>
<tr><td>暗涵</td><td>不小于设计值</td></tr>
<tr><td rowspan="2">12</td><td rowspan="2">盖板宽度
/mm</td><td>明涵</td><td>±20</td></tr>
<tr><td>暗涵</td><td>±10</td></tr>
<tr><td>13</td><td colspan="2">盖板长度/mm</td><td>±20，-10</td></tr>
<tr><td>14</td><td colspan="2">支撑面中心偏位/mm</td><td>10</td></tr>
<tr><td>15</td><td colspan="2">相邻板最大高差/mm</td><td>10</td></tr>
</table>

思　考　题

1. 试述涵洞施工准备工作的内容。
2. 试述圆管涵的施工程序。
3. 试述软土地区管涵地基的处理办法。
4. 简述倒虹吸管的适用范围及施工注意事项。
5. 涵洞为何要设置沉降缝？如何设置？

项目5　桥梁基础施工

学习目标：1. 掌握钻孔灌注桩施工技术

2. 掌握浅基础施工技术

3. 熟悉挖孔桩、沉井等其他形式基础的施工技术

桥梁的常用基础形式有明挖扩大基础、钻孔灌注桩基础、沉井基础及组合式基础等。其中，钻孔灌注桩基础、明挖扩大基础应用最为广泛。

任务5.1　钻孔灌注桩基础施工

任务描述：桩基础按施工方法不同可分为钻孔灌注桩、挖孔灌注桩、打入桩等。钻孔灌注桩是桥梁基础最常见的形式，要很好地掌握钻孔灌注桩的施工工艺、技术要点，以及容易出现的质量通病的排除方法等。

一、钻孔灌注桩施工工艺流程

钻孔灌注桩施工工艺流程如图5-1所示。

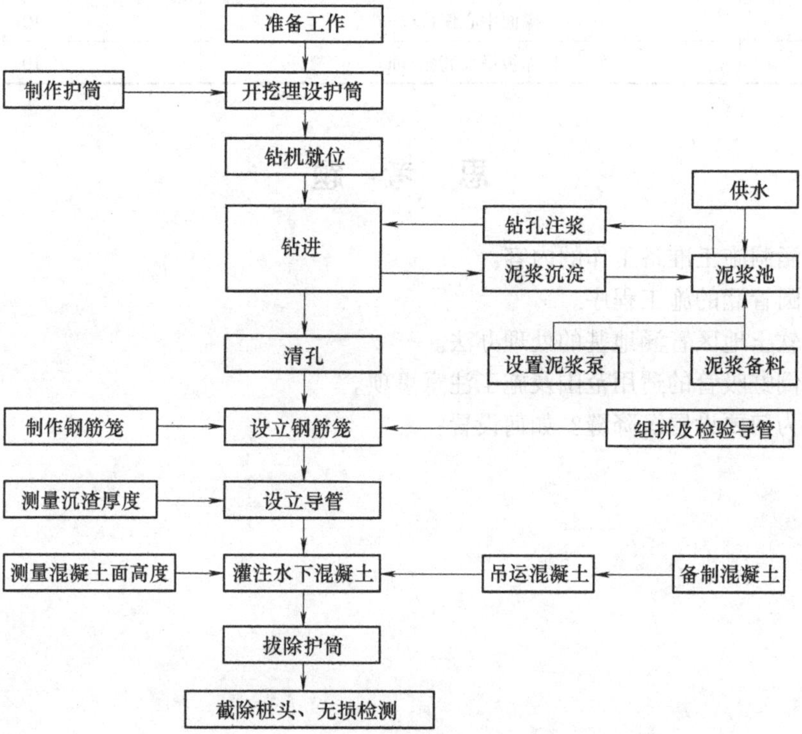

图5-1　钻孔灌注桩施工工艺流程

二、钻孔灌注桩施工技术要点

1. 钻孔灌注桩成孔方法

（1）正循环回转法。正循环回转法是利用钻具旋转切削土体钻进，泥浆泵将泥浆压进泥浆笼头，通过钻杆中心从钻头喷入钻孔内，泥浆挟带钻渣沿钻孔上升，从护筒顶部的排浆孔排出至沉淀池，钻渣在此沉淀而泥浆流入泥浆池循环使用。其特点是钻进与排渣同时连续进行，在适用的土层中钻进速度较快，但需设置泥浆槽、沉淀池等，施工占地较多，且机具设备较复杂。正循环回转法施工如图5-2所示。

图5-2 正循环回转法施工

（2）反循环回转法。反循环回转法与正循环回转法不同的是泥浆输入钻孔内，然后从钻头的钻杆下口吸进，通过钻杆中心排出至沉淀池内。其钻进与排渣效率较高，但接长钻杆时装卸麻烦，钻渣容易堵塞管路。另外，因泥浆是从上向下流动，孔壁坍塌的可能性较正循环回转法要大，为此需用较高质量的泥浆。

（3）潜水电钻法。潜水电钻法是将旋转电动机及变速装置均经密封后安装在钻头与钻杆之间，潜入水下作业。其特点是钻具简单轻便、易于搬运、噪声小，钻孔效率较高，但钻孔在水中进行，设备较易发生故障。

2. 技术准备要点

（1）掌握工程地质资料和水文地质资料。

（2）具备水、水泥、砂、石、钢筋等原材料及制品的质量检验报告。

（3）按有关规定制订安全生产、环境保护等措施。

（4）准备施工用的各种报表、规范。

3. 施工平台

（1）场地为浅水时，宜采用筑岛法施工。筑岛的技术要求应符合桥梁施工规范的有关规定。筑岛面积应按钻孔方法、机具大小等要求决定，高度应高于最高施工水位0.5～1.0m。

（2）场地为深水时，可采用钢管桩施工平台、双壁钢围堰平台等固定式平台，也可采用浮式施工平台。平台须牢靠稳定，能承受工作时所有的静、动荷载。

4. 护筒设置

（1）护筒内径宜比桩径大200～400mm。

（2）护筒中心竖直线应与桩中心线重合，除设计另有规定外，平面允许误差为50mm，竖直线倾斜度不大于1%。干处可实测定位，水域可依靠导向架定位。

（3）旱地、筑岛处的护筒可采用挖坑埋设法，护筒底部和四周所填黏质土必须分层夯实。

(4) 水域护筒设置，应严格注意平面位置、竖向倾斜、倾斜角（指斜桩）和两节护筒的连接质量均需符合上述要求。沉入时可采用压重、振动、锤击并辅以筒内除土的办法。

(5) 护筒高度宜高出地面0.3m或水面1.0～2.0m。当钻孔内有承压水时，护筒高度应高于稳定后的承压水位2.0m以上。若承压水位不稳定或稳定后承压水位高出地下水位很多，应先做试桩，鉴定在此类地区采用钻孔灌注桩基的可行性。当处于潮水影响地区时，护筒高度应高出最高施工水位1.5～2.0m，并应采取稳定护筒内水头的措施。

(6) 护筒埋置深度应根据设计要求或桩位的水文地质情况确定，一般情况埋置深度宜为2～4m，特殊情况应加深以保证钻孔和灌注混凝土的顺利进行。有冲刷影响的河床，应沉入局部冲刷线以下不小于1.0～1.5m。

(7) 护筒连接处要求筒内无突出物，应耐拉、耐压，不漏水。

5. 泥浆的调制和使用技术要求

(1) 钻孔泥浆一般由水、黏土（或膨润土）和添加剂按适当配合比配制而成，其性能指标可参照表5-1选用。

表5-1 泥浆性能指标选择

钻孔方法	地层情况	泥浆性能指标							
		相对密度	黏度/Pa·s	含砂率(%)	胶体率(%)	失水率/(ml/30min)	泥皮厚/(mm/30min)	静切力/Pa	酸碱度/pH
正循环	一般地层	1.05～1.20	16～22	8～4	≥96	≤25	≤2	1.0～2.5	8～10
	易坍地层	1.20～1.45	19～28	8～4	≥96	≤15	≤2	3～5	8～10
反循环	一般地层	1.02～1.06	16～20	≤4	≥95	≤20	≤3	1～2.5	8～10
	易坍地层	1.06～1.10	18～28	≤4	≥95	≤20	≤3	1～2.5	8～10
	卵石土	1.10～1.15	20～35	≤4	≥95	≤20	≤3	1～2.5	8～10
推钻冲抓	一般地层	1.10～1.20	18～24	≤4	≥95	≤20	≤3	1～2.5	8～11
冲击	易坍地层	1.20～1.40	22～30	≤4	≥95	≤20	≤3	3～5	8～11

注：1. 地下水位高或其流速大时，指标取高限，反之取低限。
2. 地质状态较好，孔径或孔深较小的取低限，反之取高限。
3. 在不易坍塌的黏质土层中，使用推钻、冲抓、反循环回转钻进时，可用清水提高水头（≥2m）维护孔壁。

(2) 对大直径或超长钻孔灌注桩，泥浆的选择应根据钻孔的工程地质情况、孔位、钻机性能、泥浆材料条件等确定。在地质复杂，覆盖层较厚，护筒下沉不到岩层的情况下，宜使用丙烯酰胺即PHP泥浆。

6. 钻孔施工一般要求

(1) 钻机就位前，应对钻孔各项准备工作进行检查。

(2) 钻孔时，应按设计资料绘制的地质剖面图，选用适当的钻机和泥浆。

(3) 钻机安装后的底座和顶端应平稳，在钻进中不应产生位移或沉陷，否则应及时处理。

(4) 钻孔作业应分班连续进行，填写钻孔施工记录，交接班时应交代钻进情况及下一班应注意事项。应经常对钻孔泥浆进行检测和试验，不合要求时，应随时改正。应经常注意地层变化，在地层变化处均应捞取渣样，判明后记入记录表中并与地质剖面图核对。

(5) 钻头的直径要求：对于回旋钻，钻头直径不宜小于设计桩径；对于冲击钻，冲锤直径小于设计桩径20mm为宜。

7. 钻孔灌注桩钻进的注意事项

（1）不论采用何种方法钻孔，开孔的孔位必须准确。开钻时均应慢速钻进，待导向部分或钻头全部进入地层后，方可加速钻进。

（2）采用正、反循环钻孔（含潜水钻）均应采用减压钻进，即钻机的主吊钩始终要承受部分钻具的重量，而孔底承受的钻压不超过钻具重量之和（扣除浮力）的80%。

（3）用全护筒法钻进时，为使钻机安装平正，压进的首节护筒必须竖直。钻孔开始后应随时检测护筒水平位置和竖直线，如发现偏移，应将护筒拔出，调整后重新压入钻进。

（4）在钻孔排渣、提钻头除土或因故停钻时，应保持孔内具有规定的水位及要求的泥浆相对密度和黏度。处理孔内事故或因故停钻，必须将钻头提出孔外。

（5）变截面桩的施工全断面可一次成孔或再分级扩孔钻进，分级扩孔时变截面桩开始用大直径钻头，钻到变截面处换小直径钻头钻进；达到设计高程后，再换钻头扩孔到设计直径，依次作业2~3次直到完成符合设计要求的变截面桩。钻孔时为保持孔壁稳定，覆盖层进尺不能过快，宜采用减压吊钻钻进。

（6）旋挖钻孔的技术要求

1）场地处理。旋挖钻机底座的施工场地应进行平整、夯实处理，避免钻进过程中钻机产生沉陷。采用平台施工时，必须对平台的承载力进行计算，满足旋挖钻机的承载力要求方能施工。

2）泥浆调制。旋挖钻机在粉砂土层、夹砂土层、地下水位较高的地区进行钻孔施工时，应采用性能良好的泥浆，以抑制地下水、悬浮钻渣、稳定孔壁及防止坍孔。

3）钻机施工过程中应保证泥浆面始终不得低于护筒底部，以保证孔壁的稳定。

4）旋挖钻机施工初期，提升钻斗时，避免因筒斗下部产生较大的负压作用产生“吸钻”现象而造成孔壁缩颈，须对筒式钻斗的筒壁对称加焊护壁钢板（或增设导流槽）进行改进，以减少钻孔缩颈现象的发生。

5）钻进施工过程中严格控制一次钻进速度，避免进尺过快造成塌孔埋钻事故。

6）钻头升降速度过快时，易造成孔壁缩颈、坍塌事故。钻头升降速度宜控制在0.75~0.80m/s，位于粉砂层或亚砂土层时，钻头升降速度应更加缓慢。

7）泥浆初次注入时，应垂直向桩孔中间入浆，避免泥浆沿护筒壁冲刷孔壁使其底部孔壁松散坍塌；钢筋骨架和检探孔器应使用起重机垂直、平稳地放入孔内，避免破坏孔壁，造成废桩事故。

8. 清孔

（1）钻孔深度达到设计标高后，应对孔深、孔径进行检查，符合设计要求后方可清孔。

（2）清孔方法应根据设计要求、钻孔方法、机具设备条件和地层情况决定。

（3）在吊入钢筋骨架后，灌注水下混凝土之前，应再次检查孔内泥浆性能指标和孔底沉淀厚度，如超过规定，应进行二次清孔，符合要求后方可灌注水下混凝土。

（4）清孔方法有换浆、抽浆、掏渣、空压机喷射、砂浆置换等，可根据具体情况选用。

（5）不论采用何种清孔方法，在清孔排渣时，必须注意保持孔内水头，防止坍孔。

（6）不得用加深钻孔深度的方式代替清孔。

9. 灌注水下混凝土

灌注桩混凝土灌注如图 5-3 所示。

（1）钢筋骨架的制作、运输及吊装就位的技术要求

1）钢筋骨架的制作应符合设计要求和规范的有关规定。

2）长桩骨架宜分段制作，分段长度应根据吊装条件确定，应确保不变形，接头应错开。

3）应在骨架外侧设置控制保护层厚度的垫块，其间距竖向为 2m，横向圆周不得少于 4 处。骨架顶端应设置吊环。

图 5-3　灌注桩混凝土灌注

4）骨架入孔一般用起重机，无起重机时，可采用钻机钻架、灌注塔架。起吊应按骨架长度的编号入孔。

5）钢筋骨架制作和吊放的允许偏差：主筋间距为 ±10mm、箍筋间距为 ±20mm、骨架外径为 ±10mm、骨架倾斜度为 ±0.5%、骨架保护层厚度为 ±20mm、骨架中心平面位置为 20mm、骨架顶端高箱为 ±20mm，骨架底面高程为 ±50mm。

6）变截面桩钢筋骨架吊放按设计要求施工。

（2）灌注水下混凝土时应配备的主要设备及备用设备

1）灌注水下混凝土的搅拌机的作业能力应能满足桩孔在规定时间内灌注完毕。灌注时间不得长于首批混凝土的初凝时间。若估计灌注时间长于首批混凝土的初凝时间，则应掺入缓凝剂。

2）水下灌注混凝土的泵送机具宜采用混凝土泵，距离稍远的宜采用混凝土搅拌运输车。采用普通汽车运输时，运输容器应严密坚实，不漏浆、不吸水，便于装卸，混凝土不应离析。其途中运输与灌注混凝土的温度有关时，可参照《公路桥涵施工技术规范》（JTG/T F50—2011）有关规定执行。

3）水下混凝土一般用钢导管灌注，导管内径为 200 ~ 350mm，根据桩径大小确定。导管使用前应进行水密承压和接头抗拉试验，严禁用压气试压。进行水密试验的水压不应小于孔内水深 1.3 倍的压力，也不应小于导管壁和焊缝可能承受灌注混凝土时最大内压力 p 的 1.3 倍，p 可按式（5-1）计算

$$p = \gamma_c h_c - \gamma_w H_w \tag{5-1}$$

式中　p——导管可能受到的最大内压力（kPa）；

γ_c——混凝土拌合物的重度，取 24kN/m^3；

h_c——导管内混凝土柱最大高度（m），以导管全长或预计的最大高度取值；

γ_w——井孔内水或泥浆的重度（kN/m^3）；

H_w——井孔内水或泥浆的深度（m）。

4）导管应自下而上顺序编号，单节导管做好标示尺度，导管吊装设备的起吊能力应充分满足施工要求。

5）导管应定时进行水密试验，以确保桩基施工质量。

（3）水下混凝土配制

1）可采用火山灰硅酸盐水泥、粉煤灰硅酸盐水泥、普通硅酸盐水泥或硅酸盐水泥，使用矿渣硅酸盐水泥时应采取防离析措施。水泥的初凝时间不宜早于2.5h，水泥的强度等级不宜低于32.5。

2）粗集料宜优先选用卵石，如采用碎石宜适当增加混凝土配合比的含砂率。集料的最大粒径不应大于导管内径的1/8～1/6和钢筋最小净距的1/4，同时不应大于40mm。

3）细集料宜采用级配良好的中砂。

4）混凝土配合比的含砂率宜采用0.4～0.5，水灰比宜采用0.5～0.6。有试验依据时含砂率和水灰比可酌情增大或减小。

5）混凝土拌合物应有良好的和易性，在运输和灌注过程中应无显著离析、泌水现象。灌注时应保持足够的流动性，其坍落度一般情况下宜为180～220mm，特殊情况时宜通过试验确定。混凝土拌合物中宜掺用外加剂、粉煤灰等材料，其技术条件及掺用量可参照《公路桥涵施工技术规范》（JTG/T F50—2011）第6章有关规定办理。

6）每立方米水下混凝土的水泥用量不宜少于350kg，当掺有适宜数量的减水缓凝剂或粉煤灰时，可不少于300kg。混凝土拌合物的配合比，可在保证水下混凝土顺利灌注的条件下，按照《公路桥涵施工技术规范》（JTG/T F50—2011）有关混凝土配合比设计方法计算确定。

7）对沿海地区（包括有盐碱腐蚀性地下水地区）应配制防腐蚀混凝土。

（4）灌注水下混凝土的技术要求

1）首批灌注混凝土的数量（图5-4）应能满足导管首次埋置深度（≥1.0m）和填充导管底部的需要，所需混凝土数量可参考式（5-2）计算

$$V=\pi D^2(H_1+H_2)/4+\pi d^2 h_1/4 \tag{5-2}$$

式中　V——灌注首批混凝土所需数量（m^3）；

D——桩孔直径（m）；

H_1——桩孔底至导管底端间距，一般为0.4m；

H_2——导管初次埋置深度（m）；

d——导管内径（m）；

h_1——桩孔内混凝土达到埋置深度H_2时，导管内混凝土柱平衡导管外（或泥浆）压力所需的高度（m），即$h_1=H_w\gamma_w/\gamma_c$；

H_w、γ_w、γ_c——意义同式（5-1）。

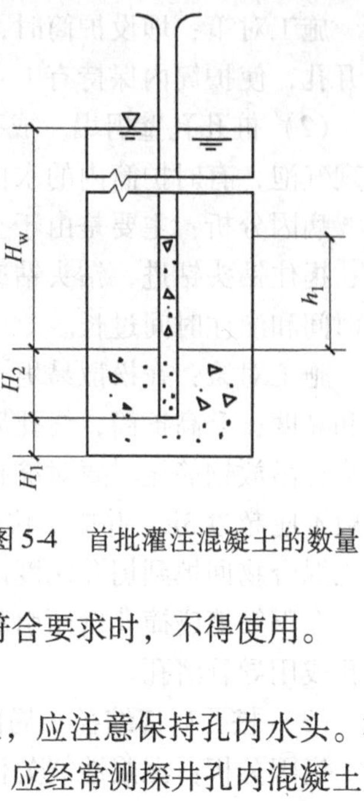

图5-4　首批灌注混凝土的数量

2）混凝土拌合物运至灌注地点时，应检查其均匀性和坍落度等，如不符合要求，应进行二次拌和，二次拌和后仍不符合要求时，不得使用。

3）首批混凝土拌合物下落后，混凝土应连续灌注。

4）在灌注过程中，特别是潮汐地区和有承压力地下水地区，应注意保持孔内水头。在灌注过程中，导管的埋置深度宜控制在2～6m。在灌注过程中，应经常测探井孔内混凝土面的位置，及时调整导管埋深。

5）为防止钢筋骨架上浮，当灌注的混凝土顶面距钢筋骨架底部1m左右时，应降低混

凝土的灌注速度。当混凝土拌合物上升到骨架底口 4m 以上时，提升导管，使其底口高于骨架底部 2m 以上，即可恢复正常灌注速度。

6）灌注的桩顶标高应比设计高出一定高度，一般为 0.5～1.0m，以保证混凝土强度，多余部分在接桩前必须凿除，桩头应无松散层。在灌注将近结束时，应核对混凝土的灌入数量，以确定所测混凝土的灌注高度是否正确。

7）变截面桩灌注混凝土的技术要求。对变截面桩，应从最小截面的桩孔底部开始灌注，其技术要求与等截面桩相同。灌注至扩大截面处时，导管应提升至扩大截面下约 2m，应稍加大混凝土的灌注速度和混凝土的坍落度；当混凝土面高于扩大截面处 3m 后，应将导管提升至扩大截面处以上 1m，继续灌注至桩顶。

8）使用全护筒灌注水下混凝土时，当混凝土面进入护筒后，护筒底部始终应在混凝土面以下。随导管的提升，逐步上拔护筒，护筒内的混凝土灌注高度，不仅要考虑导管及护筒将提升的高度，还要考虑因上拔护筒引起的混凝土面的降低，以保证导管的埋置深度和护筒底面低于混凝土面。要边灌注、边排水，保持护筒内水位稳定，不至于过高，造成反穿孔。

9）在灌注过程中，应将孔内溢出的水或泥浆引流至适当地点处理，不得随意排放，污染环境及河流。混凝土灌注至桩顶时，应注意管内混凝土压力，避免桩顶泥浆密度过大而产生泥团或桩顶混凝土不密实、松散等现象。

三、容易出现问题及处理方法

（1）护筒冒水。护筒外壁冒水，严重的会引起地基下沉、护筒倾斜和位移，造成成孔偏斜，甚至无法施工。

病因分析：埋设护筒时周围填土不密实；或护筒内水位相差太大；或钻头起落时碰撞。

施工对策：埋设护筒时，坑底与四周选用最佳含水量的黏土层分层夯实；在护筒适当高度开孔，使护筒内保持有 1～1.5m 的水头高度；起落钻头时，防止碰撞护筒。

（2）桩孔孔壁坍塌。成孔中或成孔后，孔壁不同程度塌落。成孔中，排出的泥浆不断出现气泡，有时护筒内的水位突然下降，均为塌孔的先兆。

病因分析：主要是由于土质松散，再加上泥浆护壁不好；护筒埋设不好；筒内水位不高；提住钻头钻进，钻头钻速过快，或空钻时间太长，都易引起钻孔下部坍塌；或成孔后待灌时间和灌注时间过长。

施工对策：在松散易坍土层中适当深埋护筒，密实回填土；使用优质泥浆，提高泥浆密度和黏度；升高护筒，终孔后补给泥浆，保持要求的水头高度；保证钢筋笼制作质量，防止变形；吊放钢筋笼时要对准孔位，吊直扶稳，缓慢下沉，防止碰撞孔壁；成孔后，待灌时间一般不应超过 3h，并应尽快灌注完，缩短灌注时间；在钢筋笼未下入孔内的情况下，将砂、黏土混合物回填到坍孔深度以上 1～2m，或全孔回填并密实后，再用原径钻头和优质泥浆扫孔；在钢筋笼碰撞孔壁而引起轻微坍塌的情况下，用直径小于钢筋笼内径的钻头以优质泥浆扫孔或用导管清孔。

（3）桩孔局部缩径。局部孔径小于设计孔径。

病因分析：泥浆性能欠佳，失水量大，引起塑性土层吸水膨胀，或形成疏松、蜂窝状厚层泥皮；邻桩施工间距和时间间隔不当，土层中应力尚未消散，新孔孔壁软土流变；钻头直径磨损过大。

施工对策：采用优质泥浆，控制泥浆密度和黏度，降低失水量；当设计桩距＜$4D$时，应跳隔1～2根桩施工；或新桩孔尽可能在邻桩成桩36h后开钻。

（4）桩孔偏移倾斜。成孔后桩孔出现较大垂直偏差或弯曲。

病因分析：钻机安装不平，或钻台下有虚土产生不均匀沉陷；桩架不稳，钻杆导架不垂直，钻机磨损，部件松动，护筒埋设偏斜，钻杆弯曲，主动钻杆倾斜；遇旧基础或大孤石等地下障碍物，土层软硬不均或基岩倾斜。

施工对策：钻机安装周正、水平、稳固，护筒不偏斜，钻杆不弯曲，保持钻杆垂直；增添导向架，控制提引水龙头，尽可能采用钻铤加压，清除地下障碍物；除软硬互层采用轻压慢转技术参数外，从软塑黏土层，尤其是流塑黏土层和砂层进入硬塑黏土层或从软土层进入基岩时，笼状钻头下端的锥形导向小钻头需改用平底导向小钻头，或者直接用不带导向小钻头的平底钻头钻进；用砂、黏土混合物回填至偏斜处以上1～2m，待密实后用平底合金钻头轻压慢转纠斜；在基岩面发生倾斜时，可投入20～40mm粒径的碎石，略高于偏斜处，冲击密实后用平底合金钻头进行钻进纠偏。

（5）孔底沉渣过多。孔底沉淤、残留泥沙过厚，或孔壁泥土塌落在孔底，使沉渣超标。

原因分析：泥浆密度过大，清孔未彻底；钢筋笼吊放未垂直对中，碰刮孔壁使孔壁泥土坍落孔底；或清孔后待灌时间过长，泥浆沉淀。

施工对策：终孔后，钻头提离孔底1～20cm，保持慢速空转，维持循环清孔时间不少于30min；清孔采用优质泥浆，控制泥浆密度和黏度，钢筋笼垂直缓放入孔，避免碰撞孔壁；清孔完毕立即灌注混凝土；采用导管二次清孔，清孔时间以孔底沉渣厚度达到规范要求为准；提高混凝土初灌时对孔底的冲击力；导管底端距孔底控制在40～50cm，初灌混凝土量必须满足导管底端能埋入混凝土中0.8～1.3m的要求。

（6）导管堵塞。灌注过程中，混凝土在导管中不能下落，影响灌注工作顺利进行。

病因分析：初灌时隔水塞堵管；粗集料粒径过大，混凝土坍落度不合要求，和易性、流动性差；拌和不均匀，产生离析；导管连接部位和焊缝不密封，发生漏水，管内形成水塞，当管内混凝土不满而含有空气时，混凝土整斗倾入导管，导致管内形成高压气塞，或气塞挤破管节间密封垫继而导致导管漏水。

施工对策：先灌注0.2～0.3m^3水泥砂浆，后灌注混凝土，防止集料卡阻水塞；选用粒径小于25mm的粗集料，其最大粒径不大于导管内径和钢筋笼主筋最小净距的1/4；严格控制混凝土配合比，坍落度控制在18～22cm，坍落度降低至15cm的时间一般不宜小于1h；混凝土应拌和均匀，搅拌机的拌和时间应大于90s；确保导管连接部位焊缝的密封性，导管应在大于0.5～0.77MPa压力下试压超过15min而不泄漏，以免在导管内形成水塞；在浇筑过程中，混凝土宜缓慢倒入漏斗和导管，避免在导管内形成高压气塞；确保机械运转正常，必须有备用搅拌机；必要时，可在混凝土中掺加缓凝剂；当隔水塞堵塞导管时，可将提管时散落在孔底的混凝土拌合物清除，重新放置隔水塞浇筑；当孔内混凝土尚未初凝时，尽快清理导管，重新下至混凝土面，开泵冲洗浮浆后，重新放置隔水塞浇筑；隔水塞冲出后，尽可能将导管向下插入原先浇筑的混凝土内，原位上下串插导管，使混凝土混合密实，再继续浇筑。

（7）钢筋笼上浮或下沉。钢筋笼的位置高于或低于设计位置。上浮较大时，降低了桩体抗水平剪切能力；下沉过多，给施工带来麻烦和损失。

病因分析：钢筋笼放置初始位置过高或过低；混凝土流动性过小，导管在混凝土中埋置深度过大（6m 以上），钢筋笼被混凝土顶托上浮；导管掩埋过长，提升时易摇晃，难以对准钢筋笼的中心，易发生挂笼现象；导管提升过猛，混凝土下沉太快，瞬时反冲力使钢筋笼上浮；钢筋笼制作质量不佳，或吊装不当而变形；或桩孔倾斜，钢筋笼随之而变形，增加了混凝土上升阻力。

施工对策：钢筋笼放置初始位置应准确无误，并与孔口固定牢固；为防止钢丝拉长下沉或顶住上升力，可采用吊筋加套管等方法顶住钢筋笼上口；加快浇筑速度，缩短浇筑时间，或添加缓凝剂，防止混凝土顶层进入钢筋笼时流动性变小；混凝土接近钢筋笼底时，导管埋深控制在 1.5 ~2m，尽量减少串插导管，改用转动导管密实混凝土；每浇筑完一斗混凝土，就应检查一次埋深，直到钢筋笼埋设牢固后，恢复正常埋置深度；钢筋笼制作应平直不变形，主筋底端可适当向外弯折，并增加封底箍筋；导管对中桩孔，导管接头处套装锥形活动护罩或加密焊接防护斜筋；导管正常埋置深度一般控制在 2 ~4m，最大不超过 6m，便于转动移位；钢筋笼上升时，停止浇筑混凝土，检查埋管深度，拆除部分导管，保持埋管 1.5 ~2m；导管钩挂钢筋笼时，要下降导管，转动移位脱钩后上提。

（8）桩顶段混凝土质量差。桩顶上部混凝土疏松、夹泥、断裂等。上部桩身由于缺乏压力，与桩周土接触应力低，而受荷时桩身上部荷载应力最大，因此桩身破坏最易在上部发生。

病因分析：没有勤测混凝土面高程，预加的灌注混凝土高度不足，上部压力小，混凝土密度低；导管内混凝土高度降低，压力降低，而导管外的泥浆及所含渣土稠度增加，密度增大，混凝土升顶困难，甚至与泥浆、浮浆接触掺混，造成夹泥、疏松、离析；导管缩短，质量减轻，导管上下串插困难，或串插程度不够；护筒起拔过猛，或起拔护筒不垂直，使护筒带走了部分未初凝的混凝土，导致混凝土抗拉强度低而掺入泥浆，形成夹泥或断裂面。

施工对策：勤测混凝土面，并在桩顶设计标高以上加灌一定高度的混凝土，其最小高度不宜小于桩长的5%，且不小于 2m，以保证设计标高以下的混凝土符合设计要求；孔口加水稀释渣浆，冲出部分稠浆，减小泥浆密度；护筒吊绳要周正，起拔护筒要稳、慢。

（9）断桩。混凝土凝固后不连续，中间被冲洗液等疏松体及泥土充填的间断桩，影响了桩身的整体性，降低了桩体强度和承载力，以致不能满足设计要求。

病因分析：坍落度损失大的配合比和浇筑过程不连续是造成断桩的重要原因；灌注过程中发生埋管、卡管及其他一些情况都将造成断桩。

埋管：导管在混凝土中掩埋过长，钢筋笼变形，灌注时间过长，混凝土已初凝，内阻力成倍增长，导管被卡死在混凝土内；法兰盘顶住钢筋笼下端，钢筋笼与孔壁摩擦阻力过大，加上钢筋笼内已有一定高度的混凝土使导管无法提升。

卡管：集料级配不合理，含有大粒径的卵石、漂砾；混凝土拌和好后长时间未灌注，已产生离析或局部初凝现象而直接用于灌注，导管密封不良，局部漏水。

施工对策：按有关规范要求，通过计算和试配确定混凝土配合比，混凝土应具有良好的和易性和流动度，坍落度损失应能满足灌注要求，初凝时间应为正常灌注时间的 2 倍；要求灌注过程连续、快速，防止出现上述埋管、卡管及其他情况。

钻孔桩事故处理的方法有很多，难度也较大，无论采取什么先进的办法进行处理都将对工程的进度、质量及施工企业的信誉带来不可忽视的影响。因此，在钻孔桩施工中必须做到每个工序严格按照规范操作，水下混凝土浇筑统一指挥，对可能出现的问题制订切实有效的防范措施，尽最大努力杜绝事故的发生。

四、质量检验及质量标准

（1）钻孔工作在终孔和清孔后，应进行孔位、孔深检验。孔径、孔形和倾斜度宜采用专用仪器测定，当缺乏专用仪器时，可采用外径为钻孔桩钢筋笼直径加100mm（不得大于钻头直径）、长度为4~6倍外径的钢筋检孔器吊入钻孔内检测。钻、挖孔成孔质量标准见表5-2。

表5-2　钻、挖孔成孔质量标准

项　目	规定值或允许偏差
孔的中心位置/mm	群桩：100；单排桩：50
孔径/mm	不小于设计值
倾斜度	钻孔：小于1%；挖孔：小于0.5%
孔深	摩擦桩：不小于设计规定 支承桩：比设计深度超深不小于50mm
沉淀厚度/mm	摩擦桩：符合设计要求，当设计无要求时，对于直径≤1.5m的桩，≤200mm；对桩径>1.5m或桩长>40m或土质较差的桩，≤300mm 支承桩：不大于设计规定，设计无规定时≤50mm
清孔后泥浆指标	相对密度：1.03~1.10；黏度：17~20Pa·s；含砂率：<2%；胶体率：>98%

注：清孔后的泥浆指标，是从桩孔的顶、中、底部分别取样检验的平均值。本项指标的测定，限指大直径桩或有特定要求的钻孔桩。

（2）钻孔灌注桩的混凝土质量检测

1）桩身混凝土抗压强度应符合设计规定；每桩试件组数为2~4组。

2）检测方法和数量应符合设计要求。一般选有代表性的桩用无破损法进行检测，重要工程或重要部位的桩宜逐根进行检测。设计有规定时或对桩的质量有疑问时，应采用钻取芯样法对桩进行检测，对柱桩并应钻到桩底0.5m以下。

3）当检测后，桩身质量不符合要求时，应研究处理方案，进行处理。

任务5.2　明挖扩大基础施工

任务描述：扩大基础一般应用于小桥或承载力要求较低的情况，要求掌握扩大基础的施工知识。

一、明挖扩大基础施工工艺流程

明挖扩大基础施工工艺流程如图5-5所示。

二、基坑开挖施工技术要点

1. 旱地基坑开挖

（1）土质地基开挖。基坑开挖前先要准确放样，定出基础轴线、边线位置及标高，并用骑马桩将中心位置固定。在墩（台）或其他建筑物附近开挖基坑时，应采取适当的防护措施。弃土堆置地点不得妨碍开挖基坑及其他作业，不能影响坑壁稳定，同时应满足水土保持和环境保护的有关要求。

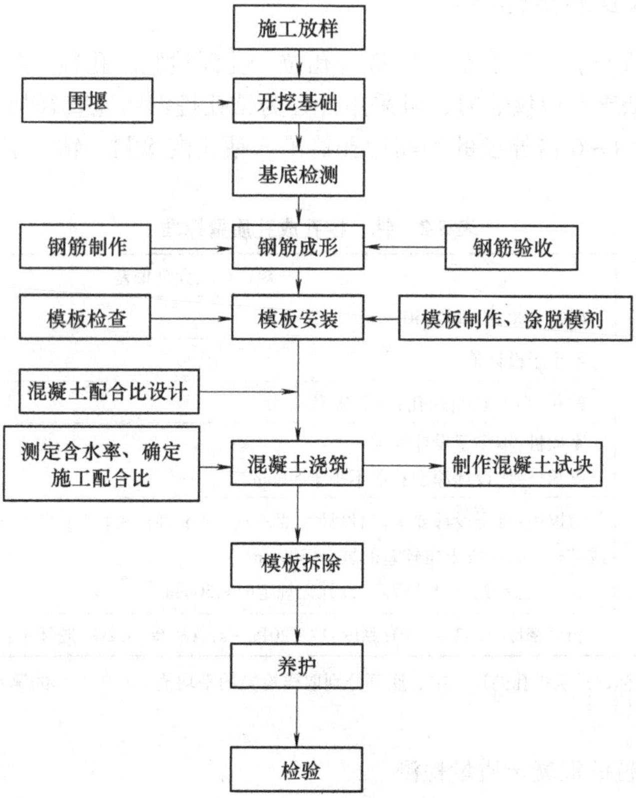

图5-5　明挖扩大基础施工工艺流程

基坑大小应满足基础施工的要求，一般基底应比设计平面尺寸各边增宽50~100cm。当基坑深度在5m以内，工期较短，坑底在地下水位以上，土的湿度正常，土层构造均匀时，坑壁坡度可参考表5-3确定。

表5-3　基坑坑壁坡度

坑壁土类	坑壁坡度		
	坡顶无荷载	坡顶有静荷载	坡顶有动荷载
砂类土	1:1	1:1.25	1:1.5
卵石、砾类土	1:0.75	1:1	1:1.25
粉质土、黏质土	1:0.33	1:0.5	1:0.75
极软岩	1:0.25	1:0.33	1:0.67
软质岩	1:0	1:0.1	1:0.25
硬质岩	1:0	1:0	1:0

注：1. 坑壁有不同土层时，基坑坑壁坡度可分层选用，并酌设平台。
2. 坑壁土类按照《公路土工试验规程》（JTG E40—2007）划分。
3. 岩石单轴极限强度<5.5、5.5~30、>30时，分别定为极软、软质、硬质岩。
4. 当基坑深度大于5m时，基坑坑壁坡度可适当放缓或加设平台。

基坑深度大于5m时，应将坑壁坡度适当放缓或加设平台；如果土的湿度可能引起坑壁坍塌时，坑壁坡度应缓于该湿度下土的天然坡度。

坑顶与动荷载之间至少应留有1m宽的护道。若工程地质和水文地质不良或者动荷载过大，还要增宽护道或采取加固措施。

如果护坡开挖场地受限或工程量太大，可按具体情况采用挡板支撑、钢木结合支撑、混凝土护壁（喷射混凝土护壁与现浇混凝土护壁）、钢板桩围堰、锚杆支护及地下连续墙等防护措施。

基坑开挖既可以采用人工开挖，也可以采用挖掘机、推土机、装载机等机械进行开挖，但无论采用哪种方法施工，基底均应避免超挖，已经超挖或松动部分应予以清除。若施工时间较长，又可能遇到暴雨天气时，应在基坑外设临时截水沟或排水沟，防止雨水流入基坑内，使坑内土质发生变化。任何土质的基坑挖至设计标高后，都不能长时间暴露、扰动或浸泡而削弱其承载能力。一般土质的基坑挖至基底标高时，应保留10~20cm的厚度不挖，在基础砌（浇）筑前由人工突击挖除，迅速检验，随即进行基础施工。

（2）旱地岩石地基开挖。岩石地基开挖的基坑坑壁坡度见表5-3。硬质岩可以垂直向下，一般设计开挖深度为风化层厚度。新鲜基岩、微风化或弱风化岩层都可作为基础持力层。开挖一般采用人工开挖，必要时可进行松动爆破，但要严格控制爆破深度和用药量，防止过量爆破引起持力层松动破坏。根据岩层的风化程度、倾角等情况，采用适当方法进行坑壁防护。挖出的渣石必须运至指定地点，不能对施工安全或周围群众的生产、生活，以及环境造成危害。

2. 水中地基的基坑开挖

（1）围堰。桥涵水中基础施工，首先应进行围堰施工，然后在开挖过程中要采取措施排除坑内渗水。水中基础施工难度比旱地作业增大，施工成本也增加很多。这里主要介绍围堰施工方法。

围堰有土围堰、土袋围堰、钢板桩围堰、钢筋混凝土板桩围堰、竹（铅丝）笼围堰、套箱围堰等几种。一般要求围堰高度应高出施工期间可能出现的最高水位（包括浪高）50~70cm。围堰外形应考虑河流断面被压缩后，流速增大引起水流对围堰、河床的集中冲刷及影响通航、导流等因素；堰内面积应能满足基础施工的需要；围堰要力求防水严密，尽量减少渗漏，以减轻排水工作量。

1）土石围堰。水深2m以内、水流流速0.5m/s以内，河床土质渗水较小时，可筑土围堰。堰顶宽度可为1~2m。当采用机械挖基时，应视机械的种类确定，但不宜小于3m。堰外边坡迎水流冲刷的一侧，边坡坡度宜为1:2~1:3，背水冲刷一侧的边坡坡度可在1:2之内，堰内边坡宜为1:1~1:1.5，内坡脚与基坑的距离根据河床土质及基坑开挖深度而定，但不得小于1m。筑堰宜采用黏性土或砂类土填出水面并应进行夯实。筑堰前应将堰底河床上的树根、石块、杂物等清除，自上游开始填筑至下游合龙。流速过大有冲刷危险时，在外坡面用草皮、柴排、片石或草袋等加以防护。

2）土袋围堰。水深3.0m以内、水流流速≤1.5m/s、河床土质渗水较小时，可筑土袋围堰。堰顶宽度可取1~2m，围堰中心部分可填黏土及黏性土芯墙，堰外边坡为1:0.5~1:1，堰内边坡为1:0.2~1:0.5。坡脚与基坑边缘的距离及堰底处理方法、填筑方向与土围堰相同。堆码在水中的土袋，其上下层和内外层应相互错缝，尽量堆码密实整齐。

3）钢板桩围堰（图5-6）。钢板桩围堰适用于各类土（包括强风化岩）的深水基坑。钢板桩的力学性能和尺寸应符合要求。经过整修或焊接后的钢板桩，应采用同类型的钢板桩进行锁口试验、检查；钢板桩的接长应以等强度焊缝接长。当起吊能力许可时，宜在打桩前，将2～3块钢板桩拼为一组并夹牢。拔除钢板桩前宜向堰内灌水，使堰内外水位相等。拔桩时从下游附近易于拔除的一根或一组钢板桩开始，并尽可能采用振动拔桩法。钢板桩强度大、防水性能好，打入土层、砾石层、卵石层时穿透性能强，适合于水深10～30m的桥位围堰。

图5-6　钢板桩围堰

4）钢筋混凝土板桩围堰。钢筋混凝土板桩围堰适用于黏性土、砂类土及碎石土类河床。除用于基坑挡土防水以外，还可不拔除作为建（构）筑物的一部分。通常板宽为50～60cm，厚度为10～30cm。为使其合龙及方便企口接缝，插打板桩时，应从上游开始按顺序进行直至下游合龙。

5）套箱围堰。套箱围堰适用于埋置不深的水中基础，也可用于修建桩基承台。无底套箱用木板、钢板或钢丝网水泥制成，内部设钢木支撑。下沉套箱之前应先清除河床表面的障碍物，若套箱设置在岩层上时，应整平岩面。如果基岩岩面倾斜，应将套箱底部做成与岩面相同的倾斜度，以增加套箱的稳定并减少渗漏。

6）竹（铅丝）笼围堰。按上述围堰近似方法施工。

（2）基坑排水。围堰完工后，需将堰内积水排除。在开挖过程中，也可能有渗水出现，必须边挖边排。抽水设备的排水能力应大于总渗水量的1.5～2.0倍。排水方法有集水坑、集水沟排水及井点法排水等。集水坑、集水沟排水适用于粉、细砂土质以外的各种地层基坑，集水沟沟底应低于基坑底面；集水坑的深度应大于吸水龙头的高度。井点法排水适用于粉、细砂或地下水位较高、挖基较深、坑壁不易稳定和普通排水方法难以解决的基坑。应根据土层的渗透系数、要求降低地下水位的深度及工程特点，选择适宜的井点类型和所需设备。各种井点法的适用范围见表5-4。

表5-4　各种井点法的适用范围

井点类别	土壤渗透系数/(m/d)	降低水位深度/m	井点类别	土壤渗透系数/(m/d)	降低水位深度/m
一级轻型井点法	0.1～80	3～6	电渗井点法	<0.1	5～6
二级轻型井点法	0.1～80	6～9	管井井点法	20～200	3～5
喷射井点法	0.1～50	8～20	深井泵法	10～80	>15
射流泵井点法	0.1<50	<10			

注：1. 降低土层中地下水位时，应将滤水管埋置于透水性较大的土层中。
2. 井点管的下端滤水长度应考虑渗水土层的厚度，但不得小于1m。

（3）基坑开挖。水中挖基坑采取围堰、基坑排水等先期处理措施后，开挖方法及要求与旱地基坑开挖相同，这里不再赘述。排水困难或具有水中挖基坑的设备时，可采用下列水中挖基坑的方法：

1）水力吸泥机挖基坑：适用于砂类土及卵石、砾类土，不受水深限制，其出土效率可随水压、水量的增加而提高。

2）空气吸泥机挖基坑：适用于水深5m以上的砂类土或夹有少量碎卵石的基坑，浅水基坑不宜采用；在黏土层使用时，应与射水配合进行，以破坏黏土结构；吸泥时应向基坑内注水，使基坑内水位高于基坑外水位约1.0m，以防止流沙或涌泥。

3）挖掘机水中挖基坑：适用于各种土质，但开挖时不要破坏基坑边坡的稳定。

3. 基底检验和处理

基坑开挖至设计标高后，按地质情况要采取相应的处理措施。对于一般性能良好的未风化岩地基，应将岩面上的松碎石块、淤泥、苔藓等清除后洗净岩面；若岩层倾斜，还应将岩面凿平或凿成台阶。若基底位于风化岩层上，则应按基础尺寸凿除已风化的表面岩层，在砌筑基础圬工的同时将基坑底填满，封闭。对于土质岩层，要将底面修理平整，于最短时间内砌筑基础，不得暴露或浸水过久。对于其他特殊地基，应选用以下特殊处理方法：

（1）软弱地基。软土及承载力很低的地基称为软弱地基，必须采取措施进行处理。处理方法主要有换填土，填筑砂砾垫层，设置袋装砂井、排水塑料板和生石灰桩，真空预压及粉体喷射搅拌等。其详细施工工艺及技术要求详见《公路桥涵施工技术规范》（JTG/T F50—2011）。

（2）湿陷性黄土地基。该类地基处理应尽量避免在雨期施工，否则应有专门的防洪、排水设施。基础筑出地面后，应及时用不透水土或原土分层回填，夯实至稍高于附近地面，以利排水。处理方法主要有重锤夯实、换填灰土垫层、土桩深层挤实及土的硅化等，其中重锤夯实和换填灰土垫层应用较为普遍。

（3）多年冻土地基。该类地基施工要按保持冻结的原则，尽量避开高温季节，同时要严禁地表水流入基坑；及时排除季节冻层内的地下水和冻土本身的融化水。

（4）泉眼及溶洞处理。若地基出现泉眼，有两种处理方法：一种是堵眼，将有螺口的钢管打入泉眼，盖上螺帽拧紧，阻止泉水流出，或者向泉眼内压注速凝水泥砂浆，再打入木塞堵眼；另一种是引流排水，当堵眼有困难时，可用管子塞入泉眼，将水引流至集水坑或天然沟谷。对出口较大的溶洞，可采用混凝土掺片石灌注或用钢筋混凝土结构加盖处理；小溶洞可采用压水泥砂浆或小石子混凝土进行压灌处理；大型溶洞应专门研究确定施工方案。

（5）基底开挖并处理完毕后，应通过基底检验，其主要内容有：

1）检查基底平面位置、尺寸大小、基底标高。

2）检查基底地质情况和承载力是否与设计资料相符。

3）检查基底处理和排水情况是否与规范相符。

三、基础施工技术要点

扩大基础的种类有浆砌片石、浆砌块石、片石混凝土、钢筋混凝土等几种，现将施工方法分别介绍如下：

1. 浆砌块（片）石

一般要求砌块在使用前必须浇水湿润，将表面的泥土、水锈清洗干净。砌第一层砌块时，如基底为岩层或混凝土基础，应先将基底表面清洗、湿润，再坐浆砌筑。砌筑应分层进行，各层先砌筑外圈定位行列，然后砌筑里层，外圈砌石与里层砌块交错连成一体。各砌层的砌块应安放稳固，砌块间应砂浆饱满，粘接牢固，不得直接贴靠或脱空。

片石砌体宜以 2~3 层砌块组成一工作层，每层的水平缝应大致找平，各层竖缝应相互错开，不得贯通。外圈定位行列和转角石，应选择形状较为方正及尺寸较大的片石，并长短相间地与里层砌块咬接，砌缝宽度一般不应大于 4cm。较大的砌块应放在下层，石块的尖锐突出部分应敲除。竖缝较宽时，在砂浆中塞以小石块填实。

块石砌筑时每层石料高度应大致一致，外圈定位行列和镶面石块，应丁顺相间或二顺一丁排列，砌缝宽度不大于 3cm，上下层竖缝错开并不小于 8cm。

2. 片石混凝土

混凝土中填放片石时应符合以下规定：

（1）埋放石块的数量不宜超过混凝土结构体积的 25%，当设计为片石混凝土时可增加为 50%~60%。

（2）应选用无裂纹、夹层且未被锻炼过的、高度小于 15cm、具有抗冻性能的石块。

（3）石块的抗压强度应不小于 25MPa 及混凝土强度等级。

（4）石块应清洗干净，应在捣实的混凝土中埋入一半以上；石块应分布均匀，净距不小于 10cm，距结构侧面和顶面的净距不小于 15cm；对于片石混凝土，石块净距可以在 4~6cm 之间，石块不得挨靠钢筋或预埋件。

3. 钢筋混凝土

旱地浇筑钢筋混凝土基础，应在对基底及基坑验收完成后尽快绑扎、放置钢筋，在底部放置混凝土垫块，保证钢筋的混凝土净保护层厚度；同时，安放墩柱或台身钢筋的预埋部分，保证其定位准确。对全部钢筋进行检查验收，保证其根数、直径、间距、位置满足设计文件和技术规范的要求时，即可浇筑混凝土。拌制好的混凝土运输至现场后，若倾卸高度不大，可直接倒入基坑内；若倾卸高度过大，为防止发生离析，应设置串筒或滑槽，滑槽内焊上减速钢梳，以保证混凝土均匀地送入基坑，用插入式振捣棒振捣密实。浇筑应分层进行，但应连续施工，在下层混凝土开始凝结之前，应将上层混凝土灌注捣实完毕。基础全部筑完凝结后，要立即覆盖草袋、麻袋、稻草或砂子，并洒水养护。养护时间：普通硅酸盐水泥的混凝土为 7d 以上，矿渣硅酸盐水泥、火山灰硅酸盐水泥或掺用塑化剂的混凝土应为 14d 以上。

水中混凝土基础在有基坑排水的情况下的施工方法与旱地基础相同，只是在混凝土凝固后即可停止排水，也不需再进行专门的养护工作。

任务 5.3　其他成孔形式灌注桩

任务描述：挖孔、冲击、冲抓成孔均为灌注桩成孔的方法，一般在一些特定的条件下使用。

一、挖孔灌注桩施工

挖孔灌注桩多用人工开挖和小型机具配合施工，灌注混凝土形成桩基础，适用于无水或极少水的密实的各类土层，孔径不小于1.2m，孔深不宜大于15m。其特点是设备投入少、成本低，成孔后可直观检查孔内土质状况，施工质量有可靠保证。缺点是施工速度慢。

1. 挖孔灌注桩施工工艺流程

挖孔灌注桩施工工艺流程如图5-7所示。

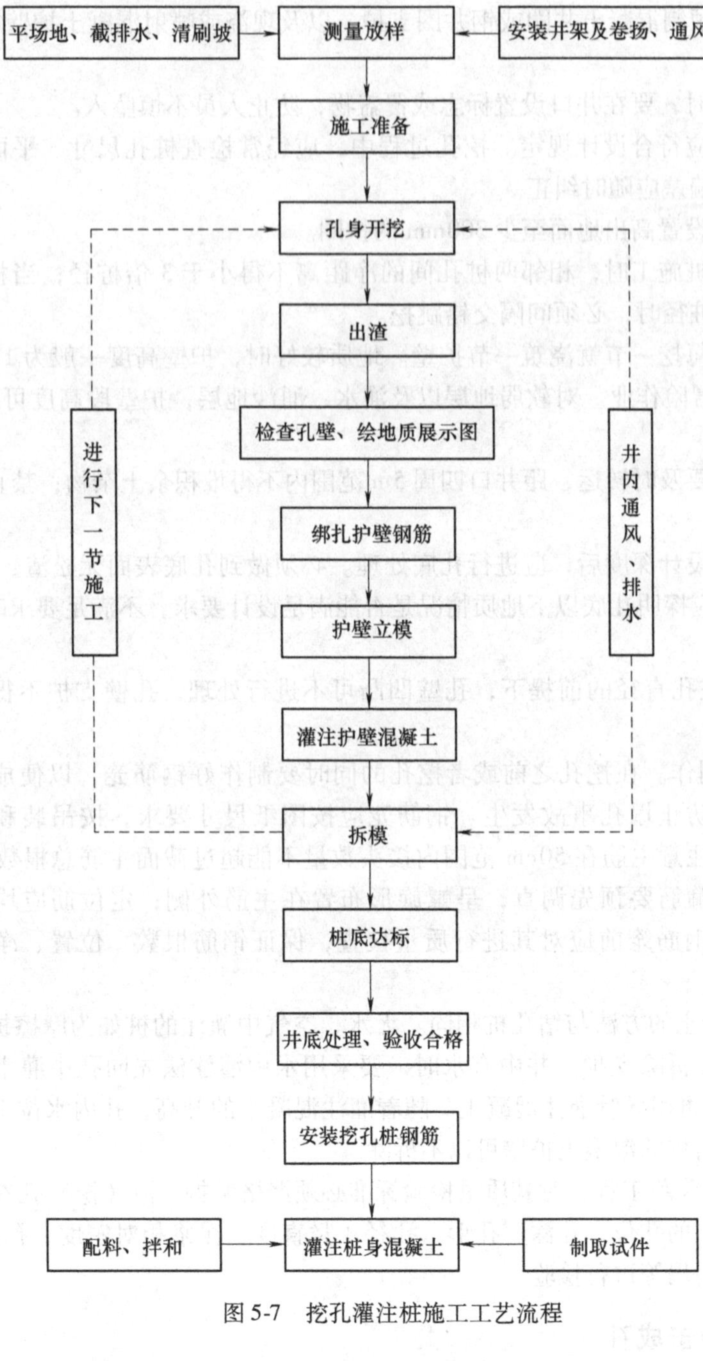

图5-7　挖孔灌注桩施工工艺流程

2. 施工技术要点

（1）位于无水地层的桩基础，埋好护筒后，可用人工直接开挖。遇岩石可采用浅层小药量电雷管爆破，人工清渣掘进，用辘轳将渣石吊运出井，手推车运送弃渣。位于有水地层的桩基，要边开挖边用水泵排水。

（2）孔深大于10m时，必须强制使用鼓风机通过通风管向孔底吹入新鲜空气，保障施工安全。在孔壁可能坍塌或有渗水的情况下，应及时加强护壁。护壁方法有安装木框架、竹篱、柳条、荆笆、预制混凝土井圈或钢井圈支护，以及现浇或喷射混凝土护壁等，应根据实际情况慎重选用。

（3）夜间停工时，要在井口设置标志或覆盖物，防止人员不慎坠入。

（4）桩孔直径应符合设计规定。挖孔过程中，应经常检查桩孔尺寸、平面位置和竖轴线倾斜情况，如有偏差应随时纠正。

（5）孔口处应设置高出地面至少300mm的护圈。

（6）人工挖孔桩施工时，相邻两桩孔间的净距离不得小于3倍桩径；当相邻两桩孔间的净距离小于3倍桩径时，必须间隔交错跳挖。

（7）桩孔必须每挖一节就浇筑一节护壁。地质较好时，护壁高度一般为1m，严禁只挖不及时浇筑护壁的冒险作业。对软弱地层以及涌水、涌沙地层，护壁段高度可减少为0.3～0.5m一段。

（8）挖孔弃土要及时转运，距井口四周5m范围内不得堆积余土杂物；禁止任何车辆在桩孔边5m内行驶。

（9）挖孔达到设计深度后，应进行孔底处理。必须做到孔底表面无松渣、泥、沉淀土。如地质情况复杂，应探明孔底以下地质情况是否能满足设计要求，不满足要求时应与设计单位研究处理。

（10）在保证桩孔直径的前提下，孔壁凹凸可不进行处理，孔壁支护不得占用桩径尺寸。

（11）钢筋笼制作。在挖孔之前或者挖孔的同时要制作好钢筋笼，以便成孔、清孔后尽快灌注混凝土，防止塌孔事故发生。钢筋笼应按图纸尺寸要求，按吊装和钢筋单根定长确定下料长度，注意主筋在50cm范围内接头数量不能超过截面主筋总根数的50%。加强筋直径要准确；箍筋要预先调直，呈螺旋形布置在主筋外侧；定位筋应均匀对称地焊接在主筋外侧。下钢筋笼前应对其进行质量检查，保证钢筋根数、位置、净距、保护层厚度等满足要求。

（12）灌注混凝土的方法与钻孔桩相同。无水、空气中灌注的桩如为摩擦桩，则在灌注过程中逐步由下至上拆除支护。井中有水时，要采用水中灌注法先向孔中灌水（水位至少与地下水位相同），再用导管灌注混凝土。随着灌注混凝土的升高，孔内水位上升时逐层拆除支护。柱桩、嵌岩桩的混凝土护壁可以不拆除。

（13）桩基础属隐蔽工程，对其质量检验标准必须严格掌握。钻（挖）孔在终孔和清孔后应使用仪具对成孔的孔位、孔深、孔形、孔径、竖直度、泥浆相对密度、孔底沉淀厚度，以及是否有缩孔、坍塌等进行检验。

二、冲抓、冲击成孔

1. 冲抓成孔

冲抓成孔的主要设备是冲抓锥，冲抓锥是一种比较简单的成孔机械，由钻架、冲抓锥、卷扬机三部分组成，如图5-8所示。施工时使用钻架固定滑轮，绕过滑轮的钢丝绳下端吊着有冲抓的锥头，锥头张开的最大外围尺寸与桩孔直径相同。锥头对准桩孔中心，放开制动。锥头在自重作用下下落，打入孔内土层中。卷扬机将其向上提起时，通过拉索使锥头合拢，砂土被封闭在锥体内提升至井外。等锥体提升至孔口以上时，工人及时在井口放置一块钢盖板，将手推车或其他运输工具放于其上。打开锥头控制栓，使锥头张开，土体落入运输车中运走。移走钢板，即进行下一轮冲抓作业，如此循环钻进。冲抓成孔方法的优点是：所需机械简单，成本较低，但施工自动化程度低，需人工操作、清运渣土，劳动强度大，施工速度较慢。适用于砂砾石和砂土地层。

2. 冲击成孔

冲击成孔的设备由锥头、三角立架、卷扬机三部分组成，如图5-9所示。冲击成孔适用于砂砾石和岩石地层。其工作原理是：用卷扬机钢丝绳通过三角立架上的滑轮将锥头提起，然后放开卷扬机，使锥头自然下落，锥头的冲击作用将砂砾石或岩石砸成碎末、细渣，靠泥浆将其悬浮起来排出孔外。锥体一般为圆柱形，用钢材制成，锥头呈“十”字形，利于破碎岩石。一般可先用60~80cm的细锥头钻进，然后再用大锥头扩孔至设计孔径。这样一来可以保证孔壁稳定，防止塌孔；二来可以提高生产效率。卷扬机既可以人工操作，也可以选用自动操作设备，因而该方法节省人力，可以24h连续作业，施工效率较高，在工程中普遍使用。

图5-8　冲抓锥

图5-9　冲击成孔

施工时应注意以小冲程开孔，使初成孔坚实、竖直、圆顺并起导向作用。钻进深度超过钻锥全冲程后才能施行正常冲击。若遇坚硬密实卵石层或基岩漂石类土层，可采用中、大冲程，但最大冲程不宜超过4~6m。钻进冲程中及时排除钻渣，并添加黏土造浆，防止塌孔和沉积，使钻锥经常冲击新鲜地层。冲击表面不平整的漂石、硬岩时，应先投入黏土夹小片石，将表面垫平后再钻进，防止出现偏孔、斜孔。

冲抓、冲击都是成孔方法，混凝土灌注根据孔中水位情况，可采用一般混凝土浇筑方法或水下混凝土浇筑方法，具体步骤参考前面所述。

思　考　题

1. 桥梁水中地基基坑开挖时，使用的围堰及基本要求有哪些？
2. 桥梁钻孔灌注桩基础施工前的准备工作具体有哪些？
3. 桥梁钻孔灌注桩正循环钻孔方法是什么？
4. 桥梁钻孔灌注桩反循环钻孔方法是什么？
5. 桥梁钻孔灌注桩水下混凝土的灌注有哪些要求？
6. 桥梁常用的组合基础形式有哪些？

项目6　桥梁墩（台）施工

学习目标：1. 掌握桩柱式桥墩、桥台施工技术
　　　　　2. 掌握重力式桥台施工技术
　　　　　3. 了解其他桥墩、桥台的施工方法

桥梁墩（台）是连接桥梁基础和上部构造的承重构件。桥梁墩（台）主要由三个部分组成：下面与基础连接的部分系梁或承台；与上部结构相连的墩帽、台帽；中间部分的墩（台）身。桥墩、桥台有多种形式，在众多形式的墩（台）中，最为常见的是桩柱式墩（台），重力式墩（台）等。

任务6.1　桩柱式墩（台）施工

任务描述：桩柱式墩（台）是一种比较常见的桥梁下部结构形式，一般是下接灌注桩（或扩大基础）；然后是承台（或系梁）、立柱、墩帽、台帽等结构形式。下面分别对承台、立柱、墩帽施工进行阐述。

一、承台施工

1. 承台施工工艺流程

承台施工工艺流程如图6-1所示。

2. 承台基础施工技术要点

（1）基坑放样。根据承台平面尺寸及开挖深度、预留工作面宽度、集水沟宽度、汇水井设置、地下水埋深、机具布置等确定基坑开挖的尺寸。具体步骤为：根据承台及基坑底平面尺寸，将基坑底平面轮廓线测设到原地面上；沿地面上的基坑平面轮廓线的四条边方向进行断面测量；确定开挖边桩，按照下挖深度确定放坡的宽度；将开挖边桩测设到地面上，并撒上白灰线连接各边桩，此封闭线即为开挖边线。

（2）基坑开挖。根据工程地质情况，基坑开挖可采用无支护加固坑壁的形式。基坑一般采用反铲挖掘机开挖，人工修整，自卸车配合运输。基底平面尺寸按基础平面尺寸四周各边增宽50～100cm，以便在基础底面外侧安置模板及设置排水沟和集水坑。基坑的形式采用斜坡式，坑壁坡度根据土类情况和基坑顶有无荷载确定，根据《公路桥涵施工技术规范》（JTG/T F50—2011）的规定，在基坑开挖时根据土质的不同采用适当的坡度比对基坑分层进行开挖，挖至设计标高时要保留10～20cm的厚度不挖，由人工

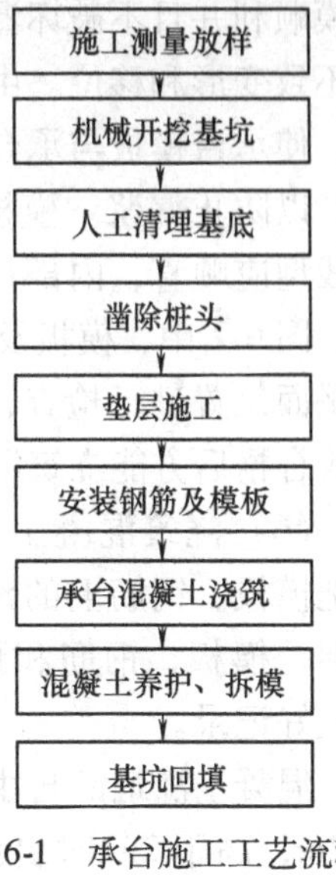

图6-1　承台施工工艺流程

挖至基底标高，严禁超挖。用人工清理，凿除桩头进行检测。基坑开挖前，首先要做好地面排水工作，在基坑顶缘四周向外设置排水坡，以免影响坑壁的稳定。开挖过程中和开挖以后，应注意观察坑缘地面有无裂缝、坑壁有无松散塌落现象发生，否则应及时采取措施，按支护坑壁的形式施工。

（3）凿桩头与封底及排水。按测量提供的标高，组织空气压缩机及风镐将桩顶多浇的0.5～1m混凝土凿除，凿好的桩要求桩顶平整，断面碎石露出均匀，桩径范围外凿平至承台底，桩周围含有泥土等杂质的混凝土必须凿除。然后进行桩基检测。

基坑开挖完成以后，坑底找平夯实，一般采用10cm厚C15素混凝土垫层找平，且其顶面应不高于基底高程，混凝土垫层边缘要伸出承台一定宽度。

在基坑开挖完毕后，粗略定出承台的边线，留出工作面后即可沿基坑四周人工开挖集水沟、汇水井。集水沟采用梯形截面形式，以利于边坡稳定。开挖集水沟时，应注意沟底标高的控制，要便于水顺利汇于汇水井中。待水沿集水沟汇于汇水井后，用水泵把汇水井中的水抽出坑外排出，排水管口应在基坑边缘5m以外，以防水再次渗回基坑，致使边坡坍塌。抽水时需有专人负责汇水井的清理工作，根据汇水井的汇水量，采取相应的抽水频率，直至承台施工完毕。

（4）绑扎钢筋。进场钢筋必须取样做钢材抽检试验，合格后方可使用。

钢筋下料前，首先对施工图中各种规格钢筋的长度、数量进行核对，无误后方可下料。根据钢筋原材长度与图纸设计长度并结合规范要求，在满足设计、规范要求的同时，尽量减少钢筋损耗，合理搭配钢筋，错开接头位置，确定钢筋的下料长度。

钢筋绑扎前，对基坑进行清扫，对桩头进行清洗；桩基础钢筋嵌入承台部分按设计要求做成喇叭形，底层、顶层及四周钢筋要进行定位焊，加强骨架的稳定，钢筋间距、搭接长度均要符合规范要求；钢筋绑扎完后经检查合格，方可封模。同时，应注意准确预埋墩柱钢筋。

（5）安装模板。侧模采用大面竹胶板以钢管为加劲肋，人工或起重机吊入基坑进行安装，根据承台的纵、横轴线及设计几何尺寸进行立模。安装前在模板表面涂刷脱模剂，保证拆模顺利并且不破坏混凝土外观。安装模板时力求支撑稳固，以保证模板在浇筑混凝土过程中不致变形和移位。由于承台几何尺寸较大，模板上口用对拉杆进行内拉并配合支撑方木固定，使承台模板与承台尺寸刚好一致。模板与模板的接头处，应采用海绵条或双面胶带堵塞，以防止漏浆。模板表面应平整，内侧线型应顺直，内部尺寸应符合设计要求。图6-2中，模板及支撑加固牢靠后，对平面位置进行检查，符合规范要求且验收合格后方能浇筑混凝土。

图6-2　承台模板

（6）浇筑混凝土。混凝土浇筑前，要把模板、钢筋上的污垢清理干净。对支架、模板、钢筋和预埋件进行检查，并做好记录。

混凝土浇筑的自由倾落高度不得超过2m，高于2m时要用溜槽配合浇筑，以免混凝土产生离析。混凝土应水平分层浇筑，并应边浇筑边振捣，浇筑混凝土的分层厚度为30cm左右，前后两层的间距在1.5m以上。使用插入式振捣器振捣时，移动间距不得超过振捣器作用半径的1.5倍，与侧模应保持5~10cm的距离，且插入下层混凝土5~10cm；振捣密实后缓慢提出振捣棒，应避免振捣棒碰撞模板、钢筋及预埋件，造成模板变形、预埋件移位等。振捣密实的标志是混凝土面停止下沉，不再冒出气泡，表面平坦、泛浆。

浇筑混凝土期间，设专人检查支撑、模板、钢筋和预埋件的稳固情况，当发现有松动、变形、移位时，应及时进行处理。混凝土浇筑完毕后，对混凝土面应及时进行修整、收浆、抹平；待定浆后混凝土稍有硬度，再进行二次抹面。对墩柱接头处进行拉毛，露出混凝土中的大颗粒石子，保证墩柱与承台混凝土连接良好。混凝土浇筑完初凝后，洒水养护。

（7）养护及拆模。混凝土浇筑完成后，对混凝土裸露面及时进行修整、抹平，待定浆后再抹第二遍并压光或拉毛。收浆后洒水覆盖养护不少于7d，每天洒水的次数以能保持混凝土表面经常处于湿润状态为准。

混凝土达到规定强度后方可拆除模板，应确保拆除时不损伤混凝土的表面及棱角。模板拆除后，应将模板表面的灰浆、污垢清理干净，并维修整理，在模板上涂抹脱模剂，等待下次使用。拆模后应及时对现场进行清理，模板堆放整齐。

（8）基坑回填。拆除侧模并验收合格后，方可进行基坑回填，回填时应分层进行。

二、立柱施工

1. 立柱施工工艺流程

立柱施工工艺流程如图6-3所示。

2. 立柱主要工序施工技术要点

（1）测量放样。根据图纸对立柱中心进行放样。

（2）制作及安装钢筋详见项目3相关内容。

（3）安装立柱模板

1）钢模板制作。钢模板宜采用标准化的组合钢模板。组合钢模板的拼装应符合《组合钢模板技术规范》（GB/T 50214—2013）的规定，各种螺栓连接件应符合相应规范的规定。钢模板及其配件应按批准的加工图加工，成品经检验合格后方可使用。

2）模板基本要求。模板板面之间应平整、接缝严密、不漏浆，尺寸偏差符合要求并保证结构物外露面美观、线条流畅。模板必须有足够的强度、刚度、稳定性，能够承受混凝土施工时的侧压力及附加荷载。

3）模板安装。模板在安装之前应涂刷脱模剂。安装模板时，为防止模板移位，可在模板外设支撑固定，也可设拉杆固定。模板安装应接缝严密、不漏浆。模板下缘应用与桩头混凝土同强度等级的砂浆填塞，以保证不漏浆。相邻模板拼装后的高差不超过

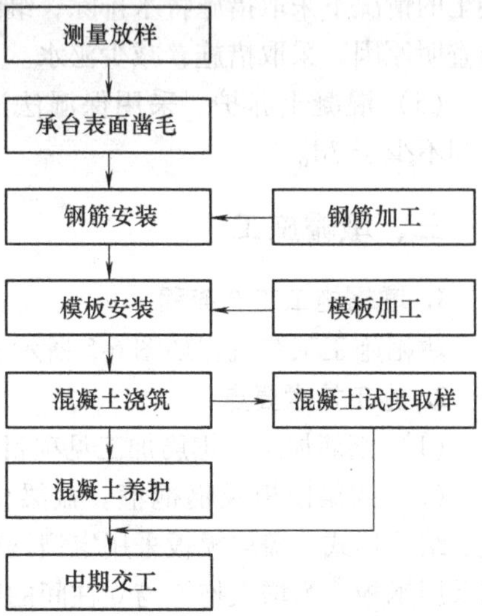

图6-3　立柱施工工艺流程

2mm。模板安装时，要考虑方便拆卸。模板安装时要用线坠定位。模板安装完毕，应对其平面位置、顶部高程、节点联系及横向稳定性进行检查，合格后方可浇筑混凝土。浇筑混凝土时，发现模板有超过允许偏差变形值的可能，应及时纠正。立柱钢模板如图 6-4 所示。

图 6-4　立柱钢模板

（4）浇筑立柱混凝土

1）混凝土的原料要求见项目 3 的有关内容。

2）混凝土配合比。必须根据所进材料按施工要求确定配合比，其强度及各项指标应符合要求。

3）混凝土运输。混凝土集中拌和，用混凝土输送车运输，混凝土的垂直运输采用起重机吊升，用串筒运送入模。

4）混凝土浇筑。浇筑前，模板内的杂物、积水，以及钢筋上的锈迹应清理干净；检查混凝土的均匀性和坍落度。混凝土应按一定厚度、顺序和方向分层浇筑。应在下层混凝土初凝前完成上层混凝土的浇筑，混凝土分层浇筑的厚度不宜超过 30cm。混凝土振捣使用插入式振捣棒，其移动间距不应超过振捣棒作用半径的 1.5 倍，与侧模保持 5～10cm 的距离，且插入下层混凝土 5～10cm。每处振捣完毕后，边振捣边缓慢提出振捣棒，避免振捣棒碰撞模板、钢筋。对每一振捣部位，必须振捣到该部位混凝土密实为止，密实的标志是混凝土停止下沉，不再冒出气泡，表面平坦、泛浆。混凝土浇筑应连续进行，如因故必须间断时，其间断时间应小于前层混凝土的初凝时间。混凝土浇筑过程中或浇筑完成时，如混凝土表面泌水较多，须在不扰动已浇筑混凝土的情况下采取措施将水排除；继续浇筑混凝土时应查明原因，采取措施，减少泌水。

（5）混凝土养护。采用保湿法进行养护，养护时间不少于 7d。

三、墩帽施工

1. 墩帽施工工艺流程

墩帽施工工艺流程如图 6-5 所示。

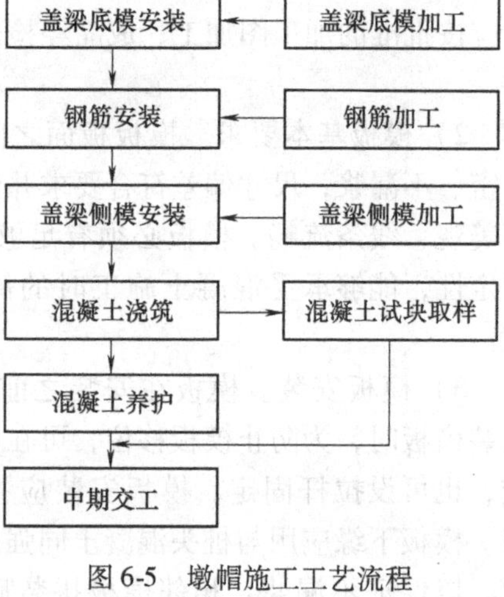

图 6-5　墩帽施工工艺流程

2. 施工技术要点

（1）钢筋加工。钢筋加工见项目 3 的有关内容。

（2）盖梁模板及钢抱箍。盖梁模板全部采用帮包底结构形式。盖梁模板采用定型钢模，钢抱箍的抱圆采用钢板。为增大抱箍与立柱间的摩擦因数，在抱箍与立柱之间夹垫一层橡胶垫层，橡胶垫层与抱圆粘牢；连接板采用钢板螺栓连接。盖梁施工模板如图6-6所示。

图6-6　盖梁施工模板

1）钢模板进场验收。钢模板进场后必须进行验收。首先检查每片模板的各部位尺寸是否符合设计要求；然后进行打磨除锈，并检查面板间的焊缝有无开裂、破损，面板间的拼缝是否平顺、有无透光缝、有无错台，面板是否平整、光滑等；接着进行模板组拼，检查模板拼缝质量、连接螺栓的安装难易情况和模内各部位尺寸等。模板检查过程中所发现的问题必须及时联系模板生产厂家来现场解决。模板组拼完成并检验合格后，将所有钢模分套按顺序编号。模板验收合格后才能进行后续工序的施工。

2）定型钢模板除锈、去污。定型钢模板首次使用前必须全面打磨除锈。除锈过程中不宜用清水冲洗模板面，宜用碱性水冲洗，并用棉布蘸汽油反复擦拭。对面板间的横缝应反复打磨、除锈；焊缝破损处要进行补焊，将焊缝补满，然后进行打磨并磨平焊缝。模板打磨、除锈完成后，表面应无锈斑和锈色，然后在模板上刷一层机油以防止模板再次生锈。

3）刷脱模剂。首先使用钢丝刷彻底清理竖向拼接板上的水泥浆、油垢，破损或被水泥浆污染严重的止浆条必须更换。止浆条可采用双面胶带。然后用汽油清洗模板面板，擦干汽油后再用干净棉布蘸少量脱模剂进行涂抹。涂抹要均匀、无抹痕，用量要少，现油光即可，多余的油滴、油斑用洁净棉纱拭去。模板上油后要平置，不得竖置或倾斜，并及时安装，防止灰尘、飞虫污染模板。

4）安装模板。模板组拼场地选在靠近立柱的临时便道上，按编号组拼。然后入模内检查模板拼缝，注意检查时不要污染模板，检查人员宜在鞋外套干净塑料袋。模板拼缝检查合格后紧固所有连接螺栓，用小刀割平、割齐伸入模内的止浆条，并用油腻子或玻璃胶填平所有拼缝。模板拼缝处理完成后用起重机整体吊装模板。最后从模板顶四周的拉环上引出绳索，相互连接形成封闭环，并挂上警示标志，以保证高处作业的人和物的安全。

模板安装完成之后必须检查其垂直度、中心偏位及标高。用水准仪测量模板顶标高，将测点用红漆标记在模板顶的横向拼接板上，并将立柱顶面标高与测点处的模板顶标高之间的差值用红漆标示出来。

模板安装及调整完成后，用水泥砂浆封堵模板下口处的缝隙，模内、模外都要封堵。模板的竖向拼缝一律布置在顺桥方向，不得随意布置。

(3) 柱顶凿毛及测量放样。立柱拆模后即可进行柱顶混凝土凿毛，凿除柱顶水泥浮浆，直至露出碎石；然后扫净柱顶的混凝土渣和松散碎石。柱顶凿毛后，柱顶标高偏差不得超过规范规定的允许偏差（±10mm），柱顶面与盖梁底面保持平行（为斜面）。立柱钢筋上的混凝土渣、铁锈等用钢丝刷刷清理干净，直至露出钢筋原色。

盖梁施工前必须测放立柱中心，即盖梁中心线，使用全站仪进行测量。将立柱中心点用铁钉及红漆标记在柱顶上。

(4) 墩帽混凝土。具体要求见项目3混凝土施工要求的有关内容。

四、质量检验

承台的质量检验标准见表6-1，墩（台）身质量检验标准见表6-2，墩（台）帽和盖梁的质量检验标准见表6-3。

表6-1 承台的质量检验标准

项目	允许偏差/mm	项目		允许偏差/mm
混凝土强度/MPa	符合设计要求	尺寸	$B \leq 30$m	±30
			$B > 30$m	$\pm B/1000$
轴线偏位	15	顶面高程		±20

注：1. B为承台边长。

2. 深水基础以围堰作为模板时，承台轴线偏位应符合设计规定。

表6-2 墩（台）身质量检验标准

项目	规定值或允许偏差		项目	规定值或允许偏差
混凝土强度/MPa	在合格标准内		断面尺寸/mm	±20
竖直度/mm	$H \leq 30$m	$H/1500$，且不大于20	顶面高程/mm	±10
	$H > 30$m	$H/3000$，且不大于30		
节段间错台/mm	5		轴线偏位/mm	10
预埋件位置/mm	10		大面积平整度/mm	5

注：H为墩身或台身高度。

表6-3 墩（台）帽和盖梁的质量检验标准

项目	允许偏差	项目	允许偏差
混凝土强度/MPa	符合设计要求	断面尺寸/mm	±20
轴线偏位/mm	10	顶面高程/mm	±10
预埋件位置/mm	10	大面积平整度/mm	5

任务6.2 重力式混凝土墩（台）与石砌墩（台）施工

任务描述：重力式墩（台）有混凝土墩（台）和浆砌块石墩（台）两种形式，要求学生熟悉混凝土墩（台）和浆砌块石墩（台）施工技术

一、混凝土墩（台）就地浇筑施工

1. 墩（台）身、顶帽施工工艺流程

墩（台）身、顶帽施工工艺流程如图6-7所示。

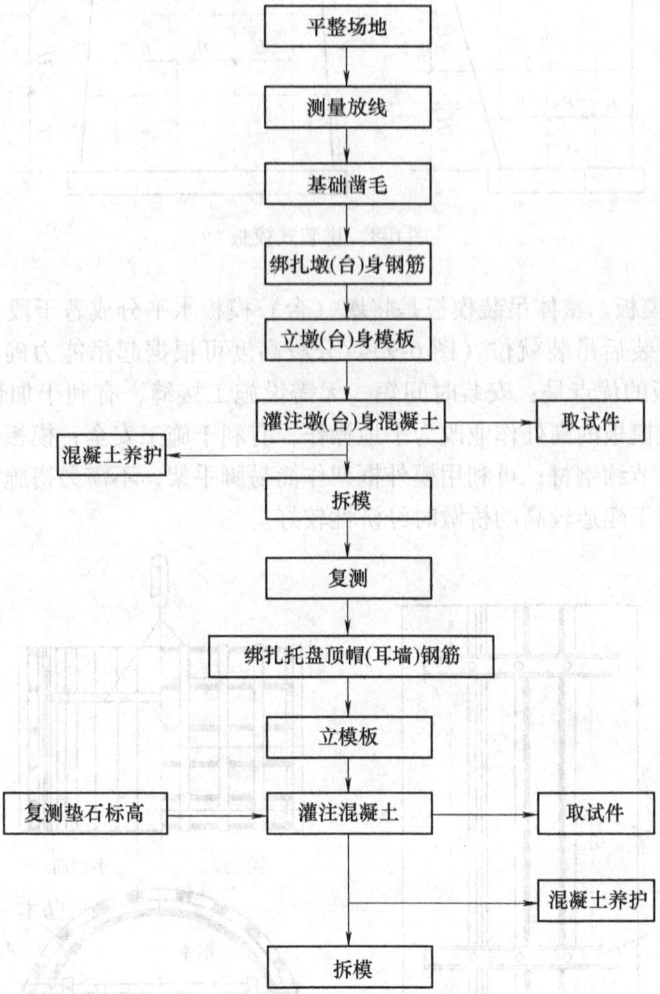

图6-7　墩（台）身、顶帽施工工艺流程

2. 施工技术要点

（1）模板使用一般要求：尽可能采用组合钢模板或胶合板，以节约木材、提高模板的适应性和周转率；具有必需的强度、刚度和稳定性，能可靠地承受施工过程中可能产生的各项荷载，保证结构物各部位的形状、尺寸准确；模板板面应平整，接缝严密不漏浆。

（2）常用的模板类型

1）拼装式模板。拼装式模板是将各种尺寸的标准模板利用销钉连接，并与拉杆、加劲构件等组成墩（台）所需形状的模板，如图6-8所示。将墩（台）表面划分为若干小块，尽量使每部分板扇尺寸相同，以便于周转使用。板扇高度，通常与墩（台）分节灌注高度相同，一般可为3~6m；宽度可为1~2m，具体根据墩（台）尺寸和起吊条件确定。拼装式

模板由于在厂内加工制造，因此板面平整、尺寸准确、体积小、质量轻，拆装容易、快速，运输方便，故应用广泛。

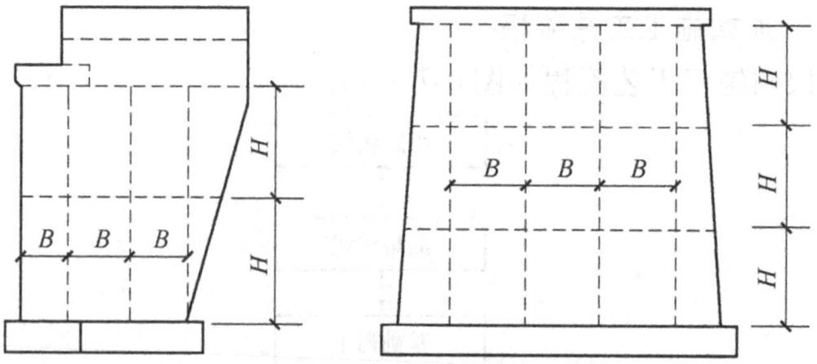

图 6-8　拼装式模板

2）整体吊装模板。整体吊装模板是将墩（台）模板水平分成若干段，每段模板组成一个整体，在地面拼装后吊装就位（图 6-9）。分段高度可根据起吊能力确定，一般可为 2～4m。整体吊装模板的优点是：安装时间短，无需设施工接缝，有利于加快施工速度，提高施工质量；将拼装模板的高处作业改为平地操作，有利于施工安全；模板刚度较大，可少设拉筋或不设拉筋，节约钢材；可利用模外框架作简易脚手架，不需另搭施工脚手架；结构简单，装拆方便，用于建造较高的桥墩时经济性较好。

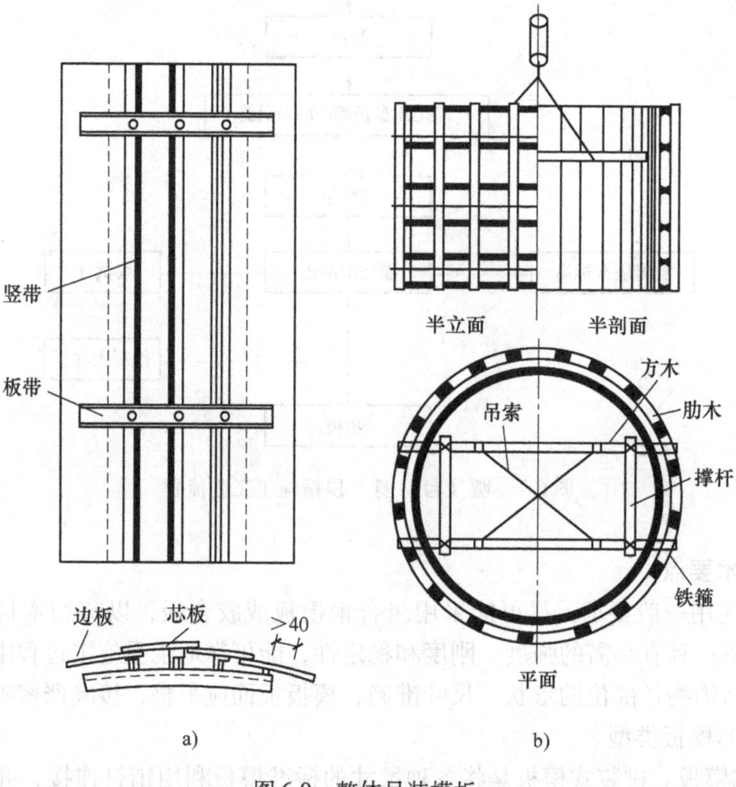

图 6-9　整体吊装模板

3）组合型钢模板。组合型钢模板是根据要浇筑的构件的需要，用各种定型的模板标准件连接、拼装成的结构用模板，该模板具有体积小、质量轻、运输方便、装拆简单、接缝紧密等优点，适用于在地面拼装，整体吊装的结构。

各种模板在工程上的应用，可根据墩（台）高度、墩（台）形式、机具设备、施工期限等条件合理选用。

模板安装前应对模板尺寸进行检查；安装时要坚实牢固，以免振捣混凝土时引起跑模漏浆；安装位置要符合结构设计要求。模板安装的允许偏差见表 6-4。

表 6-4 模板安装的允许偏差

项次	项目		允许偏差/mm	项次	项目	允许偏差/mm
1	模板标高	基础	±15	4	装配式构件支撑面的标高	+2，-5
		墩(台)	±10	5	模板相邻两板表面高低差	2
2	模板内部尺寸	基础	±30		模板表面平整(用 2m 直尺检查)	5
		墩(台)	±20	6	预埋件中心线位置	3
3	轴线偏位	基础	±15		预留孔洞中心线位置	10
		墩(台)	±10		预留孔洞截面内部尺寸	+10，-0

3. 混凝土浇筑施工要点

（1）墩（台）身混凝土施工前，应将基础顶面冲洗干净，凿除表面浮浆，整修连接钢筋。灌注混凝土时，应经常检查模板、钢筋及预埋件的位置和保护层的尺寸，确保位置正确，不发生变形。混凝土施工中，应切实保证混凝土的配合比、水灰比和坍落度等技术性能指标满足规范要求。

（2）混凝土的运送。混凝土运输要根据混凝土工程数量和运输距离综合考虑，具体要求参照项目 3 相关内容。

4. 防裂措施

墩（台）是大体积圬工，为避免水化热过高，导致混凝土因内外温差引起裂缝，可采取如下措施：

（1）采用改善集料级配、降低水灰比、掺加混合材料与外加剂、掺入片石等方法减少水泥用量。

（2）采用 C_3A、C_3S 含量少，水化热低的水泥，如矿渣硅酸盐水泥、粉煤灰硅酸盐水泥等。

（3）减小浇筑层厚度，加快混凝土散热速度。

（4）混凝土用料应避免日光暴晒，以降低初始温度。

（5）在混凝土内埋设冷却管通水冷却。

5. 分块浇筑

当浇筑的平面面积过大，不能在前层混凝土初凝或能重塑前浇筑完成次层混凝土时，为保证结构的整体性，宜分块浇筑。分块时应注意：各分块面积不得小于 $50m^2$；每块高度不宜超过 2m；块与块之间的竖向接缝面应与墩（台）身或基础平截面短边平行，与平截面长边垂直；上下邻层之间的竖向接缝应错开位置做成企口，并应按施工接缝处理。混凝土中填放片石时应符合有关规定。

6. 基底处理

混凝土浇筑为防止墩（台）基础第一层混凝土中的水分被基底吸收或基底水分渗入混

凝土，对墩（台）基底处理除应符合天然地基的有关规定外，还应满足以下要求：

（1）基底为非黏性土或干土时，应将其湿润。

（2）如为过湿土时，应在基底设计标高下夯填一层 10 ~ 15cm 厚的片石或碎（卵）石层。

（3）基底面为岩石时，应加以润湿，铺一层厚 2 ~ 3cm 的水泥砂浆，然后于水泥砂浆凝结前浇筑第一层混凝土。

7. 钢筋施工

墩（台）身钢筋的绑扎和混凝土的灌注应配合进行。在配置第一层垂直钢筋时，应有不同的长度；同一断面的钢筋接头应符合施工规范的规定，水平钢筋的接头也应内外、上下互相错开。钢筋的净保护层厚度，应符合设计要求。如设计无要求时，则可取墩（台）身受力钢筋的净保护层厚度不小于 30mm，承台基础受力钢筋的净保护层厚度不小于 35mm。

8. 混凝土、钢筋混凝土基础及墩（台）允许偏差

混凝土、钢筋混凝土基础及墩（台）允许偏差见表 6-2。

二、浆砌块石墩（台）施工

浆砌块石墩（台）具有就地取材和经久耐用等优点，在石料丰富的地区建造墩（台）时，在施工期限许可的条件下，为节约水泥，应优先考虑浆砌块石墩（台）方案。下面以浆砌块石桥台为例介绍桥梁墩（台）施工技术。

1. 浆砌块石桥台施工工艺流程

浆砌块石桥台施工工艺流程如图 6-10 所示。

2. 浆砌块石桥台施工技术要点

浆砌块石桥台是用片石、块石及粗料石以水泥砂浆砌筑的，石料与砂浆的规格要符合有关规定。将石料吊运并安砌到正确位置是砌石工程中比较困难的工序。当石料较轻或距地面不高时，可用简单的马凳跳板直接运送；当石料较重或距地面较高时，采用固定式动臂起重机或桅杆式起重机或井式起重机将材料运到墩（台）上，然后再分运到安砌地点。用于砌石的脚手架应环绕墩（台）搭设，用以堆放材料，并作为施工人员的工作平台。

（1）块石要求。块石应选用色泽均匀，结构密实，不易风化，无裂缝、开裂，结构无缺陷的硬质石料。块石的抗压强度不小于 30MPa，最小厚度不小于 15cm。砌筑前，其表面的泥土、水锈应洗刷干净。

（2）砂浆要求

1）砂浆配合比通过试验确定，采用磅秤计量，机械拌和；砂浆应随拌随用，保持适宜的稠度。

2）砂浆拌和时间控制在 3 ~ 5min。

3）砂浆检测：用手将砂浆捏成小团，松手后应既不松散，又不从灰铲上流下为标准。

4）砂浆拌和好后要尽快使用，要在水泥初凝之前使用完毕。在运输过程中发生离析或泌水的砂浆必须重新拌和。

（3）浆砌块石要求

1）块石在使用前必须浇水湿润，表面的泥土、水锈应清洗干净。

2）砌筑基础的第一层时，基底直接采用坐浆法进行施工。

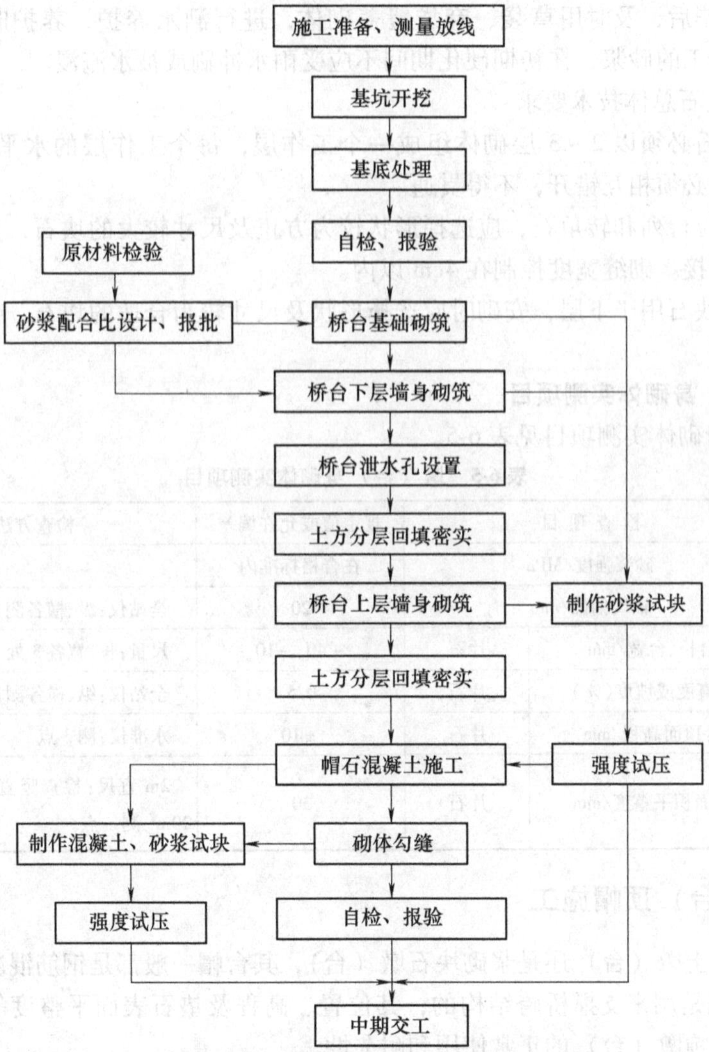

图6-10　浆砌块石桥台施工工艺流程

3）浆砌均采用挤浆法，勾缝采用高强度等级砂浆带凸缝。砌体咬口应紧密，无干缝、通缝和夹缝，砂浆应饱满。

4）基础应分层分段进行砌筑，分段位置设置在伸缩缝或变形缝处，各段水平砌缝应一致。

5）各砌层施工时，先砌外圈定位行列，然后砌筑里层。外圈浆砌块石和里层浆砌块石必须交错连接成一体。

6）各砌层的浆砌块石必须安放稳固；浆砌块石间的砂浆必须饱满、粘接牢固，不得直接贴靠或脱空。

7）砌筑上一层时，应避免振动下层浆砌块石。砌筑工作中断后恢复砌筑时，已砌筑的砌层表面应加以清扫和湿润。

8）砌筑每层浆砌块石时都必须采用立杆挂线进行控制，并在施工过程中经常复核，以保证线型，砌体平整。

9）浆砌完毕后，及时用草袋、麻袋覆盖砌体，进行洒水养护，养护时间一般不少于7d。用于砌筑圬工的砂浆，在初期硬化期间不应受雨水冲刷或被水淹浸。

（4）浆砌块石总体技术要求

1）浆砌块石必须以2～3层砌体组成一个工作层，每个工作层的水平缝应大致找平。各工作层的竖缝必须相互错开，不得贯通。

2）外圈定位行列和转角石，应选择形状较为方正及尺寸较大的块石，并长短相间地与里层浆砌块石咬接。砌缝宽度控制在4cm以内。

3）较大的块石用于下层，安砌时应选择形状及尺寸较为合适的块石，尖锐及突出部分应敲除。

3. 墩（台）身砌体实测项目

墩（台）身砌体实测项目见表6-5。

表6-5 墩（台）身砌体实测项目

项　次	检查项目		规定值或允许偏差	检查方法和频率
1	砂浆强度/MPa		在合格标准内	
2	轴线偏位/mm		20	全站仪：纵、横各测量2点
3	台长、台宽/mm	片石	+40，-10	尺量：长、宽各3处
4	竖直度或坡度（%）	片石	0.5	全站仪：纵、横各测量2点
5	台顶面高程/mm	片石	±10	水准仪：测3点
6	大面积平整度/mm	片石	30	2m直尺：检查竖直、水平两个方向，每$20m^2$测一点

三、墩（台）顶帽施工

无论是混凝土墩（台）还是浆砌块石墩（台），其台帽一般都是钢筋混凝土结构。

墩（台）帽是用来支撑桥跨结构的，其位置、高程及垫石表面平整度等，均应符合设计要求，以免影响墩（台）的正常使用和耐久性。

1. 墩帽浇筑施工工艺流程

墩帽浇筑施工工艺流程如图6-11所示。

2. 墩（台）帽施工技术要点

（1）墩（台）帽放样。墩（台）混凝土浇筑至离墩（台）帽底下30～50cm高度时，需测出墩（台）纵、横中心线，并开始竖立墩（台）帽模板、安装锚栓孔或安装预埋支座垫板、绑扎钢筋等。台帽放样时，应注意不要以基础中心线作为台帽背墙线，浇筑前应反复核实，以确保墩（台）帽中心、支座垫石等的位置方向与水平标高等不出差错。

（2）墩（台）帽模板。墩（台）帽是支撑上部结构的重要部分，其尺寸位置和水平标高的准确度要求较严格。浇筑混凝土应从墩（台）帽下30～50cm处至墩（台）帽顶面一次浇筑，以保证墩（台）帽底有足够厚度的紧密混凝土。墩帽模板下面的一根拉杆可利用墩帽下层的分布钢筋，以节省材料。台帽背墙模板应特别注意纵向支撑或拉条的刚度，防止浇筑混凝土时发生凸肚现象。

（3）钢筋加工和混凝土浇筑技术要求参见项目3有关内容。

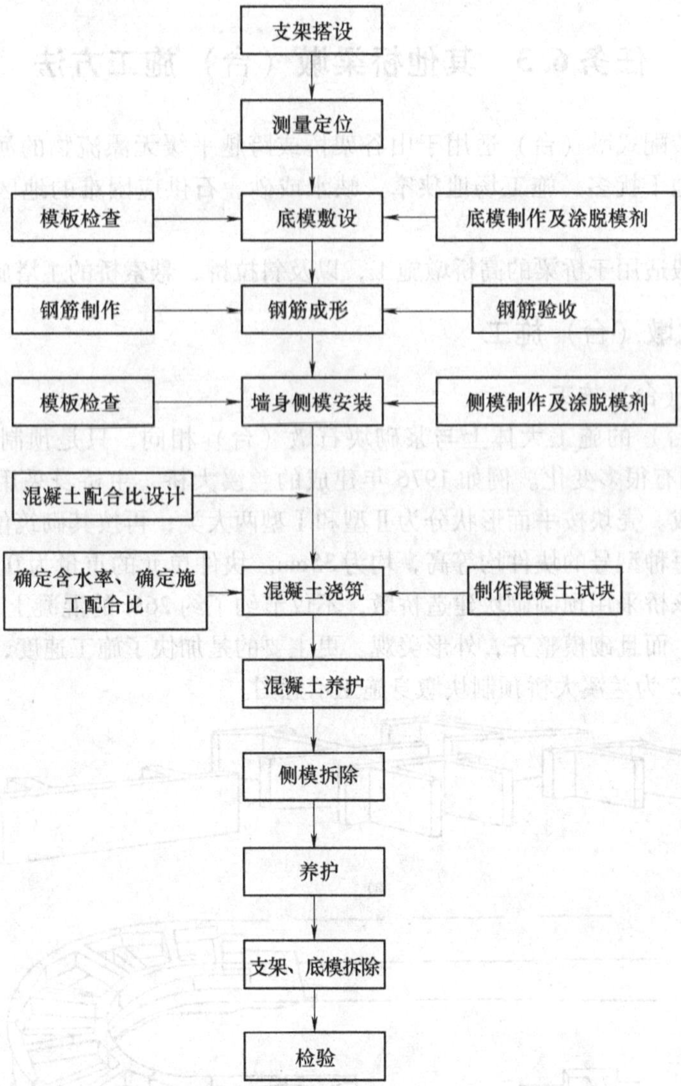

图6-11 墩帽浇筑施工工艺流程

3. 墩（台）帽施工检测项目

墩（台）帽施工检测项目见表6-3。

四、台背回填

台背回填应在混凝土及水泥砂浆的强度超过设计强度的75%时方可进行。填土范围应满足设计及规范要求，应两侧对称施工。回填材料应采用渗水性良好的砂质土或砂砾土。回填须分层填筑、分层碾压，松铺厚度不大于20cm且压实厚度不宜大于15cm。在比较宽阔的部位压实时，应尽量采用压路机进行碾压，大型压路机碾压时不能靠近结构物50cm范围内的区域，在碾压不到的区域，使用小型打夯机夯实，确保台背填土振压后的标高沉降差在2mm以内；同时，采用灌砂法检测台背回填的压实度，应保证压实度不小于96%。台背填土由专人负责监督检查，检查频率为每50m^{2}检验一点，不足50m^{2}也要检验一点，每点都应合格。

任务6.3　其他桥梁墩（台）施工方法

任务描述：装配式墩（台）适用于山谷架桥或跨越平缓无漂流物的河沟、河滩等的桥梁，特别是在工地干扰多、施工场地狭窄，缺水或砂、石供应困难的地区，其效果更为显著。

滑动模板一般适用于桥梁的高桥墩施工，以及斜拉桥、悬索桥的主塔施工。

一、装配式墩（台）施工

1. 砌块式墩（台）施工

砌块式墩（台）的施工大体上与浆砌块石墩（台）相同，只是预制砌块的形式因墩（台）形式的不同有很多变化。例如1976年建成的兰溪大桥，主桥身采用预制的素混凝土壳块分层砌筑而成。壳块按平面形状分为Ⅱ型和Ⅰ型两大类；再按其砌筑位置和具体尺寸又分为5种型号，每种型号的块件均等高，均为35cm。块件单元的重量为0.9～1.2kN，每砌三层为一段落。该桥采用预制砌块建造桥墩，不仅节约了约26%的混凝土，节省了50m^{3}的木材和大量钢材，而且砌模整齐，外形美观。更主要的是加快了施工速度，避免了洪水对施工的威胁。图6-12为兰溪大桥预制块墩身施工示意图。

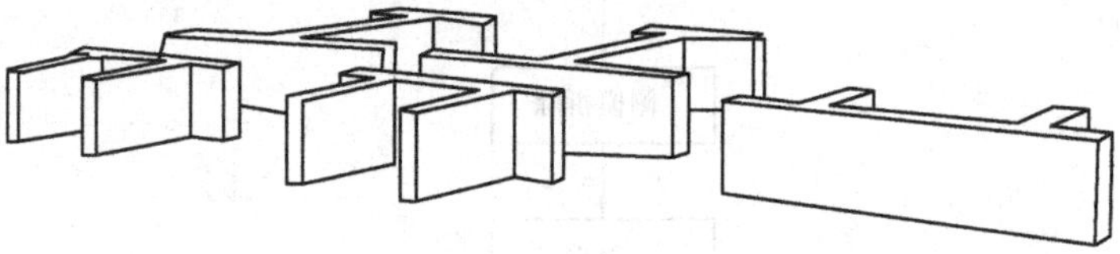

a)

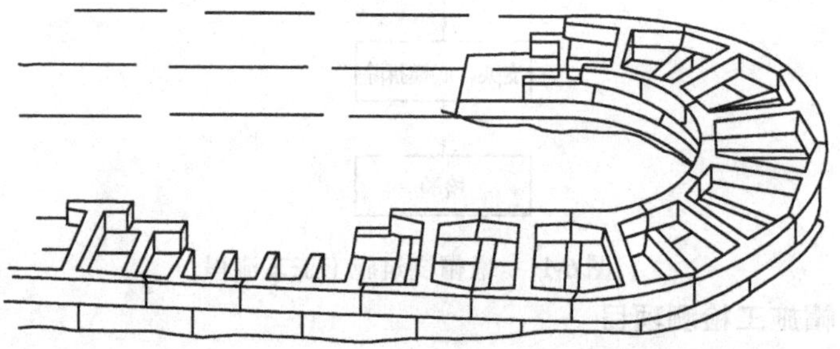

b)

图6-12　兰溪大桥预制块墩身施工示意

a）空腹墩壳块　b）砌筑过程

2. 装配式柱式墩施工

装配式柱式墩是将桥墩分解成若干轻型部件，在工厂或工地集中预制，再运送到现场装配成桥墩。其形式有双柱式、排架式、板凳式和刚架式等，图6-13为装配式柱式墩示意图。施工工序为预制构件、安装连接与混凝土养护等。其中拼装接头既要牢固、安全，又要结构简单、便于施工。常用的拼装接头有：

（1）承插式接头：将预制构件插入相应的预留孔内，插入长度一般为1.2～1.5倍的构件宽度；底部敷设2cm厚的砂浆，四周以半干硬性混凝土填充。常用于立柱与基础的接头连接。

（2）钢筋锚固接头：构件上预留钢筋或型钢、插入另一构件的预留槽内，或将钢筋互相焊接，再灌注半干硬性混凝土。多用于立柱与墩帽处的连接。

（3）焊接接头：将预埋在构件中的预埋件与另一构件的预埋件用电焊连接，外部再用混凝土封闭。这种接头易于调整误差，多用于水平连接杆与支柱的连接。

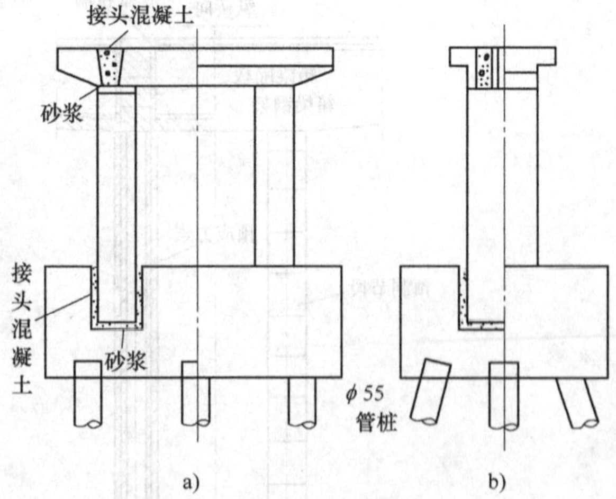

图6-13 装配式柱式墩示意
a）立面图 b）侧面图

（4）扣环式接头：相互连接的构件按预定位置预埋环式钢筋，安装时柱脚先落在承台的柱芯上，上下环式钢筋互相锚接；扣环间插入“U”形短钢筋焊牢，四周再绑扎钢筋一圈，立模浇筑外围接头混凝土。要求上下扣环预埋位置正确，施工较为复杂。

（5）法兰盘接头：在相互连接的构件两端安装法兰盘，连接时将法兰盘连接螺栓拧紧即可。要求法兰盘预埋位置必须与构件垂直，接头处可不用混凝土封闭。

在基础或承台上安装预制混凝土管节、环圈作墩（台）的外模时，为使混凝土基础与墩（台）连接牢固，应从基础或承台中伸出钢筋插入管节或环圈中间的现浇混凝土内，插入钢筋的数量和锚固长度应按设计规定或通过计算决定。管节或环圈的安装、管节或环圈内的钢筋绑扎和混凝土浇筑，应按《公路桥涵施工技术规范》（JTG/T F50—2011）的规定执行。

3. 后张法预应力混凝土装配墩施工

后张法预应力混凝土装配墩分为基础、实体墩身和装配墩身三大部分。装配墩身由基本构件、隔板、顶板及顶帽四种不同形状的构件组成，用高强度钢丝穿入预留的上下贯通的孔道内，经张拉锚固而成（图6-14）。实体墩身是装配墩身与基础的连接段，其作用是锚固预应力钢筋，调节装配墩身高度及抵御洪灾时漂流物的冲击等。

二、滑动模板施工

滑动模板一般适用于桥梁的高桥墩施工，以及斜拉桥、悬索桥的主塔施工。

高桥墩的施工设备与一般桥墩所用设备大体相同。但其模板却另有特色，一般有滑动模板、爬升模板、翻升模板等几种，这些模板都是依附于灌注的混凝土墩壁上，随着墩身的逐步加高而向上升高。

滑动模板施工的主要优点：施工速度快，在一般环境温度下，每昼夜平均进度可达5～6m；混凝土质量好，采用干硬性混凝土和机械振捣，既可连续作业，又可提高墩（台）质量；节省木材和劳动力，有资料统计表明，可节省劳动力30%，节省木材70%；滑动模板既可用于直坡墩身，也可用于斜坡墩身，模板本身附带有内外吊篮、平台与拉杆等。

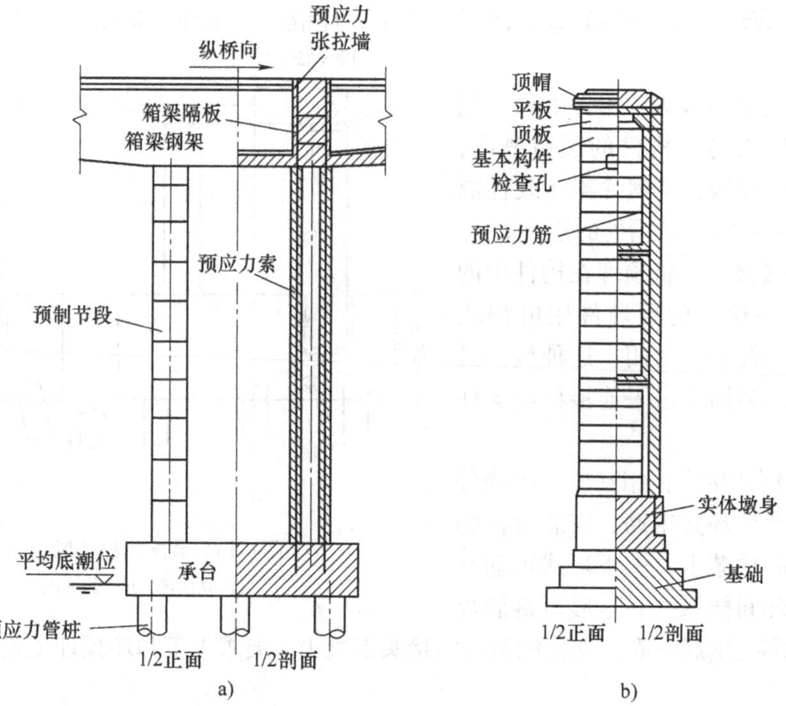

图 6-14　后张法预应力混凝土装配墩构造

a）立面图　b）侧面图

1. 滑动模板构造

滑动模板是将模板悬挂在工作平台的围圈上，沿着所施工的混凝土结构截面的周界组拼装配，并随着混凝土的浇筑由千斤顶带动向上滑升。由于桥墩和提升工具的类型不同，滑动模板的构造也稍有差异，但其主要部件与功能大致相同，一般主要由工作平台（图 6-15）、内外模板、混凝土平台、工作吊篮和提升设备等组成。

（1）工作平台 1 由外钢环 5、辐射梁 3、内钢环 6、栏杆 4、步板 18 组成，除提供施工操作的场地外，还用它把滑模的其他部分与顶杆 14 相互连接起来，使整个滑模结构支撑在顶杆上。可以说，工作平台是整个滑模结构的骨架，因此应具有足够的强度和刚度。

（2）内外模板 10、11 采用薄钢板制作，用于上下壁厚相同的直坡空心墩的滑模。内外模板均通过立柱 7、8 固定在工作平台的辐射梁上。用于上下壁厚相同的斜坡空心墩的收坡滑模，内外模板仍固定在立柱上，但立柱（或顶梁 17）不是固定在辐射梁上，而是通过滚轴 9 悬挂在辐射梁上，并可利用收坡螺杆 16 沿辐射方向移动立柱及内外模板位置。用于上下壁厚不相同的斜坡空心墩的收坡滑模，内外立柱固定在辐射梁上，而在模板与立柱间安装收坡螺杆，以便分别移动内外模板的位置。

（3）混凝土平台 2 由辐射梁、步板、栏杆等组成，利用立柱 19 支撑在工作平台的辐射梁上，供堆放及浇筑混凝土的施工操作用。

（4）工作吊篮 12 悬挂在工作平台的辐射梁和内外模板的立柱上，它随着模板的提升而向上移动，供施工人员对刚脱模的混凝土进行表面修饰和养护等施工操作用。

（5）提升设备由千斤顶 13、顶杆 14、顶杆导管 15 等组成，通过顶升工作平台的辐射梁使整个滑模提升。

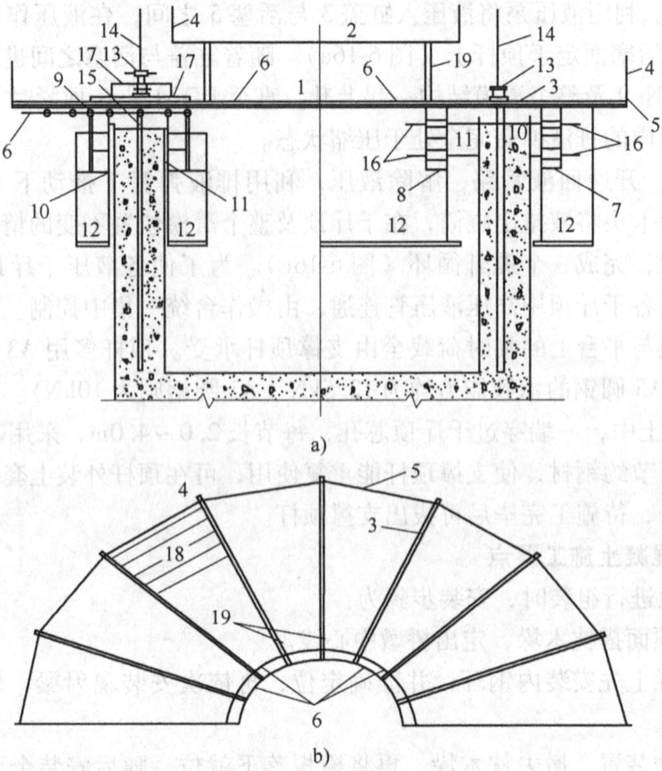

图 6-15　工作平台

2. 滑动模板提升工艺

滑动模板提升设备主要有提升千斤顶、支撑顶杆及液压控制装置等，其液压千斤顶提升过程为（图 6-16）：

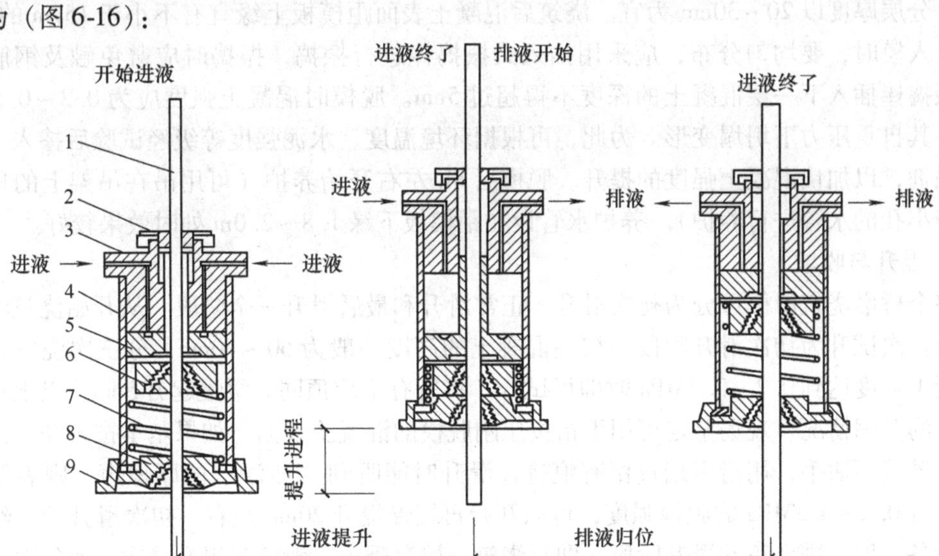

图 6-16　液压千斤顶提升工艺

1）进液提升。利用液压泵将液压入缸盖3与活塞5之间，在液压作用下，上卡头6立即卡紧顶杆1，使活塞面定于顶杆上（图6-16a）。随着缸盖与活塞之间进液量的增加，使缸盖连同缸筒4、底座9及整个滑模结构一起上升，直至上下卡头8顶紧时（图6-16b），提升暂停。此时，缸筒内的排液弹簧完全处于压缩状态。

2）排液归位。开通回液管路，解除液压，利用排液弹簧7推动下卡头使其与顶杆卡紧；同时，推动上卡头将液排出缸筒，在千斤顶及整个滑模位置不变的情况下，使活塞回到进液前位置。至此，完成一个提升循环（图6-16c）。为了使各液压千斤顶能协同一致地工作，应将液压泵与各千斤顶用高压液压管连通，由操作台统一集中控制。

提升时，滑模与平台上的临时荷载全由支撑顶杆承受。顶杆多用A3圆钢与A5圆钢制作，直径25mm，A5圆钢的承载能力约为12.5kN（A3圆钢则为10kN）。顶杆一端埋置于墩（台）结构的混凝土中，一端穿过千斤顶芯孔，每节长2.0~4.0m，采用工具式连接件连接或焊接连接。为了节约钢材，使支撑顶杆能重复使用，可在顶杆外装上套管，套管随同整个滑模结构一起上升，待施工完毕后可拔出支撑顶杆。

3. 滑模浇筑混凝土施工要点

在墩位上就地进行组装时，安装步骤为：

（1）在基础顶面搭枕木垛，定出桥墩中心线。

（2）在枕木垛上先安装内钢环，并准确定位；再依次安装辐射梁、外钢环、立柱、千斤顶、模板等。

（3）提升整个装置，撤去枕木垛，再将模板落下就位，随后安装余下设施；内外吊架待模板提升到一定高度时应及时安装。模板安装前，表面需涂抹润滑剂，以减少提升时的摩擦阻力；组装完毕后，必须按设计要求及组装质量标准进行全面检查，并及时纠正偏差。

（4）浇筑混凝土。滑模宜浇筑低流动度或半干硬性混凝土，浇筑时应分层、分段对称进行，分层厚度以20~30cm为宜。浇筑后混凝土表面距模板上缘宜有不小于15cm的距离。混凝土入模时，要均匀分布，应采用插入式振捣棒进行振捣，振捣时应避免触及钢筋及模板，振捣棒插入下一层混凝土的深度不得超过5cm。脱模时混凝土强度应为0.2~0.5MPa，以防在其自重压力下坍塌变形。为此，可根据环境温度、水泥强度等级经试验后掺入一定量的早强剂，以加快混凝土强度的提升。脱模后8h左右开始养护（可用吊在吊架上的环绕墩身的带小孔的水管进行养护）。养护水管设在距模板下缘1.8~2.0m处时效果较好。

4. 提升与收坡

整个桥墩浇筑滑模可分为初次滑升、正常滑升和最后滑升三个阶段。从开始浇筑混凝土到模板首次试升为初次滑升阶段。初浇混凝土的高度一般为60~70cm，分三次浇筑，在底层混凝土强度达到0.2~0.4MPa时即可试升。将所有千斤顶同时缓慢起升5cm，以观察底层混凝土的凝固情况。现场鉴定可用手指按压刚脱模的混凝土表面，如果基本按不动，但留有指痕，砂浆不沾手，用指甲划过留有痕迹，滑升时能听到“沙沙”的摩擦声，则表明混凝土已具有0.2~0.5MPa的脱模强度，可以开始再缓慢提升20cm左右。初次滑升后，经全面检查设备，即可进入正常滑升阶段，即每浇筑一层混凝土，滑模就提升一次，使每次浇筑的厚度与每次提升的高度基本一致。在正常环境温度条件下，提升时间不宜超过1h。最后滑升阶段是指混凝土已经浇筑到需要高度，不再继续浇筑，但模板仍需继续滑升的阶段。浇完最后一层混凝土后，每隔1~2h将模板提升5~10cm，提升2~3次后即可避免混凝土与模板粘接。滑模提升时应做到垂直、均衡一致，顶架间高差不大于20mm，顶架横梁水平高差不大于5mm；要求连续作业，不得随意停工。

随着模板的提升，应转动收坡螺杆，调整墩壁曲面的半径，使其符合设计要求的收坡坡度。

5. 接长顶杆、绑扎钢筋

模板每提升至一定高度，就需要穿插进行接长顶杆、绑扎钢筋等工作。为了不影响提升时间，钢筋接头均应预先配好，并注意将接头错开。对预埋件及预埋的接头钢筋，滑模抽离后，要及时清理，使其外露。

在整个施工过程中，由于工序的改变，或发生意外事故，使混凝土的浇筑工作停止较长时间，这就需要进行停工处理。例如，每0.5h左右稍微提升模板一次，以免粘接；停工时在混凝土表面要插入短钢筋等，以加强新旧混凝土的粘接。复工时需将混凝土表面凿毛，并用水冲走残渣，湿润混凝土表面，浇筑一层厚度为2~3cm的1:1水泥砂浆；然后再浇筑原配合比的混凝土，继续滑模施工。

任务6.4 支座安装

任务描述：了解支座安装的技术要求。

一、板式橡胶支座

板式橡胶支座安装时，应注意下列事项：

(1) 橡胶支座在安装前，应检查产品合格证书中有关技术性能指标，当不符合设计要求时，不得使用。

(2) 支座下设置的支承垫石，混凝土强度应符合设计要求，顶面要求标高准确，表面平整，在平坡情况下，同一片梁两端支承垫石水平面应尽量处于同一平面内，其相对误差不得超过3mm，避免支座发生偏歪、不均匀受力和脱空现象。

(3) 安装前应将墩、台支座垫石处清理干净，用干硬性水泥砂浆抹平，并使其顶面标高符合设计要求。

(4) 将设计图上标明的支座中心位置标在支承垫石及橡胶支座上，橡胶支座准确安放在支承垫石上，要求支座中心线同支承垫石中心线相重合。

(5) 当墩、台两端标高不同，顺桥向有纵坡时，支座安装方法应按设计规定办理。

(6) 安放支座前，抹平的水泥砂浆必须达到设计强度，并保持清洁和粗糙。梁、板吊装时，梁、板就位应准确且应与支座密贴，就位不准确或支座与梁板不密贴时，必须吊起，垫钢板并使支座位置限制在允许偏差内，不得用撬棍移动梁、板。

二、盆式橡胶支座

支座规格和质量应符合设计要求，支座组装时其底面与顶面（埋置于墩顶和梁底面）的钢垫板必须埋置密实。垫板与支座间平整密贴，支座四周不得有0.3mm以上的缝隙，严格保持清洁。活动支座的聚四氟乙烯板和不锈钢板不得刮伤、撞伤。氯丁橡胶板块密封在钢盆内，要排除空气，保持紧密。

（1）活动支座安装前用丙酮或酒精仔细擦洗各相对滑移面，擦净后在四氟滑板的储油槽内注满硅脂类润滑剂，并注意硅脂保洁。

（2）盆式橡胶支座的顶板和底板可用焊接或锚固螺栓接在梁体底面和墩台顶面的预埋钢板上；采用焊接时，应防止烧坏混凝土；安装锚固螺栓时，其外露螺杆的高度不得大于螺母的厚度；现浇梁底部预埋的钢板或滑板，应根据浇筑时的温度、预应力张拉、混凝土收缩与徐变对梁长的影响，设置相对于设计支承中心的预偏值。

三、球形支座

球形支座各向转动性能一致，适用于弯桥、坡桥、斜桥、宽桥及大跨径桥，球形支座无承重橡胶块，特别适用于低温地区。

（1）支座出厂时，应由生产厂家将支座调平，并拧紧连接螺栓，以防止支座在安装过程中发生转动和倾覆。支座可根据设计需要预设转角及位移，但施工单位应在订货前提出预设转角及位移量的要求，由生产厂家在装配时预先调整好。

（2）支座安装前方可开箱，并检查装箱清单，包括配件清单、检验报告复印件、支座产品合格证书及支座安装养护细则。施工单位开箱后，不得任意转动连接螺栓，并不得任意拆卸支座。

（3）支座安装高度应符合设计要求，要保证支座平面的水平及平整。支座支承面四角高差不得大于2mm。

（4）支座安装注意事项：

1）支座安装前应开箱并检查清单及合格证。

2）安装支座板及地脚螺栓：在下支座板四周用钢楔块调整支座水平，并使下支座板底面高符合设计要求，找出支座纵、横向中线位置，使之符合设计要求。用环氧砂浆灌注地脚螺栓孔及支座底面垫层。

3）环氧砂浆硬化后，拆除支座四角临时钢楔块，并用环氧砂浆填满抽出楔块的位置。

4）在梁体安装完毕后或现浇混凝土梁体形成整体并达到设计强度后，在张拉梁体预应力之前，拆除上、下支座连接板，以防止约束梁体正常转角位移。

5）拆除上、下支座连接板后，检查支座外观，并及时安装支座外防尘罩。

6）当支座与梁体及墩台采用焊接连接时，应先将支座准确定位后，用对称间断焊接，将下支座板与墩台上预埋钢板焊接，焊接时应防止烧伤支座及混凝土。

（5）支座在试运营期一年后应进行检查，清除支座附近的杂物及灰尘，并用棉丝仔细擦除不锈钢表面的灰尘。

四、聚四氟乙烯滑板式橡胶支座

四氟板表面应设置贮油槽，支座四周设置防尘设施，在安装时应注意以下几点：

（1）墩台上设置的支承垫石，其标高应考虑预埋的支座下钢板厚度，或在支承垫石上预留一定深度的凹槽，将支座下钢板用环氧树脂砂浆黏结于凹槽内。

（2）在支座的下钢板上及四氟滑板式橡胶支座上标出支座位置中心线，两者中心线相重合放置，为防止施工时移位，应设置临时固定措施。安装时宜在与年平均气温相差不大时进行。

（3）梁底预埋有支座上钢板，与四氟滑板式支座密贴接触的不锈钢板嵌入梁底上钢板内，或用不锈钢沉头螺钉固定在上钢板上，并标出不锈钢板中心线位置。安装支座时，不锈钢板、四氟板表面均应清洁、干净，在四氟滑板表面涂上硅脂油，落梁时要求平稳、准确，无振动，梁与支座密贴，不得脱空。

（4）支座正确就位后，拆除临时固定装置，采取安装防尘围裙措施。

五、支座安装的质量标准

支座安装规定值或允许偏差见表6-6。

表6-6　支座安装规定值或允许偏差

项　次	检 查 项 目		规定值或允许偏差
1	支座中心与主梁中线/mm		2
2	支座顺桥向偏位/mm		10
3	高程/mm		符合设计规定，未规定时 ±5
4	支座四角高差/mm	承压力≤500kN	<1
		承压力>500kN	<2
5	支座上下各部件纵轴线/mm		必须对正
6	活动支座	顺桥向最大位移/mm	±250
		双向活动支座横桥向最大位移/mm	±25
		横轴线错位距离/mm	根据安装时的温度与年平均最高、最低温差计算确定
		支座上下挡块最大偏差的交叉角/(′)	必须平行<5

思　考　题

1. 桩柱式墩（台）的承台、立柱施工工艺流程及每道工序的施工技术要点是什么？
2. 浆砌块石桥台施工工艺流程是什么？
3. 滑动模板施工适用于什么样的墩台？
4. 简述板式橡胶支座、盆式橡胶支座的安装技术要点。

项目 7　梁桥就地浇筑施工

学习目标：1. 掌握有支架现浇梁施工技术
　　　　　2. 了解移模施工技术
　　　　　3. 了解顶推法施工技术

就地浇筑法是钢筋混凝土梁施工的一种常用方法，它是在桥孔位置搭设支架，并在支架上安装模板，绑扎及安装钢筋骨架，并在现场浇筑混凝土的施工方法。就地浇筑主要适用于桥梁中结构复杂、质量大，吊装困难的比较大型的梁的施工。

任务 7.1　有支架混凝土梁现浇施工

任务描述：有支架混凝土梁现浇施工就是在施工现场进行搭设支架，然后进行钢筋混凝土施工的方法。该施工方法是在现场直接浇筑，不需要大梁安装环节，适用板梁、T 梁和箱梁等。下面以预应力混凝土连续箱梁为例介绍有支架现浇梁施工方法。

一、预应力混凝土连续箱梁现场浇筑施工工艺流程

预应力混凝土连续箱梁现场浇筑施工工艺流程如图 7-1 所示。

二、支架种类

就地浇筑混凝土梁桥的上部结构，首先应在桥孔位置搭设支架，以支撑模板及浇筑的钢筋混凝土。常见的支架形式有立柱式支架（图 7-2）、梁式支架（图 7-3）、梁柱式支架（图 7-4）等形式。

1. 立柱式支架

立柱式支架常用于陆地或不通航的河道，或桥墩不高、桥位处水位不深的桥梁。支架通常由排架和纵梁组成，排架由枕木、桩、立柱和盖梁组成。

2. 梁式支架

根据跨径不同，梁可以采用工字钢、钢板梁或桁架梁。工字钢梁一般用于小于 10m 的跨径，钢板梁用于小于 20m 的跨径，桁架梁用于大于 20m 的跨径。梁可以支撑在墩旁的立柱上，也可以支撑在桥墩预留的托架上。

3. 梁柱式支架

当桥梁较高、跨径较大或必须在支架下设通航孔或排洪孔时，可以采用梁柱式支架，梁支撑在桥墩台上或临时支柱上，形成多跨的梁柱式支架。

三、钢筋与预应力钢筋施工技术要点

钢筋骨架的安装及预应力筋的配置：普通钢筋工程施工技术要点同项目 3 有关内容。预

应力筋技术要点包括原材料检验、预应力筋的加工、编束、拼装成钢筋骨架等工作。

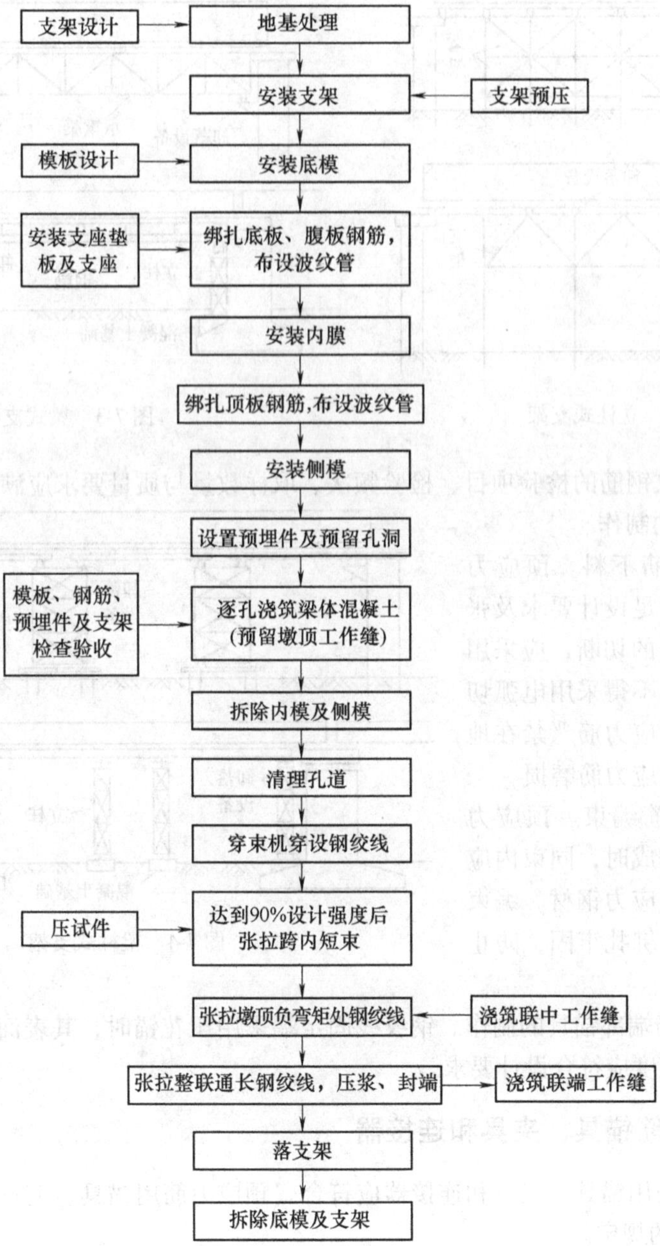

图7-1　预应力混凝土连续箱梁现场浇筑施工工艺流程

1. 预应力钢筋原材料检验

（1）预应力混凝土结构所采用的钢绞线与精轧螺纹钢筋的质量，应符合《预应力混凝土用钢绞线》（GB/T 5224—2003）、《预应力混凝土用螺纹钢筋》（GB/T 20065—2006）的规定和要求。预应力筋进场时应分批验收，验收时，除应核对其质量证明书、包装、标志和规格外，还需要委托有相应资质的试验室进行抽检。

（2）钢绞线的检验项目、检验频次、取样数量与质量要求应满足规范的规定。

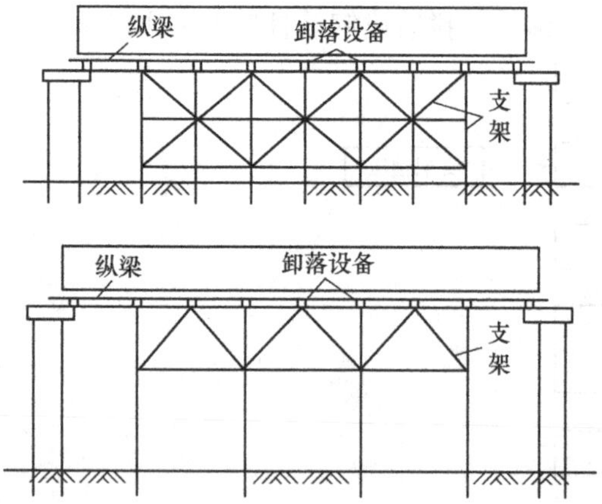

图 7-2　立柱式支架

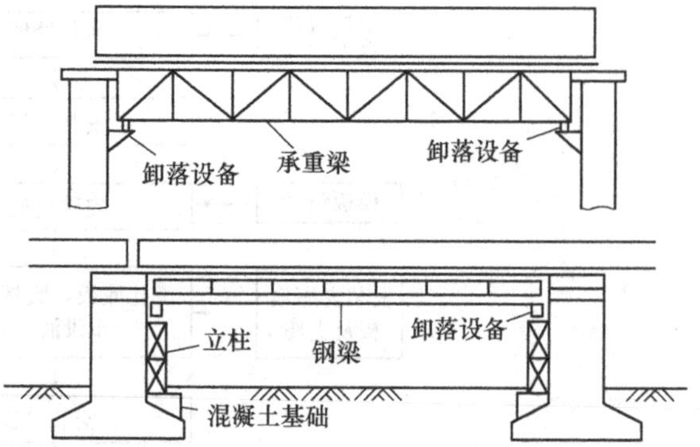

图 7-3　梁式支架

（3）精轧螺纹钢筋的检验项目、检验频次、取样数量与质量要求应满足规范的规定。

2. 预应力筋的制作

（1）预应力筋下料。预应力筋的下料长度应满足设计要求及张拉需要；预应力筋的切断，应采用切断机或砂轮锯，不得采用电弧切割；下料过程中预应力筋严禁在地面上拖拉，避免预应力筋磨损。

（2）预应力筋编束。预应力筋由多根钢绞线组成时，同束内应采用强度相等的预应力钢材。编束时，应逐根理顺、绑扎牢固，防止互相缠绕。

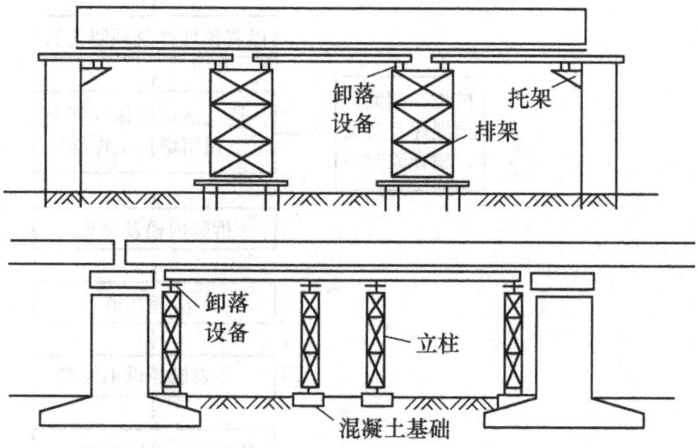

图 7-4　梁柱式支架

（3）预应力筋端部锚具的制作。钢绞线固定端采用压花锚时，其表面应清洁、无油污，梨形头和直线段长度应符合设计要求。

四、预应力筋锚具、夹具和连接器

（1）预应力筋用锚具、夹具和连接器应符合《预应力筋用锚具、夹具和连接器》（GB/T 14370—2007）的规定。

（2）预应力筋用锚具应按设计要求使用。用于后张结构时，锚具或其附件上应设置压浆孔或排气孔，压浆孔应有足够的截面面积，以保证浆液的畅通。

（3）夹具应具有良好的自锚性能、松锚性能和重复使用性能。需敲击才能松开的夹具，必须保证其对预应力筋的锚固没有影响，且对操作人员的安全不造成危险。

（4）用于后张法的连接器，必须符合锚具的性能要求；用于先张法的连接器，必须符合夹具的性能要求。

（5）锚具、夹具和连接器进场时，除应按出厂合格证和质量证明书核查其锚固性能、类别、型号、规格及数量外，还应委托有相应资质的公路工程试验检测机构进行检验。

1）锚具、夹具、连接器的检验项目、检验频次、取样数量与质量要求应满足规范的规定。

2）检验结果判定

外观：表面无裂纹，影响锚固性能的尺寸符合设计要求，应判为合格；如此项尺寸有一项超过允许偏差，则应另取双倍数量重做检验；如仍有一套不合格，则应逐套检查，合格者方可使用。

硬度：每个零件测试3点，其硬度应在设计要求的范围内；如有一个零件不合格，则应另取双倍数量的零件重做试验；如仍有一个零件不合格，则应逐个检查，合格者方可使用。

静载锚固性能试验：应从同批中抽取6套锚具（夹具或连接器）组成3个预应力筋锚具组装件，进行静载锚固性能试验，如有一个试件不符合要求，则应另取双倍数量重做试验；如仍有一个试件不符合要求，则该批产品为不合格。

二次张拉锚具、锚杯、支承连接强度试验：抽取3套锚具、锚杯、支承连接组成3个组装件进行试验，如有一个试件不符合要求，则应另取双倍数量重做试验；如仍有一个试件不符合要求，则该批产品为不合格。

五、预应力管道

1. 预应力管道的一般要求

（1）在后张预应力混凝土结构中，预应力筋的管道材料应按设计要求选用，一般由金属波纹管或塑料波纹管构成。对于跨径大于或等于25m的T形梁、小箱梁、现浇结构等，宜采用塑料波纹管；跨径小于25m的空心板等可采用金属波纹管。

（2）浇筑混凝土时，在混凝土中的管道不得有漏浆现象。管道应该具有足够的强度，以使其在混凝土的重力作用下仍能保持原有的形状，且能按要求传递黏结应力。

（3）预应力管道在使用前应进行外观检查，其内外表面应清洁，无锈蚀、油污、孔洞和不规则褶皱，咬口不应有开口或脱扣。

2. 预应力管道材料

（1）刚性或半刚性管道应由不与混凝土、预应力筋、水泥浆发生不良反应的金属或塑料材料制成。半刚性管道一般应由波纹状的金属螺纹管或塑料螺纹管道组成。

（2）金属管道宜尽量采用镀锌材料制作，并具有良好的柔软性，一般情况下材料厚度不得小于0.3mm。

塑料波纹管管道的制作材料（高密度聚乙烯或聚丙烯）和管道性能应符合《预应力混凝土桥梁用塑料波纹管》（JG/T 529—2004）的要求。塑料波纹管的壁厚（δ）应为：内径≤75mm，$\delta \geq 2.5$mm；内径≥90mm，$\delta \geq 3.0$mm。

管道应有一定的强度，塑料波纹管的环向刚度应不小于6kN/m^2，以使其在搬运和浇筑混凝土的过程中保持一定的形状。

六、管道安装与锚垫板预埋

（1）波纹管在安装前，应准确确定波纹管（或定位钢筋）的位置，尤其是曲线段。可先按设计图纸中预应力筋的曲线坐标，以梁底模板为基准，直接量出相应点的高度，标在箍筋上，定出波纹管曲线的位置。定位筋的间距要符合要求，一般情况下，波纹管管道的定位筋间距不宜大于1.0m，曲线管道与扁平波纹管道应适当加密。管道纵、横坐标定位宜采用Φ12钢筋焊接成“井”字形定位架，并按标定位置定位焊在箍筋上，箍筋下面用垫块垫实。

（2）波纹管安装时，应去掉端头飞边、卷边和折角，尽量避免反复弯曲，以防管壁开裂；同时，还应防止电焊火花烧伤管壁。波纹管的接长可采用大一号的同型波纹管作为接头管，接头管长度：管径为$\phi40\sim\phi65$时不小于200mm；$\phi70\sim\phi85$时不小于250mm；$\phi90\sim\phi100$时不小于300mm。被接管旋进管内的长度不得少于100mm。接头管两端用密封胶带或塑料热缩管封裹，避免混凝土浇筑时水泥浆渗入管内造成管道堵塞。

（3）波纹管安装后，应检查波纹管的位置、曲线形状是否符合设计要求（表7-1），保证管道直线段平顺、曲线段圆滑。检查波纹管的固定是否牢靠，接头是否完好，管壁有无破损等，如有破损，应及时用胶粘带修补。

表7-1　管道安装允许偏差

项　目		允许偏差/mm	检查方法和频率
管道坐标	梁长方向	30	抽查30%，每根查10个点
	梁高方向	10	
管道间距	同排	10	抽查30%，每根查5个点
	上下层	10	

（4）波纹管安装时应考虑张拉后反拱度的影响，各控制点高程均应扣除相应位置的反拱度值，做到精确定位。

（5）为防止浇筑混凝土时波纹管漏浆、堵塞和变形，浇筑混凝土前应在波纹管内预穿硬塑料管，待混凝土浇筑完成4h后方可拔出。

（6）端部钢筋网和预埋锚垫板的位置要准确，应与端模板紧密结合，不得平移或转动，保证锚固面与钢束垂直。

（7）墩顶负弯矩预应力扁锚锚垫板和扁形波纹管的预埋位置必须准确，扁形波纹管可放大一级，便于穿钢绞线。

（8）锚下螺旋钢筋宜采用直径不小于12mm的HPB钢筋，圈数不应少于6圈。

七、张拉设备质量控制

张拉设备应配套标定并配套使用，标定时活塞的运行方向应与实际使用时一致。长期不使用、标定时间超过6个月、6个月内正常使用超过两百次、使用中预应力机具设备或仪表出现反常现象，以及千斤顶检修后均应重新标定。

施加预应力所用的机具设备及仪表应由专人使用和管理，并应定期维护和校验。标定时，施工方负责张拉的专人应参与标定读数。

八、梳编穿束

1. 短束梳编穿束工艺（以一束9根的钢束为例）

（1）机具准备。扎钩、扎丝、梳束板（可用锚具代替）、透明胶带、刀片、油性笔、号码纸、卷扬机、钢丝绳（宜为$\phi8$）等。

（2）下料。每束钢绞线下料时应有一根钢绞线长出10～20cm作为中间钢绞线，其余各根钢绞线的下料长度应基本一致。

（3）编号。每根钢绞线的两端应编上同样的号码，以透明胶带将写好的号码绑在钢绞线的两端；同时，对锚具进行编号，两端的锚具应同时编号，一块锚具顺时针编号，另一块锚具逆时针编号。编号应写在锚具的外露面（上夹片的一面）。锚具编号如图7-5所示。

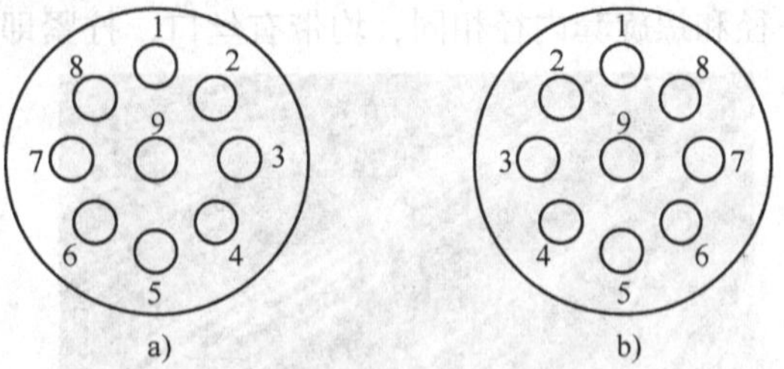

图7-5　锚具编号

（4）端头绑扎。端头绑扎宜分层进行，如图7-5所示，1号、2号、8号钢绞线作为一层，7号、9号、3号钢绞线作为一层，4号、5号、6号钢绞线作为一层，先逐层绑扎再整体绑扎。绑扎好的钢绞线根据每束钢绞线根数的不同呈正方形、矩形、梯形等形状。

（5）梳束。利用梳束板或锚具对钢绞线进行梳理，每梳理完约1m长度的钢绞线时，用扎丝将钢绞线扎紧，绑扎时扎丝端头朝上。逐段绑扎直至将钢绞线梳理完毕。

（6）穿束。钢丝绳一端连接卷扬机，另外一端做成绳套与钢绞线穿入端绑牢，穿入端端头可用塑料瓶套住并用胶带缠紧。起动卷扬机缓慢、匀速地拉动钢绞线。

（7）对中调整。穿束完毕后，将穿入端钢丝绳、塑料瓶和胶带等去除，使钢绞线编号外露；先将中间钢绞线套入锚具孔内的中间位置，上夹片，稍微顶紧；再将其他钢绞线分别套入对应的锚具孔内。旋动锚具使两端锚具各孔位对中。如图7-6所示，1号钢绞线均在上方。

2. 长束梳编穿束工艺

跨径大于45m的预制梁、连续现浇构件及其他钢束长度较长、钢绞线根数较多、质量较大的预应力钢束应采用长束梳编穿束工艺。长束梳编穿束工艺（图7-6）的主要步骤如下：

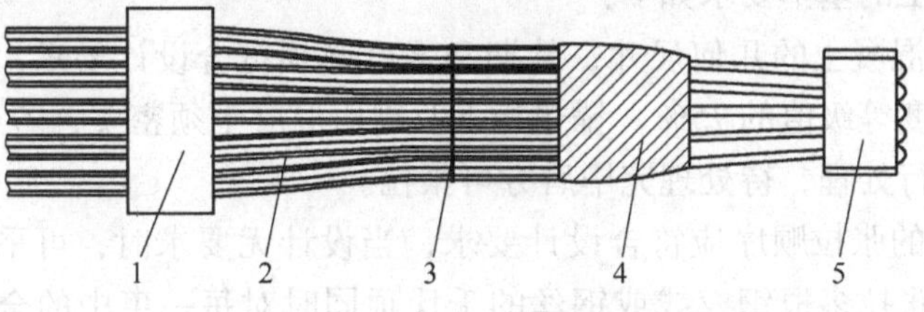

图7-6　长束梳编穿束工艺

1—梳束板（或锚具）　2—钢绞线　3—扎丝　4—绑扎胶带　5—牵引螺塞

（1）钢绞线下料完毕后在其一端套入锚板作为梳束工具（也可用限位板），用砂轮锯将该端钢绞线的各索端头切割20～30cm，但保留中心一根钢丝。

（2）将保留的那根中心钢丝穿入具有与锚具相似位置孔的牵引螺塞（牵引螺塞上各孔距略大于钢绞线直径）后再镦头（图7-7），镦头直径应大于牵引螺塞孔的直径，以满足整束穿束时拖动钢绞线平动的要求。

图7-7　钢绞线的镦头

（3）镦头后的整束钢绞线（图7-8）通过牵引螺塞和螺旋套连接（图7-9），牵引螺塞外径和螺旋套内径相同，均带有丝口，拧紧即可。

图7-8　镦头后的整束钢绞线

图7-9　牵引螺塞和螺旋套连接

（4）钢绞线穿束前，钢绞线端头（包括切割部分）须用胶带缠绕进行保护（注意牵引头在缠绕胶带以前，应先用卷扬机牵引，使各根钢绞线在墩头处长短一致），防止穿束过程中钢绞线端头散索。

（5）将牵引螺塞与螺旋套连接，螺旋套另一端由卷扬机上的钢丝绳牵引，穿束时由卷扬机缓慢牵引整束钢绞线平动完成整束穿束。若受场地限制可利用转向滑轮，也可增加卷扬机，钢绞线牵引时应采用锚板边梳理边绑扎，绑扎间距宜为1.0m。在穿束过程中，注意克服钢绞线与波纹管的摩擦阻力，以便对系统进行保护。

九、预应力张拉施工

预应力张拉施工的基本要求如下：

（1）张拉前，混凝土的几何尺寸、龄期和强度必须符合设计要求，设计无要求时，强度应不低于设计强度等级值的75%。锚垫板下及周边混凝土须密实，若有蜂窝及其他缺陷，应在拆模后立即进行处理，待处理完毕后方可张拉。

（2）预应力筋的张拉顺序应符合设计要求，当设计无要求时，可采取分批、分阶段对称张拉。应使用能张拉多根钢绞线或钢丝的千斤顶同时对每一束中的全部预应力筋施加应力，但对扁平管道中不多于4根的钢绞线除外。

（3）安装张拉设备时，应使张拉合力作用线与预应力筋的轴线重合。锚具、限位板安装前应检查孔位分布的重合一致性，安装时必须保证各个孔位对中，不能发生偏位。

（4）预应力筋张拉锚固后将多余部分切除，切除后预应力筋的外露长度不应小于30mm，切除时严禁使用电弧焊切割。

（5）预应力筋的张拉程序应符合设计要求，设计无要求时应按表7-2执行。

表7-2　预应力筋张拉程序

预应力筋种类		张拉程序
钢绞线束	有自锚性能的锚具	低松弛预应力筋：0→初应力→σ_{con}（持荷5min锚固）普通松弛预应力筋：0→初应力→1.03σ_{con}（锚固）
	其他锚具	0→初应力→1.05σ_{con}（持荷5min）→σ_{con}（锚固）

（续）

预应力筋种类		张拉程序
精轧螺纹钢筋	直线配筋	0→初应力→σ_{con}（持荷5min锚固）
	曲线配筋	0→σ_{con}（持荷5min）→0（上述程序可重复几次）→初应力→σ_{con}（持荷5min锚固）

十、压浆与封锚

（1）预应力筋张拉后，孔道压浆应在24h内完成，否则应采取措施，确保预应力筋不出现锈蚀。

（2）压浆材料的性能应符合下列要求：浆体强度应符合设计规定，设计无具体规定时，应不低于30MPa。对截面较大的孔道，浆体中可掺入适量的细砂。浆体中一般应掺入适量的减水剂、缓凝剂、引气剂和钢筋阻锈剂等外加剂，也可掺入粉煤灰、微膨胀剂，但不得加入铝粉或含有氯化物等有害成分的外加剂。

浆体的技术条件应符合下列规定：

1）浆体的水胶比应低于本体混凝土，同时不宜大于0.4。

2）拌和后3h，浆体泌水率不宜大于2%，最终不超过3%，泌水应在24h内重新全部被浆体吸收。

3）通过试验后，浆体中可掺入适量膨胀剂，其自由膨胀率应小于10%。泌水率和膨胀率的试验方法见《公路桥涵施工技术规范》（JTG/T F50—2011）。

4）浆体稠度宜控制在14～18s之间，稠度的试验方法见《公路桥涵施工技术规范》（JTG/T F50—2011）。

（3）真空压浆工艺

1）在预应力筋张拉完成后，立即用环氧树脂胶或水泥浆进行封锚，以免冒浆而损失灌浆压力。封锚时应留排气孔，环氧树脂胶或水泥浆达到一定强度后方可进行压浆作业。

2）进出浆口应用阀门止浆回流，不得用木塞或弯折进出浆口管道的办法止浆。

3）压浆前应用压力清水冲洗管道，以排除孔内杂物，保证管道畅通；冲洗后将管道内的空气及多余水分排出，压浆前使其达到负压状态，然后用压浆机以正压力对管道注入水泥浆。

4）压浆前必须储备足够浆液，储浆罐的储浆体积应大于一倍所要灌注的一条预应力管道的体积，以确保压浆过程的连续进行。

5）压浆时先开动真空泵，检查真空度是否符合要求，当真空压力表指示在-0.06～-0.1MPa时，方可压浆。

6）浆体自拌制至压入管道的延续时间，一般控制在30～45min范围内，在配置和压注过程中应连续搅拌，浆体进入压浆泵之前应通过1.2mm的筛网进行过滤。

7）压浆时，对曲线管道和竖向管道应从最低点的压浆孔压入，由最高点的排气孔泌水。应首先压注下层管道、较集中和邻近的管道，宜尽量连续压浆完成。

8）压浆过程中，如发现管道有局部漏浆时，可在漏浆处用毡片盖好、贴严、顶紧堵漏。如果堵漏无效，则应用水压入管道，将已压进的灰浆冲洗出来，待漏浆处理修补完毕，重新压浆。

9）当真空泵胶管出现浆体时，打开出浆阀，待连续流出与规定稠度相同的浆体后，为保证管道中充满灰浆，应关闭阀门保持不小于0.5MPa的稳压力；稳压5min以上，稳压完成后立即将压浆管密封。

10）压浆时，每一个工作班应留取不少于3组70.7mm×70.7mm×70.7mm的立方体试件，标准养护28d，检查其抗压强度，作为评定浆体质量的依据。

11）宜随机抽取一至两片已压浆梁板，对其压浆密实度进行实体开窗检测，开窗的位置宜选在波纹管弯起上端混凝土保护层厚度较薄处。

12）压浆过程中及压浆后48h内，结构混凝土的温度不得低于5℃，否则应采取保温措施。当环境温度高于35℃时，压浆宜在夜间进行。

13）对后张预制构件，在管道压浆前不得安装就位。压浆后，在压浆强度达到设计要求后方可移动和吊装。

（4）竖向预应力管道压浆。钢绞线竖向预应力筋固定端宜采用图7-10所示的固定端锚具和压浆管道及连接装置。水泥浆从下端压入，上端出浆孔溢出。精轧螺纹竖向预应力筋可采用一次压浆两根管的工艺，即将两束相邻的预应力筋的底部锚固端锚垫板的压浆孔用塑料管连通成一组，桥面上安装好进浆管与排浆管，在预应力筋张拉完成后，立即用混凝土封锚，封锚混凝土只需终凝后就可以压浆。这样不仅能保证管道内密封、持压，而且不影响施工速度。压浆完成后，即使发生沉淀，管道内也能保证密实。图7-11为钢绞线竖向预应力压浆。

（5）压浆堵孔处理。在压浆过程中如出现堵孔现象，应用高压水把孔内已压入的浆液冲洗干净，找到堵孔位置进行处理后再重新进行压浆。

对于可能压浆堵孔的情况，在预应力筋穿束时应该注意，如果穿束时不顺畅，或是预先穿筋的管道在浇筑混凝土后抽动困难，说明管道内不十分通畅，必须在张拉前准确测定该位置（张拉后便无法量测），并做好记录。一旦压浆发现堵孔，则应根据进浆数量和预先量测的记录，准确判定堵孔位置，并在该位置增设注浆孔或排气孔，对该孔进行二次补浆，直至孔内浆液密实。

（6）封锚

1）压浆完成后，应及时对预应力筋、锚具进行处理，其中包括对锚具和预应力筋做防锈、防腐处理。需要封锚的，应对梁端混凝土凿毛并将其周围冲洗干净，设置钢筋网浇筑封锚混凝土。

2）封锚混凝土的强度应符合设计要求。设计无要求时，一般不宜低于构件混凝土强度等级值的80%。

十一、质量检验

（1）对工程质量的检验，除一般混凝土、钢筋混凝土工程应有的检验项目外，还应进行预应力钢材编束、孔道预留、施加预应力、孔道压浆等项目的施工工序检验，以及预应力筋、张拉机具、锚具、夹具的质量检查、检验。

（2）预应力束的预应力筋应梳理顺直，不得扭绞，表面不应有损伤、弯折。

（3）单根预应力筋不允许有断筋、断丝或滑移。

（4）同一截面的预应力筋接头面积不超过预应力筋总面积的25%，接头的质量应符合规范要求。

（5）压浆的水泥浆性能和强度应符合施工技术规范要求，压浆时排气孔、排水孔均有原浆溢出后方可关闭。

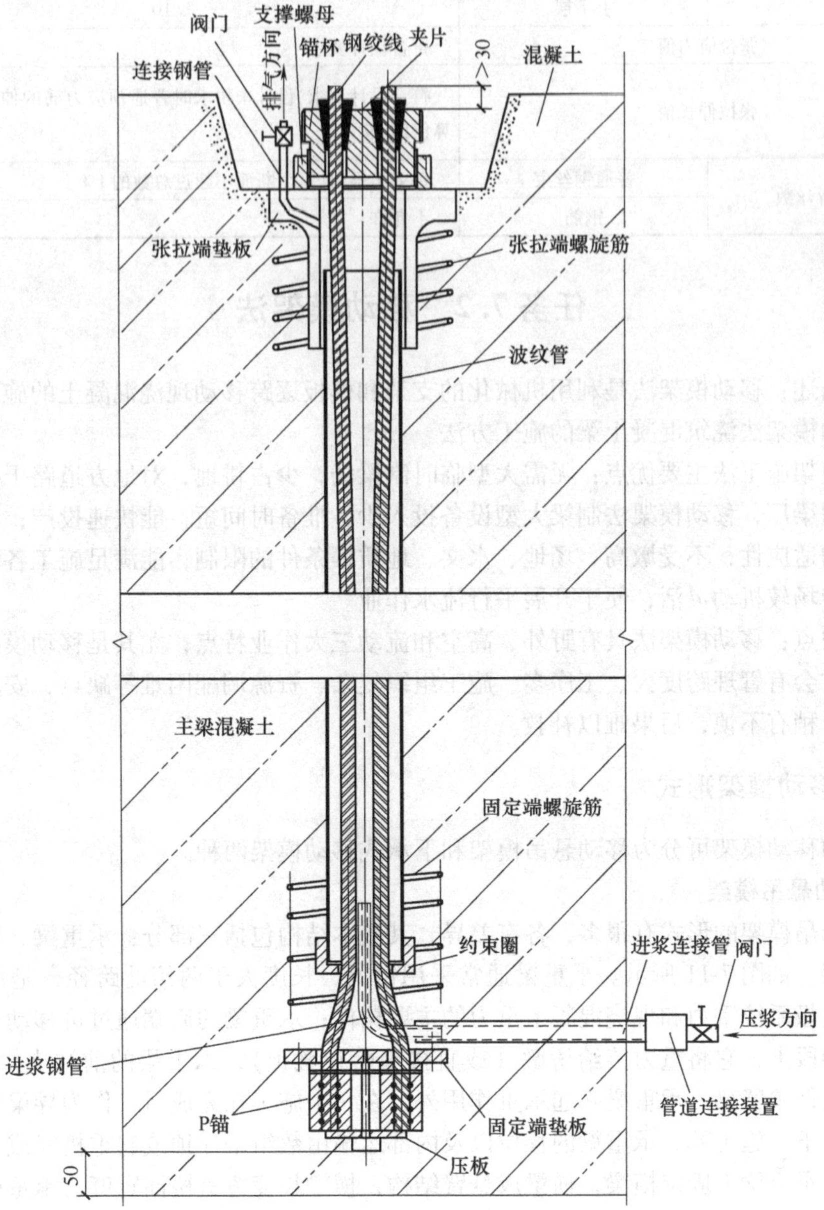

图7-10　钢绞线竖向预应力压浆

（6）质量标准

后张预应力筋制作安装允许偏差见表7-3。

表 7-3　后张预应力筋制作安装允许偏差

项　　目		允许偏差
管道坐标/mm	梁长方向	±30
	梁高方向	±10
管道间距/mm	同排	10
	上下层	10
张拉应力值		符合设计要求
张拉伸长值		符合设计要求，设计未要求时普通预应力筋的伸长值不超过计算值的6%
断丝、滑丝数	普通钢丝束	每束1根，且每个断面不超过总数的1%
	钢筋	不允许

任务 7.2　移动模架法

任务描述：移动模架法是利用机械化的支架和模板逐跨移动现浇混凝土的施工方法，要求了解移动模架法浇筑混凝土梁的施工方法。

移动模架施工法主要优点：无需大型临时制梁场，少占耕地，对地方道路干扰少；相对于大型预制梁厂，移动模架法制梁大型设备投入少，准备时间短，能快速投产；移动模架法具有良好的适应性，不受墩高、场地、水文、地质等条件的限制，能满足施工各种作业工况的要求，转场较机动灵活，便于开展平行流水作业。

主要缺点：移动模架法具有野外、高空和流动三大作业特点，尤其是移动模架的大规模应用，通常会有管理跨度大、工序多、施工组织复杂、资源调配困难等缺点，安全质量控制尤为艰巨，稍有不慎，后果难以补救。

一、移动模架形式

常用的移动模架可分为移动悬吊模架和下承式移动模架两种。

1. 移动悬吊模架

移动悬吊模架的形式有很多，各有差异，其基本结构包括三部分：承重梁、肋骨状横架和移动支架，如图 7-11 所示。承重梁通常采用钢梁，长度大于两倍的跨径，是承受施工设备自重、模板系统重力和现浇混凝土重力的主要构件；承重梁的后端通过可移动式支撑落在已完成的梁段上，它将重力传给桥墩（或直接坐落在墩顶），承重梁的前端支撑在桥墩上，工作状态类似单臂梁。承重梁除起承重作用外，在一个施工孔完成后，作为导梁与悬吊模架一起纵移至下一施工孔，承重梁的移位以及内部运输由数组千斤顶或起重机完成。

在纵向承重梁上固定横梁，横梁成悬臂结构，横梁长度覆盖桥面宽度，承重梁上左右各用 2 ~ 3 组钢索拉住横梁，以增加其刚度。横梁的两端垂直向下，到主桥的下端再呈水平状态，形成下端开口的框架并将主梁包在内部。当模板支架处于浇筑混凝土的状态时，模板依靠下端的悬臂梁和锚固在横梁上的吊杆定位，并用千斤顶固定模板浇筑混凝土。当模架需要运送时，放松千斤顶和吊杆，模板固定在下端悬臂上，并转动该梁的前端（有一段是可动部分），使模架可顺利地通过桥墩。

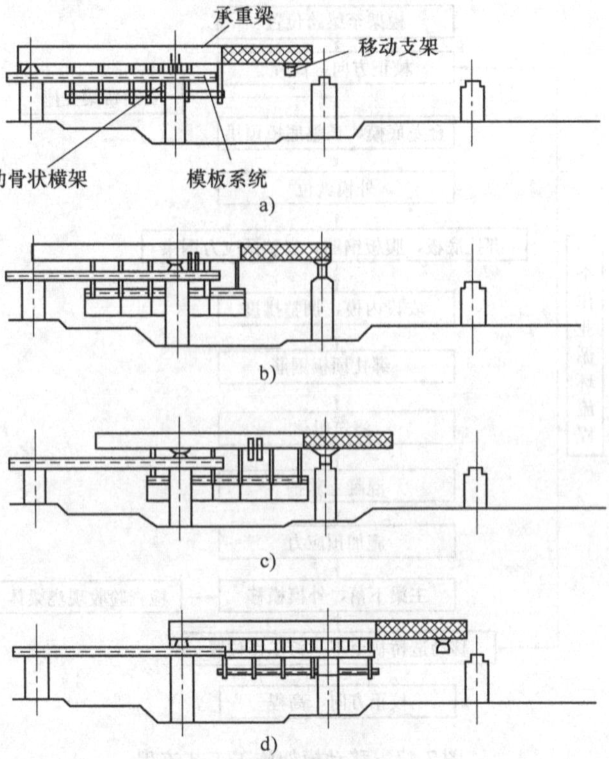

图 7-11　移动悬吊模架

a）前一个梁段完成　b）撤模板导梁前移　c）模板前移　d）模板就位

2. 下承式移动模架

下承式移动模架的构造形式较多，其中的一种构造形式由承重梁、导梁、台车和桥墩托架等构件组成。在混凝土箱形梁的两侧各设置一根承重梁，用于支撑模板和承受施工重力。承重梁的长度要大于桥梁跨径，浇筑混凝土时承重梁支撑在桥墩托架上。导梁主要用于运送承重梁和活动模架，因此需要有大于两倍桥梁跨径的长度。当一跨梁施工完成后进行脱模卸架，由前方台车（在导梁图上移动）和后方台车（在已完成的梁上移动）沿纵向将承重梁和活动模架运送至下一跨，承重梁就位后导梁再向前移动，如图 7-12a、b 所示。

图 7-12　下承式移动模架

a）前一个梁段结束　b）移动模架就位

二、移动模架施工

移动模架施工工艺流程如图 7-13 所示。

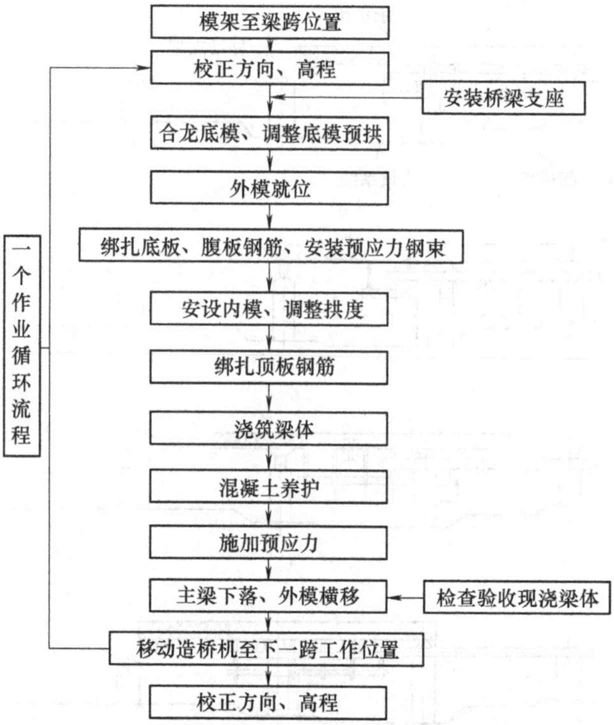

图 7-13　移动模架施工工艺流程

移动模架施工是从边跨开始，一般情况下每次浇筑施工接缝设在下一跨的 $L/5$ 附近，依次浇筑，最后合龙位置应设置在主跨桥孔设置临时墩支撑处。

对于每个箱梁的施工采用两次浇筑施工法，当承重梁定位后，用螺旋千斤顶调整外模，浇底板混凝土，之后安装设在轨道上的内模板，浇筑腹板及顶板混凝土。在一跨施工结束需移动模架时，将连接杆件从一个承重梁上松开并撤除纵向缆索后，再将承重梁逐根纵移，由于附有连接杆和模板的承重梁，在移动时不稳定，为了达到平衡，在承重梁的另一侧设有外托架和混凝土平衡梁。

采用移动模架法施工，无论哪一种形式，其共同的特点在于采用高度的机械化，其模板、钢筋、混凝土和张拉工艺等整套工序均可在模架内完成。同时由于施工作业是周期进行，且不受气候和外界因素干扰，不仅便于工程管理，还能提高工程质量，加快施工速度。根据国外 20 余座使用移动模架法施工的桥梁统计，从构造上看，大多数的桥为外形等截面梁桥，箱梁截面在支点位置可设置横隔梁；另外从桥长和跨径方面分析，大多数桥长均超过 200m，通常为 400～600m，也有超过 1000m 的，当桥很长时，则考虑材料、设备的合理运输问题。对于桥梁的跨径，多数为 23.5～45m，也就是说，对于中等跨径的桥梁采用移动横架法施工较为适宜。此外，对于弯桥和坡桥都有成功的先例。

装配化就是设备的主要构件采用装配式，能适用不同桥梁跨径、不同桥宽和不同形状的桥梁，扩大设备的使用面，降低施工成本。科学管理的目的在于充分发挥设备的使用能力，因此必须要做到机械设备的配套，注意设备的维修养护。如果能够做到具有专业队伍固定操作，并能持久地在其所适用的桥梁上施工，必将得到较好的经济效益。

任务7.3　连续梁顶推法施工

任务描述：顶推法施工是预应力混凝土连续梁桥施工方法的一种，要求了解顶推法的施工方法。

一、概述

顶推法施工是预应力混凝土连续梁桥施工方法的一种。顶推法的施工原理是沿桥纵轴方向的后台开辟预制场地，分节段预制混凝土梁身，并用纵向预应力筋连成整体；然后通过水平液压千斤顶施力，借助由不锈钢板与聚四氟乙烯模压板制成的滑动装置，将梁逐段向对岸推进，就位后落架，更换正式支座完成桥梁施工。

顶推法施工不仅用于连续梁桥（包括钢桥），同时也可用于其他桥型，如简支梁桥可先连续顶推施工，就位后再解除梁跨间的连续；拱桥的拱上纵梁，可在立柱间顶推施工；斜拉桥的主梁可采用顶推法等。

预应力混凝土连续梁桥顶推法施工工艺流程如图7-14所示。连续梁桥的主梁采用顶推法施工的概貌如图7-15所示。

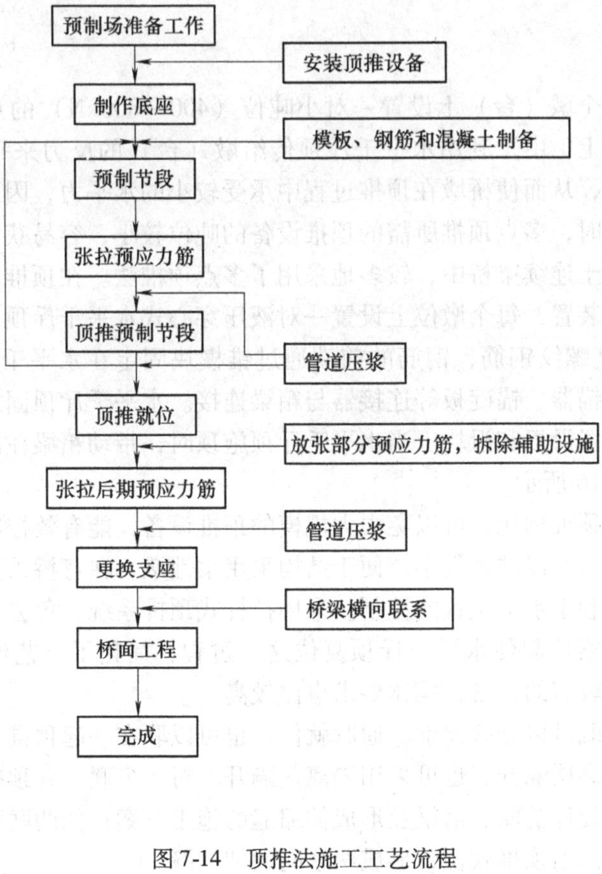

图7-14　顶推法施工工艺流程

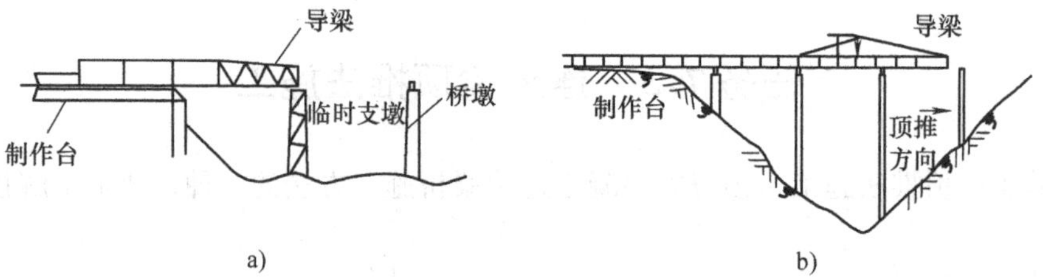

图 7-15 连续梁桥的主梁采用顶推法施工的概貌

a）跨中设置临时支墩法 b）梁上设置吊索架法

二、单点顶推

顶推的装置集中设置在主梁预制场附近的桥台或桥墩上，而在前方各桥墩上设置滑动支撑。顶推装置又可分为两种：一种是由水平千斤顶通过沿箱梁两侧的牵动钢杆给预制梁一个顶推力：另一种是由水平千斤顶与竖直千斤顶联合使用，顶推预制梁前进。

滑动支撑设置在桥墩上的混凝土临时垫块上，它由光滑的不锈钢板与组合的聚四氟乙烯滑块组成，其中的滑块由聚四氟乙烯板与具有加劲钢板的橡胶块构成。外形尺寸有 420mm×420mm、200mm×400mm、500mm×200mm 等数种，厚度也有 21mm、31mm、40mm 等多种。顶推时，组合的聚四氟乙烯滑块在不锈钢板上滑动，并在前方滑出，通过在滑道后方不断喂入滑块，带动梁身前进。

三、多点顶推

多点顶推是在每个墩（台）上设置一对小吨位（400～800kN）的水平千斤顶，将集中的顶推力分散到各墩上。由于利用水平千斤顶传给墩（台）的反力来平衡梁体滑移时在桥墩上产生的摩擦阻力，从而使桥墩在顶推过程中承受较小的水平力，因此可以在柔性墩上采用多点顶推施工。同时，多点顶推所需的顶推设备的吨位较小，容易获得，所以在采用顶推法施工的预应力混凝土连续梁桥中，较多地采用了多点顶推法。在顶推设备方面，国内一般较多采用拉杆式顶推装置，每个墩位上设置一对液压穿心式水平千斤顶，每侧的拉杆使用一根或两根Φ25 高强度螺纹钢筋，钢筋的前端通过锥楔块固定在水平千斤顶活塞杆的头部；另一端使用特制的拉锚器、锚碇板等连接器与箱梁连接。水平千斤顶固定在墩身特制的台座上，同时在梁位下设置滑板和滑块。当水平千斤顶施顶时，带动箱梁在滑道上向前滑动，拉杆式顶推装置如图 7-16 所示。

多点顶推与单点顶推相比，可以免去大规模的顶推设备，能有效控制顶推梁的偏离，顶推时对桥墩的水平推力可以减到很小，便于结构采用柔性墩。在弯桥采用多点顶推时，由各墩均匀施加顶力，更利于水平位置的控制。采用拉杆式顶推系统，免去了在每一循环顶推过程中用竖向千斤顶将梁顶起使水平千斤顶复位这一过程，简化了工艺流程，加快了顶推速度。但多点顶推需要较多的设备，操作要求也比较高。

多联桥的顶推，既可以分联顶推，通联就位，也可以联在一起顶推。两联间的结合面可用牛皮纸或塑料布隔离层隔开，也可采用隔离剂隔开。对于多联一并顶推，当多联顶推就位后，可根据具体情况设计解联、落梁及形成伸缩缝的施工方案；如两联顶推，第二联就位后解联，然后第一联再向前顶推就位，形成两联间的伸缩缝。

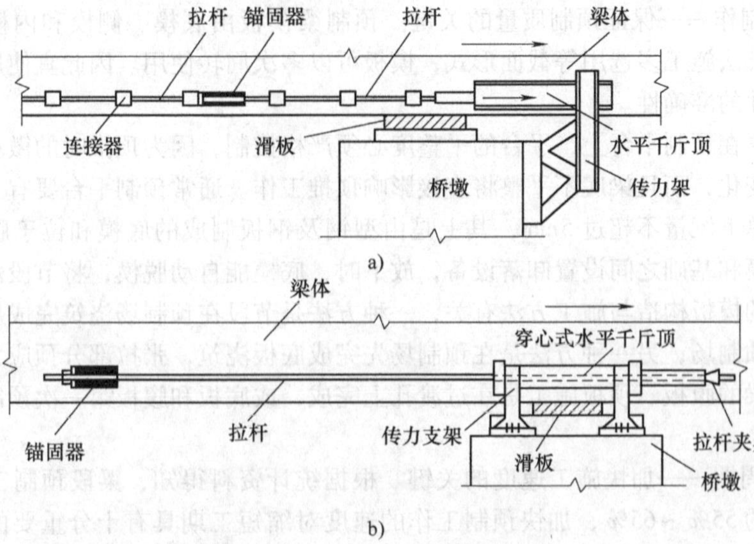

图7-16　拉杆式顶推装置

a）千斤顶置于桥墩侧面　b）千斤顶置于桥墩顶面

四、顶推施工中的几个问题

1. 确定分段长度和预制场布置

顶推法的制梁有两种方法，一种是在梁轴线的预制场上连续预制逐段顶推；另一种是在工厂制成预制块件，运送到桥位连接后进行顶推。对于第二种制梁方法，必须根据运输条件决定节段的长度（一般不超过5m）和质量，同时增加了接头工作，需要起重、运输设备，因此以现场预制为宜。

预制场是预制箱梁和顶推的过渡场地，包括主梁节段的浇筑平台，模板、钢筋和钢索的加工场地，混凝土搅拌站用地，以及砂、石、水泥的堆放和运输用地。预制场一般设在桥台后，长度应在预制节段长的3倍以上。如果桥头道路已建好，则可以把钢筋加工、材料堆放场地安排得更合理一些。顶推的过渡场地需要布置千斤顶和滑移装置，因此它又是主梁顶推的过渡跨。主梁节段预制完成后，要将节段向前顶推，空出浇筑平台继续浇筑下一节段。对于顶出的梁段要求顶出后无高程变化，梁的尾端不能产生转角，因此在到达主跨之前要设置过渡跨，并通过计算确定分孔和长度，如望城沩水桥设置了95m + 11.4m两个过渡跨。如果在正桥之前有引桥孔，则可利用引桥孔作为顶推的引桥孔，如柳州二桥就是用引桥孔作过渡孔。

主梁的节段长度划分主要考虑梁段间的连接处不要设在连续梁受力最大的支点截面与跨中截面，同时要考虑制作加工容易，尽量减少分段，缩短工期。因此一般常取每段长10～30m。同时，根据连续梁反弯点的位置，参考国外有关设计规范，连续梁的顶推节段应使每跨梁不多于2个拼接缝。

2. 节段的预制工作

节段的预制对桥梁的施工质量和施工速度起决定作用，由于预制工作固定在一个位置上进行周期性生产，所以完全可以仿照工厂预制桥梁的条件设置临时厂房、起重机，使施工不受气候影响，还能减轻劳动强度，提高生产效率。

（1）模板制作——保证预制质量的关键。预制梁模板由底模、侧模和内模组成。一般来说，采用顶推法施工多选用等截面形式，模板可以多次周转使用。因此宜使用钢模板，以保证预制梁尺寸的准确性。

底模板安置在预制平台上，平台的平整度必须严格控制，因为顶推时的微小高差就会引起梁内力发生变化，而且梁底不平整将直接影响顶推工作。通常预制平台要有一个整体的框架基础，要求总下沉量不超过5mm，其上是由型钢及钢板制成的底模和位于腹板位置的底模滑道。在底模和基础之间设置卸落设备，放下时，底模能自动脱模，将节段落在滑道上。

节段预制的模板构造与施工方法有关，一种方法是节段在预制场浇筑完成后，张拉预应力筋并顶推出预制场；另一种方法是在预制场先完成底板浇筑，张拉部分预应力筋后即推出预制场，而箱梁的腹板、顶板施工是在过渡孔上完成，或底板和腹板第一次预制，顶板部分第二次预制。

（2）预制周期——加快施工速度的关键。根据统计资料得知，梁段预制工作量占上部结构总工作量的55%～65%，加快预制工作的速度对缩短工期具有十分重要的意义。为达到此目的，除在设计上尽量减少梁段的规格外，在施工上应采取一定的措施加快预制周期。目前，国内外预制梁段的预制周期为7～15d。

3. 顶推施工中的横向导向

为了使顶推能正确就位，施工中的横向导向是不可少的。通常在桥墩（台）上主梁的两侧各安置一个横向水平千斤顶，千斤顶的高度与主梁的底板位置平齐，由墩（台）上的支架固定千斤顶的位置。在千斤顶的顶杆与主梁侧面外缘之间放置滑块，顶推时千斤顶的顶杆与滑块的聚四氟乙烯板形成滑动面，顶推时由专人负责不断更换滑块。

横向导向千斤顶在顶推施工中一般只设置在两个位置，一个设置在预制梁段刚离开预制场的部位，另一个设置在顶推施工最前端的桥墩上，因此梁前端的导向位置将随着顶推梁的前进不断更换位置。施工中发现梁的横向位置有误而需要纠偏时，必须在梁顶推前进的过程中进行调整。对于曲线桥，由于超高而形成单面横坡，横向导向装置应比直线处要加强，且数量要增加，同时应注意在顶推时，内外弧两侧前进的距离不同，要加强控制和观测。

思 考 题

1. 有支架就地浇筑施工时，对支架的要求是什么？
2. 有支架箱梁施工的工艺流程和施工技术要点是什么？
3. 后张法预应力筋的张拉程序是什么？
4. 后张法预应力筋孔道压浆的注意要点是什么？
5. 简述移动模架施工的基本原理。
6. 连续梁桥的顶推施工有何特点？

项目 8　梁桥装配式施工

学习目标：1. 掌握普通钢筋混凝土梁施工技术

2. 掌握预应力先张法混凝土梁施工技术

3. 掌握预应力后张法混凝土梁施工技术

4. 熟悉大梁安装基本方法

梁桥装配式施工的施工方法是先在预制场预制大梁，然后再进行运输、安装。该施工方法主要适用于吊装质量不太大的简支梁桥，或连续梁梁段。简支梁包括普通钢筋混凝土梁、先张法预应力梁和后张法预应力梁。

任务 8.1　普通钢筋混凝土梁预制方法

任务描述：常见的普通钢筋混凝土简支梁有实心板梁、空心板梁、T 形梁和其他截面形式的梁。梁的截面形式不同，施工方法略有差异，但基本施工流程几乎相同。下面以 T 形梁为例介绍普通钢筋混凝土简支梁施工技术。

一、普通钢筋混凝土简支 T 形梁施工工艺流程

普通钢筋混凝土简支 T 形梁施工工艺流程如图 8-1 所示。

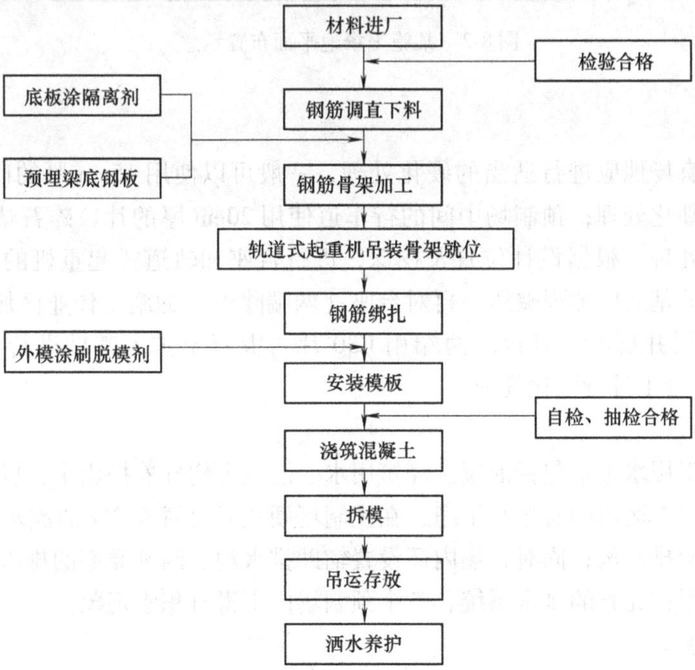

图 8-1　普通钢筋混凝土简支 T 形梁施工工艺流程

二、预制场的建设

1. 预制场的一般要求

根据工程的具体内容进行场地布置，大梁预制场布置主要考虑以下内容：

（1）场地位置选择。要选择离施工场地尽可能近的地方，交通要方便；场地要选择在地质状况比较好的地方，否则会增加场地处理成本。

（2）场地面积根据预制的工程量大小确定。

（3）场地功能区应包括：材料堆放场地、钢筋加工场地、混凝土拌和场地、预制场地、大梁存放场地、实验室、办公场地及工人生活区域等。不同的场地要根据具体工程内容进行具体设计，某施工场地平面布置示意如图 8-2 所示。

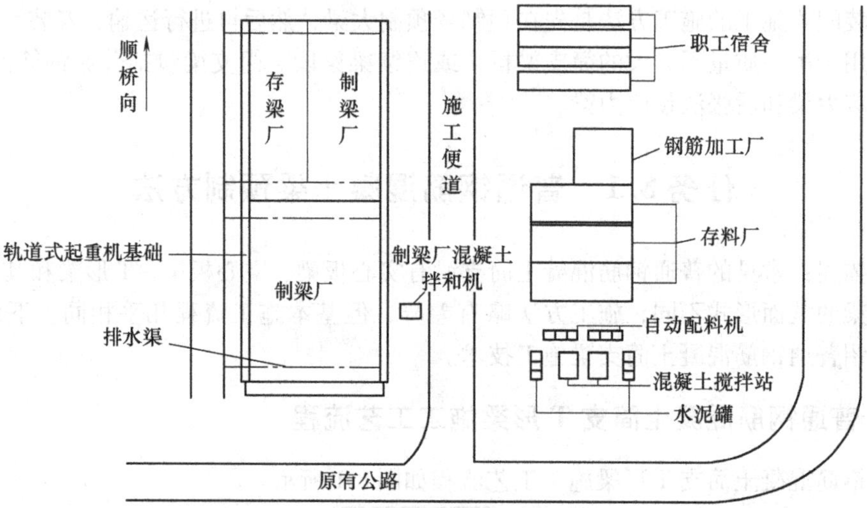

图 8-2　某施工场地平面布置示意

2. 场地硬化

预制场的所有场地应进行适当的硬化处理，一般可以使用 15cm 厚的碎石垫层和 15cm 厚的混凝土进行硬化处理；预制场中间的行车道使用 20cm 厚的片、碎石垫层和 15cm 厚的混凝土进行硬化处理。根据设计位置及挖深，进行台座和轨道式起重机的基础开挖，对台座、轨道范围内的基底要加强碾压，再对台座（两端除外）的施工作业区域加填 15cm 厚的砂砾石层或碎石层并压实，对台座两端用 C30 片石混凝土扩大基础进行加固，然后浇筑 15cm 厚的 C20 混凝土进行硬化处理。

3. 排水措施

预制场的施工用水主要包括混凝土浇筑用水、混凝土构件养护用水，以及清洗施工设备用水。为了保证施工区内的有序和干净，在预制场硬化时设置 0.3% 的流水坡，并在每排台座的端头设置横向排水沟；同时，场内还设置辅助排水沟。两种类型的排水沟相互接通，与周边排水沟连接形式完整的排水系统，整个预制场内不得有积水现象。

4. 预制梁台座

预制梁台座有普通混凝土梁预制台座、后张法预应力梁预制台座、先张法预应力梁张拉台座。台座数量要根据总工程量和工期进行计算，要考虑雨天对工期的影响；台座结构要根据预制梁的大小、质量，以及钢筋的张拉力进行具体设计。

5. 起吊设备

预制场起吊主要是梁的出坑起吊和一些比较大的模板安装起吊等。最常用的起吊设备是轨道式起重机和轮式起重机。轨道式起重机（图8-3）的优点是起吊能力强、使用方便、成本低；缺点是要在其轨道敷设的覆盖范围内工作。轮式起重机使用灵活，但台班费用较高。轨道式起重机和轮式起重机组合使用效果比较好。

图8-3　轨道式起重机

6. 钢筋加工区

钢筋加工区用钢结构和彩钢瓦搭设钢筋棚，各种钢筋分类堆放在30cm高的混凝土支座上。现场半成品在钢筋加工场进行集中加工、集中存放，根据需要进行搬运。

7. 用电用水

预制场要有电网电源，同时按照机械设备功率配备相应负荷的发电机作为备用电源，确保预制场有可靠的电源使用。水源要能满足混凝土施工用水和生活用水。

三、施工技术要点

1. 模板工程

模板的种类很多，若按施工方法分类可以分为固定式、整体式、拼装式等；按使用材料分类可以分为钢模板、木模板、竹胶板、充气橡胶胎内膜等。T形梁模板如图8-4所示。

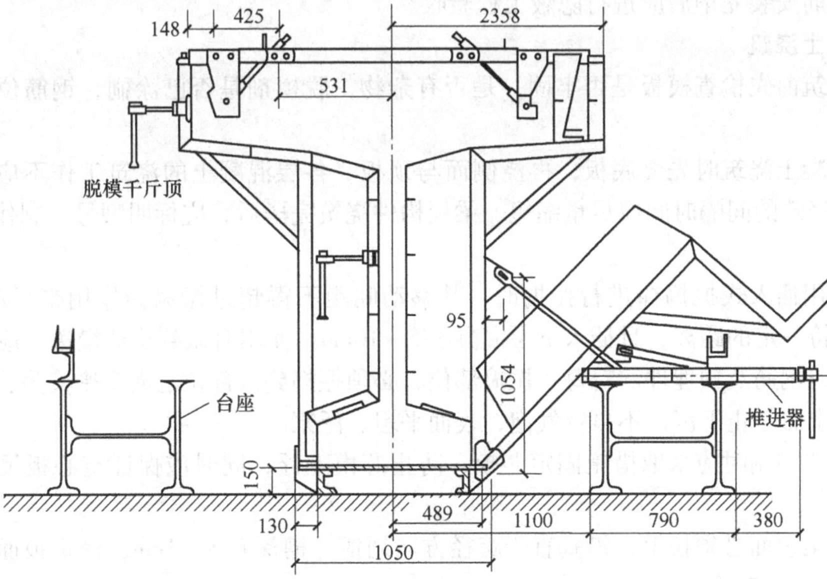

图8-4　T形梁模板

模板在放样之后制作各部件，钢模截面的尺寸与长度要准确，要考虑焊缝收缩对长度的影响。模板表面应平整，转角要光滑，连接孔要配合准确。在组装模板单元时，相对位置要准确，焊缝要平顺。模板的组装可在工作平台上或胎具上进行，底模制作时需考虑预制梁的预拱度。

模板的安装应与钢筋加工配合进行。在底模整平及钢筋骨架安装后，安装侧模板和端模板，也可先安装端模，后安装侧模。模板安装的准确度，可参考《公路桥涵施工技术规范》（JTG/T F50—2011）的有关规定。拆模的质量直接关系到预制梁的质量和模板的周转使用率。不承重的侧模，可在混凝土强度能保证其表面与棱角不致损坏或混凝土强度达到2.5MPa时拆除；承重模板应在混凝土强度能承受自重和其他可能的外荷载时方能拆除。相关内容可参考《公路桥涵施工技术规范》（JTG/T F50—2011）第5.2节。

在初拟了模板各构件尺寸后，可根据荷载组合，进行模板的强度、刚度计算和脱模计算。作用在模板上的荷载有竖向荷载和水平荷载，主要考虑模板自重、混凝土对模板产生的竖向力和水平力、振捣混凝土产生的竖向荷载和水平荷载、施工荷载及混凝土与模板间的黏结力等。具体计算可参考相关设计规范。

2. 钢筋施工

（1）钢筋在使用前必须进行冷拉、冷弯等力学试验，合格后方可使用。

（2）钢筋经调直、去污后，即可按图纸要求进行下料工作。

（3）钢筋接头尽量采用电焊。

（4）钢筋的接头按规范要求错开布置。

（5）为保证混凝土保护层厚度，在钢筋与模板之间设置砂浆垫块，并在平面上呈梅花形布置。

（6）在板两端50cm处各预埋2个吊钩，便于以后起吊。

（7）埋入板梁的各连接件的埋设位置应准确。

（8）钢筋安装完毕后应进行隐蔽工程验收。

3. 混凝土浇筑

（1）浇筑前先检查模板是否牢固，是否有杂物，脱模剂是否已涂刷，钢筋位置是否准确等。

（2）混凝土浇筑时先浇底板，再浇侧面与顶板。各层混凝土的浇筑工作不应间断，前后层混凝土浇筑的间隔时间应尽量缩短。梁板构件浇筑完毕后，应标明型号、制作日期和上下方向。

（3）使用插入式振捣棒进行振捣时，其移动间距不得超过振捣棒作用半径的1.5倍，与侧模应保持一定的距离，且插入下层混凝土5~10cm。使用时做到快插慢拔，应避免振捣棒碰撞模板、钢筋及预埋件。对每一振捣部位，必须振捣到该部位混凝土密实为止，密实的标志是混凝土面停止下沉，不再冒气泡，表面平坦、泛浆。

（4）板梁预制时应采取措施固定芯模，防止芯模上浮，同时应保证空心板尺寸符合设计要求。

（5）板梁顶面必须拉毛，沿垂直于跨径方向划槽，槽深0.5~1cm，横贯板面，每延米板长不少于10~15道。

（6）浇筑梁板混凝土时，现场制作两组试块。一组试块与梁同条件养护，其强度作为控制吊装时间的依据；另一组采用标准养护，其强度作为28d验收强度。

（7）空心板梁封端。内模脱模后即可进行板梁封端施工，施工前应先将接缝处凿毛并冲洗干净，然后设置钢筋网，浇筑封端混凝土，并养护。

4. 梁板混凝土的养护

梁板混凝土浇筑完毕，应在收浆后尽快覆盖麻袋并洒水进行养护，覆盖时不得损伤和污染混凝土的表面。混凝土洒水养护7d。混凝土强度达到2.5MPa前不得使其承受行人、运输工具、模板等的荷载。

要特别注意板梁的养护，混凝土强度达到85%以后才能起吊，运输、堆放时应在板端部采用两点支撑，不得使上下面倒置，预制板梁的存放期不得超过60d。

任务8.2　先张法预应力梁预制方法

任务描述：先张法预应力梁预制方法是先张拉预应力钢筋、后浇筑混凝土的施工方法，该施工方法主要适用于预应力空心板梁等的施工。

一、先张法预应力空心板梁施工工艺流程

先张法预应力空心板梁施工工艺流程如图8-5所示。

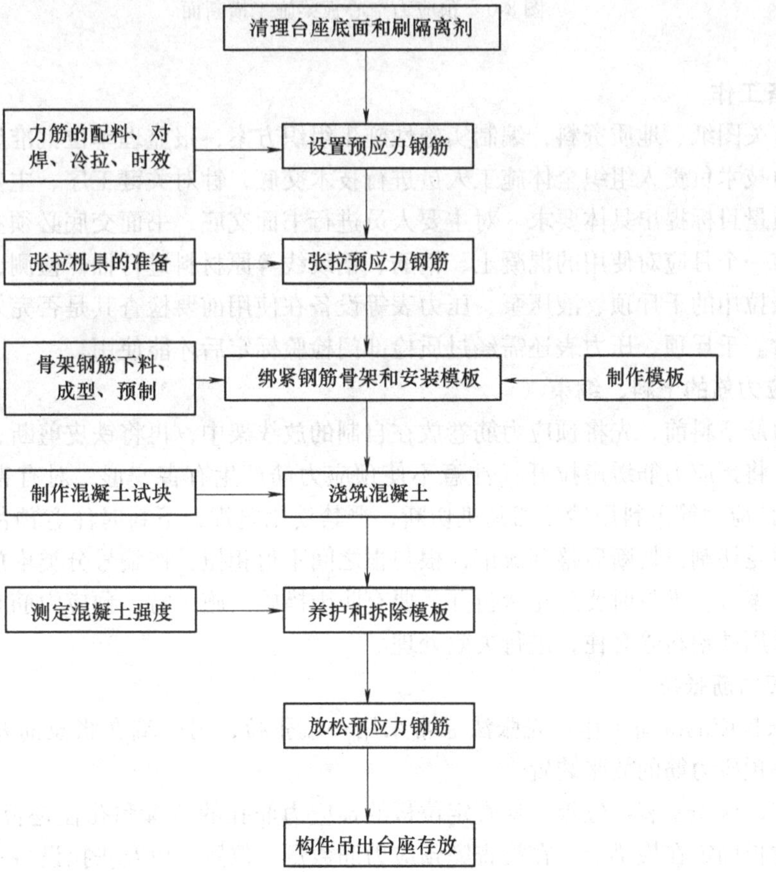

图8-5　先张法预应力空心板梁施工工艺流程

二、预应力空心板梁施工技术要点

预应力空心板梁施工横断面如图 8-6 所示。

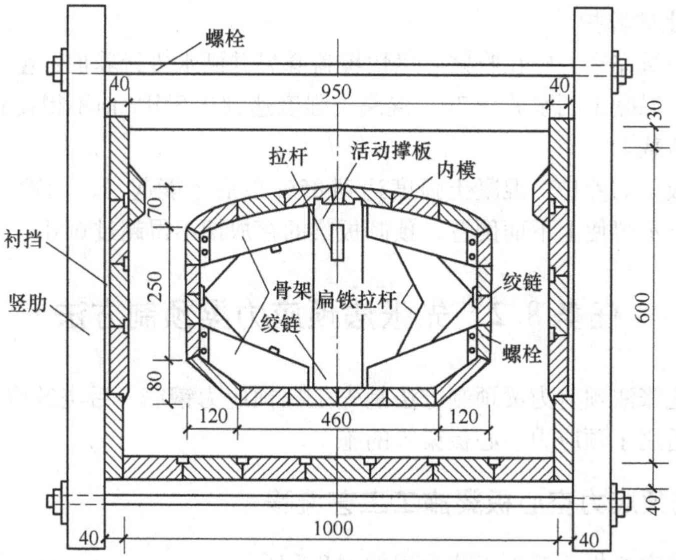

图 8-6　预应力空心板梁施工横断面

1. 准备工作

根据有关图纸、地质资料，编制实施性施工组织方案，报监理单位批准后实施。工程开工前，应由技术负责人组织全体施工人员进行技术交底，针对关键工序、主要技术要求、质量标准、质量目标提出具体要求。对主要人员进行书面交底，书面交底必须签字齐全。

施工前一个月应对使用的混凝土、钢筋、钢绞线等原材料进行抽样检测，检测合格后方能使用。张拉用的千斤顶、液压泵、压力表等设备在使用前要检查其是否完好，确保各项性能指标正常。千斤顶、压力表还需经过质检部门检验标定后才能使用。

2. 预应力筋的下料、编束

预应力筋下料前，先将预应力筋卷放在自制的放线架中，再将铁皮剪断；然后抓住预应力筋一端，将预应力筋缓慢拉开（注意不使预应力筋产生有害变形，对有害变形的部分必须除掉）。预应力筋下料用砂轮切割机切断，严禁使用电焊，下料时注意预留工作长度。预应力筋用砂轮切割机切断后整理成束，根与根之间不得相扭，按编号分类堆放，并挂牌标出长度及设计编号。堆放时要防止弯折并且要有防雨措施。施工时，预应力筋有效长度范围以外的部分采用硬塑料管套住，进行失效处理。

3. 预应力筋张拉

（1）张拉前的准备工作。先张法通常采用一端张拉，另一端在张拉前要设置好固定装置或安放好预应力筋的放张装置。

张拉前，应先安装定位板，检查定位板的预应力筋孔的位置和孔径是否符合设计要求，然后将定位板固定在横梁上。在检查完预应力筋数量、位置，以及张拉设备和锚具后，方可进行张拉。

（2）张拉程序。预应力筋张拉程序见表8-1。

表8-1　预应力筋张拉程序

预应力筋种类		张拉程序
钢丝、钢绞线	夹片式等具有自锚性能的锚具	普通松弛力筋；0→初应力→$1.03\sigma_{con}$（锚固）
		低松驰力筋；0→初应力→σ_{con}（持荷5min锚固）
	其他锚具	0→初应力→$1.05\sigma_{con}$（持荷5min）→0→σ_{con}（锚固）
螺纹钢筋		0→初应力→$1.05\sigma_{con}$（持荷5min）→$0.9\sigma_{con}$→σ_{con}（锚固）

注：1. 表中σ_{con}为张拉时的控制应力值，包括预应力损失值。

2. 超张拉数值超过表规范规定的最大超张拉应力限值时，应按规定的限制张拉应力进行张拉。

3. 张拉螺纹钢筋时，应在超张拉并持荷5min后放张至$0.9\sigma_{con}$时再安装模板、普通钢筋及预埋件等。

（3）张拉控制数据计算

1）预应力筋的理论伸长值ΔL（mm）可按下式计算：

$$\Delta L=\frac{P_{P}L}{A_{P}E_{P}}$$

式中　P_P——预应力筋的平均张拉力（N）；

L——预应力筋的长度（mm）；

A_P——预应力筋的截面面积（mm^2）；

E_P——预应力筋的弹性模量（N/mm^2）。

2）实际伸长值的量测及计算方法。预应力筋张拉时，应先调整到初应力σ_0，该初应力宜为张拉控制应力σ_{con}的10%～25%，伸长值应从初应力时开始量测。预应力筋的实际伸长值除量测的伸长值外，还必须加上初应力以下的推算伸长值。对后张法构件，在张拉过程中产生的弹性压缩值一般可省略。

预应力筋张拉的实际伸长值ΔL（mm），可按下式计算：

$$\Delta L=\Delta L_1+\Delta L_2$$

式中　ΔL_1——从初应力至最大张拉应力间的实测伸长值（mm）；

ΔL_2——初应力以下的推算伸长值（mm），可采用相邻级的伸长值。

3）伸长值控制。预应力筋采用应力控制方法张拉时，应以伸长值进行校核，实际伸长值与理论伸长值的差值应符合设计要求，设计无规定时，实际伸长值与理论伸长值的差值应控制在6%以内，否则应暂停张拉，待查明原因并采取措施予以调整后，方可继续张拉。

（4）张拉操作

1）调整预应力筋长度。采用螺杆锚具，拧动端头螺母，调整预应力筋长度，使每根预应力筋受力均匀。

2）初始张拉。一般施加10%的张拉应力，将预应力筋拉直，锚固端和连接器拉紧，在预应力筋上面选定适当的位置刻画标志，作为测量延伸量的基点。

3）正式张拉。一端固定，另一端多根张拉。千斤顶必须同步顶进，保持横梁平行移动。预应力筋应均匀受力，分级加载拉至控制张拉应力。

4）持荷。张拉达到控制应力后持荷2min，以减少预应力筋锚固后的应力损失。

5）锚固。补足或放张预应力筋的拉力至控制应力，测量、记录预应力筋的延伸量，并核对实测值与理论计算值，其误差应符合规定，如不符合规定，则应找出原因及时处理。张拉满足要求后，锚固预应力筋，千斤顶回油至零。

4. 钢筋加工及安装

钢筋下料、弯制加工在加工棚统一完成，在预制台座上绑扎成型。为增加钢筋骨架的整体性，应绑扎牢固，增加焊点数量，并确保钢筋保护层厚度。混凝土浇筑前应检查各种预埋件的数量及位置是否准确。钢筋下料加工时，弯制尺寸和各项技术指标必须符合施工规范要求。

5. 模板安装

模板采用特制钢模，立模前先对梁体钢筋进行自检，自检合格后再由监理工程师检查，检验合格后方可立模。模板采用轨道式起重机配合人工分节拼装，拼装接缝加塞海绵条止浆带，以防漏浆。安装模板时严格控制各部位的尺寸，并采取可靠的加固措施，侧模与底模每2m设一道拉杆，侧模与侧模间用螺杆连接，确保在浇筑混凝土和振捣过程中不变形、不移位。待板底混凝土浇筑完后，安装充气橡胶芯模（简称芯模），绑扎上部未绑扎的钢筋，再继续进行混凝土浇筑作业。浇筑混凝土时应采取严格的防护措施，防止芯模上浮或下沉，保证各部分结构尺寸的准确性。

6. 混凝土浇筑

混凝土浇筑前要检查模板的安装尺寸、接缝、拉杆螺栓、拼接螺栓，确保模板安装尺寸准确，支立牢固，并报监理工程师检验合格后方可进行混凝土浇筑。

混凝土采用商品混凝土，用混凝土运输车将混凝土运至预制场后，浇筑前必须做坍落度试验，坍落度应控制在5~7cm，保证混凝土具有良好的和易性，并严格控制水灰比。同时，抽样制作不少于4组的抗压试块，其中1组放在梁体旁边与板梁同条件养护。混凝土运至预制场后卸入圆形料斗，通过轨道式起重机吊起料斗人工配合入模。混凝土用插入式振捣棒振捣，振捣范围和时间要适当，应保证芯模下的混凝土振捣密实。振捣标准为混凝土不再下沉，无气泡上升，表面平坦并有薄层水泥浆出现。先浇筑底板混凝土，等芯模安放完毕后，再浇筑腹板和顶板混凝土，浇筑时要防止芯模漏气。混凝土浇筑过程中随时检查模板加固情况，漏浆处及时堵塞。混凝土浇筑完后应及时整平收浆，终凝前将梁顶面拉毛，以利于桥面铺装层与梁体结合。

7. 充气橡胶芯模的抽取

为了防止芯模在浇筑混凝土时发生偏移和上浮，在原设计的基础上，增加芯模限位钢筋。芯模抽取的时机，影响着空心板的成型：抽取过早，混凝土下沉坍落，使空心板形成裂缝，甚至空洞；抽取过晚，混凝土凝固，造成芯模与混凝土粘接，很难拔出。抽取时机受环境温度影响，一般在混凝土浇筑完3~12h，强度达到4~8MPa时，可拔出芯模。

8. 养护、拆模

混凝土养护采用常规洒水养护。混凝土浇筑完毕终凝后，使用塑料管直接往混凝土表面洒水。拆模后用塑料薄膜包裹梁体，压好四周，进行养护，并往塑料薄膜内浇水。养护时间一般不少于10d。

9. 预应力筋放张

当混凝土达到设计规定的放张强度之后，即混凝土强度达到设计强度的90%时，可在台座上放张预应力筋，对预制梁施加预应力。放张采用砂箱法时，打开出砂口，让砂缓慢流出，从而达到缓慢放张的目的。放砂速度应均匀一致，分四次完成，每次间隔20min。放张完成后，采用手持砂轮机切割，切割时预应力筋的放张顺序应符合设计规定，设计未规定时，应分阶段、均匀、对称、相互交错地放张。切割后的外露端头应用砂浆封闭或涂刷防蚀材料，防止生锈。

10. 移板、存梁

在每片梁侧面标注浇筑日期、梁的编号，以免吊装时混乱。吊装前应对吊装队伍进行施工技术交底和安全技术交底，并对轨道式起重机进行调试和试运行，检查行走系统、制动系统、起重系统等，确保各项性能完好。轨道式起重机吊起空心板，轨道式起重机天车横移行走，移板至存梁场存放。梁体存放时，在空心板两端设置支点，不得使上下面倒置，吊装时严禁利用锚栓孔进行捆绑吊装；同时，采取可靠措施，不使梁产生负弯矩。梁体存放时间不得大于60d，以防起拱度过大。

三、质量验收标准

梁（板）预制项目见表8-2，梁（板）安装实测项目见表8-3。

表8-2　梁（板）预制实测项目

检查项目			规定值或允许偏差
混凝土强度/MPa			在合格标准内
梁(板)长度/mm			+15，−10
宽度/mm	干接缝(梁翼缘、板)		±10
	湿接缝(梁翼缘、板)		±20
	箱梁	顶宽	±30
		底宽	±20
高度/mm	梁、板		±5
	箱梁		+0，−5
断面尺寸/mm	顶板厚		+5，−0
	底板厚		
	腹板或梁肋		
平整度/mm			5
横系梁及预埋件位置/mm			5

表8-3　梁（板）安装实测项目

检查项目		规定值或允许偏差
支座中心偏位/mm	梁	5
	板	10
倾斜度		1.2%
梁(板)顶面纵向高程/mm		+8，−5
相邻梁(板)顶面高差/mm		8

任务 8.3　后张法预应力梁预制方法

任务描述：后张法预应力梁预制方法的施工步骤是先浇筑混凝土，后进行预应力筋张拉，该施工方法主要适用于T形梁、小箱梁等。

下面以小箱梁为例讲解采用后张法预应力梁预制方法施工的工艺流程及主要技术要点。

一、小箱梁采用后张法预应力梁预制方法施工的工艺流程

小箱梁采用后张法预应力梁预制方法施工的工艺流程如图 8-7 所示。

箱梁施工主要工艺：模板加工及安装→钢筋加工、安装及波纹管定位→混凝土浇筑→拆模、养护→张拉、孔道压浆→封端。

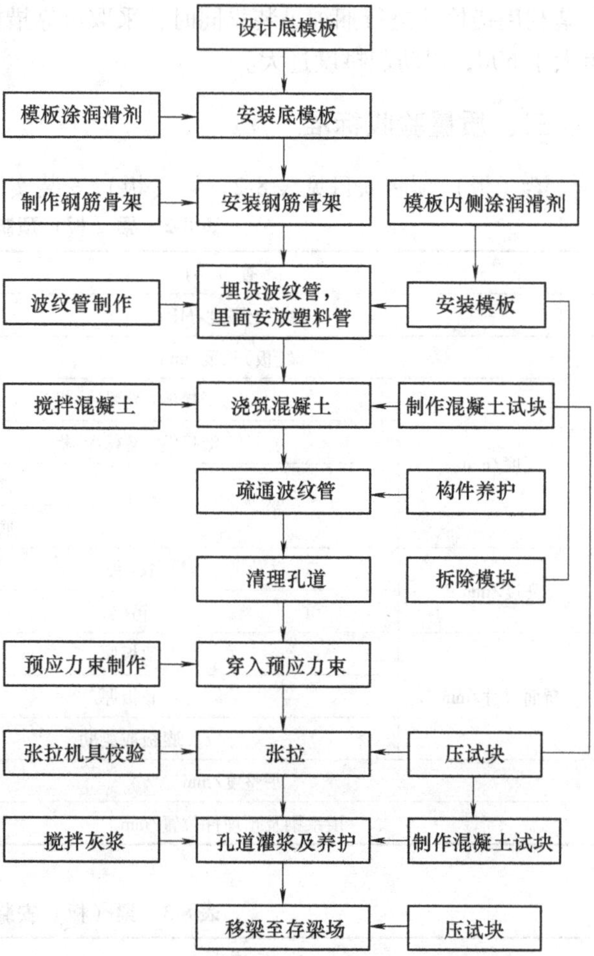

图 8-7　小箱梁采用后张法预应力梁预制方法施工的工艺流程

二、施工技术要点

1. 模板加工及安装

（1）模板加工。在模板安装前，对底板、外模及内模用磨光机进行打磨，清除表面锈迹；然后再用干海绵擦除附着在模板表面的灰尘，保证模板和底板表面洁净、无污染。待模板清除干净后，再用辊刷粘上脱模剂对外模、底模进行涂刷（涂刷要均匀），最后方可安装模板。

（2）模板安装。以上工作按要求完成后进行模板安装。安装模板可以由轨道式起重机配合人工安装，在安装模板前要检查台座上口与侧模接缝处槽钢内的橡胶管是否完好。模板安装时要保证接缝平整、严密，如有错台或缝隙，要及时处理。

2. 钢筋加工、安装及波纹管定位

在钢筋加工前要仔细研究图纸，要严格按照图纸进行加工。

（1）钢筋的下料与成型。此项工作主要是通过调直机、切断机、弯曲机、切割机、电焊机等设备，将不同型号的钢筋制作成符合设计尺寸的构件。需注意的是，各种机械设备的使用和摆放应符合操作要求。

（2）对波纹管的坐标（包括竖向和横向）进行调整，使其位置满足设计要求，并用卡筋或扎丝将波纹管牢固地固定在定位筋上，以避免浇筑混凝土时波纹管受外力移位。

图8-8　小箱梁模板构造

（3）检查钢筋的数量、间距是否正确，布置是否横平竖直。

（4）钢筋上不可有松散的锈皮、油类物质、泥土或其他杂质。

3. 混凝土浇筑

混凝土浇筑时从一端至另一端有序进行，底板、腹板、顶板同时对称分层摊铺，分层振捣完成。

（1）混凝土拌和准备。在浇筑前应对拌和机、运输车辆及相关设备进行检验。混凝土拌和前，应对原材料做含水试验。搅拌站操作人员接到通知后开始准备混凝土拌和。为保证混凝土拌和质量，首先要试拌，按实验室提供的配合比进行配料，并按实际原材料的含水率控制水灰比，拌和时间应不小于规定时间，混凝土检查合格后方可大量生产。在浇筑过程中，应严格按照施工配合比进行拌和，并进行规定的试验检测。因混凝土浇筑时，不能有超过浇筑混凝土允许间断时间的停顿，故应加强浇筑混凝土前的准备工作。准备工作如下：

1）供电设备检查，确保其能正常工作。

2）混凝土运输便道的清理。

3）插入式振捣棒的调试。

4）在容易漏浆的地方加以封堵。

5）原材料的充分准备。

6）机械的准备。

7）如夜间施工，照明灯具的准备。

8）为防止在混凝土浇筑过程中，振捣棒不慎触及、破坏波纹管，致使水泥浆进入管道造成堵塞，对后面的预应力筋张拉工作造成困难，应预先在波纹管中穿入较小直径的塑料管，梁的两端应留1～2m的工作长度。

（2）混凝土浇筑。腹板部位的混凝土以高频附着式振动器振捣为主，插入式振捣棒振捣为辅。预应力管道以上梁腹部位的混凝土主要依靠振捣棒振捣。T形梁顶板部位的混凝土采用平板振动器和振捣棒振捣。混凝土浇筑的主要技术要点：

1）混凝土浇筑时应从箱梁一端开始，分层浇筑，每层不能超过30cm，必须保证在浇筑混凝土允许间断时间内完成上层混凝土浇筑。

2）在混凝土浇筑时，应由专人负责全面的指挥工作。振捣、放料必须由专人负责，在前层混凝土没有出浆前，后层混凝土不能放灰。指挥人员密切观察混凝土的振捣情况，发现问题要及时处理。

3）混凝土浇筑过程中不允许振捣棒触及钢筋与波纹管。

4）收面板混凝土时，表面不能漏筋。要用木镘刀收成带一定坡度的平面，表面平整且无碎石裸露，不能有脚印。

5）混凝土浇筑结束，要详细检查预埋件的位置是否正确，发现移位要在混凝土初凝前纠正。

（3）混凝土振捣注意事项

1）高频振动器的振捣应与浇筑混凝土同步进行，时间控制在 10 ~ 15s 之间。

2）插入式振捣棒应快插慢拔。

3）插入式振捣棒的移动间距不得超过振捣棒作用半径的 1.5 倍，高频振动器的移动间距应使振动器的作用半径能覆盖已振实部分 10cm 左右。

4）插入式振捣棒要垂直插入混凝土内，且插入下层混凝土 5 ~ 10cm。

5）不能在模板内利用振捣棒使混凝土长距离流动或运送混凝土，以免造成混凝土离析。

6）在振捣腹板混凝土时，第一步用高频附着式振动器振捣，第二步用插入式振捣棒振捣，直至混凝土面停止下沉，不再冒出气泡，表面平坦、泛浆为止。

7）混凝土振捣要防止灰浆自流充填锚固区。

4. 拆模、养护

（1）混凝土浇筑完成，待表面收水并硬化后立即进行覆盖养护，并立即洒水，时刻保持顶板表面湿润。应洒水养护 7d 以上。

（2）模板顶开后从顶板与模板之间的缝隙处往里洒水，以保持腹板湿润。

（3）当气温低于 5℃时，应采用保温养护的措施，不得向混凝土表面洒水。

5. 张拉

混凝土强度达到规定要求后，从箱梁两端同时对称张拉。由与张拉力相对应的压力表读数控制张拉力，辅以伸长量校核。

（1）预应力筋理论伸长值（ΔL）计算

$$\Delta L = \frac{P_{\mathrm{P}} \times L}{A_{\mathrm{P}} \times E_{\mathrm{P}}}$$

式中 ΔL——预应力筋理论伸长值（mm）；

P_{P}——预应力筋的平均张拉力（N）；

A_{P}——预应力筋的截面面积（mm^2）；

E_{P}——预应力筋的弹性模量（$\mathrm{N/mm}^2$）；

L——预应力筋的长度（mm）。

（2）张拉设备包括张拉架、千斤顶、液压泵、压力表、工具锚盘、工具夹片、限位板。

（3）后张法预应力张拉程序见表 8-4。

6. 孔道压浆

孔道压浆是用活塞式压浆泵将水泥浆压入管道内，使水泥浆注入预应力筋间隙，充填管道空隙，让预应力筋与梁体混凝土结合为整体。

表8-4　后张法预应力张拉程序

锚具和预应力筋类别		张拉程序
夹片式等具有自锚性能的锚具	钢绞线束	普通松弛力筋；0→初应力→1.03σ_{con}（锚固）
	钢丝束	低松弛力筋；0→初应力→σ_{con}（持荷5min锚固）
其他锚具	钢绞线束	0→初应力→1.05σ_{con}（持荷5min）→σ_{con}（锚固）
	钢丝束	0→初应力→1.05σ_{con}（持荷5min）→σ_{con}（锚固）
螺母锚固锚具	螺纹钢筋	0→初应力→σ_{con}（持荷5min）→0→σ_{con}（锚固）

注：1. 表中σ_{con}为张拉时的控制应力，包括预应力损失值。

2. 两端同时张拉时，两端千斤顶升降压、画线、测伸长、插垫等工作应基本一致。

3. 梁的竖向预应力筋建议反复张拉到控制应力，以尽可能消除构件间的非弹性变形，然后按正常张拉程序张拉锚固后测伸长和锚固；也可采用先张拉、锚固，在压浆前再次重新张拉、锚固的方法张拉。

（1）水泥浆配合比与拌制。压浆水泥一般采用硅酸盐水泥或普通硅酸盐水泥。水泥浆采用电动搅拌机拌和。拌和操作程序：先加清水，然后加水泥。拌和时间不少于1min，把拌好的灰浆通过筛孔排入储浆桶内。储浆桶内的灰浆仍要低速搅拌。储浆桶容积不小于压一根管道所需的水泥浆体积。

（2）孔道压浆机具设备及准备工作

1）孔道压浆主要机具设备包括活塞式压浆泵、空气压缩机、水泥浆搅拌机、储浆桶以及操作工具等。实验室还要配备水泥砂浆稠度仪。

2）压浆前在箱梁两端的锚环上安装进出浆短钢管。钢管两端均有螺扣，一端与锚环预留孔（螺孔）连接，另一端在压浆操作时与阀门连接。

3）箱梁两端的锚环夹片和预应力筋有间隙，应提前采用早强水泥（纯水泥稠浆不加砂）封堵锚头，要求封锚密实牢固，以防压浆时渗水和破裂。

4）冲洗预应力管道。先用空气压缩机吹洗管道中的污物，之后向管道中注水，并用空气压缩机将水冲洗干净，但仍要保持管道润湿。

（3）压浆。当锚具上的水泥砂浆强度上升至能抵抗压浆产生的压力时，即可进行孔道压浆。

1）孔道压浆采用活塞式压浆泵。吸浆泵头放在储浆桶内，压浆管与箱梁进浆钢管连接，中间设进浆阀门（也可采用软塑料管，不设阀门），箱梁另一端安装排浆控制阀门（也可采用螺扣堵头，不设阀门）。管道压浆遵循先下后上的原则。

2）压浆操作。起动压浆泵，打开进浆阀门和排浆阀门，水泥浆从进浆管压入箱梁管道内。开始时压力要小，然后逐步增加。当排浆孔出浆时，应让废水泥浆全部排出，直到排出的水泥浆和压入的水泥浆的稠度相同时为止。关闭排浆阀门进行稳压（或用堵头堵塞出浆管口），压力控制在0.5～0.7MPa，压力表数值下降时要进行补浆增压。稳压2min后关闭进浆阀门，拆除压浆管，孔道压浆结束。

（4）压浆注意事项

1）冬期施工时，严禁预应力管道内有积水。夏季环境温度高于35℃时，压浆作业宜安排在夜间。

2）冲洗管道时，如管道有串孔现象，应采取措施进行处理；如无法处理，应判明串孔数量，在压浆时几个串孔同时压注。

3）孔道压浆因故中断，短时间内不能恢复正常作业时，应使用压浆泵压清水冲洗管道，并要求冲洗干净；再用空气压缩机把管道内的积水吹排出来。

4）压浆操作人员应戴防护眼镜，以防水泥浆喷伤眼睛。

7. 封端

封端是将箱梁端头外露的预应力筋、锚具用混凝土保护起来，并且成为梁体的组成部位。当箱梁吊运至梁底座后，即可用切割机将露在工作锚盘外的预应力筋割除（注意应留出2~3cm的锚前预应力筋），之后焊接封端钢筋、安装模板、浇筑混凝土。在此施工中需注意以下问题：

（1）封端前应先把梁端清理干净，清除锚垫板上的灰浆，梁端混凝土断面要凿毛。

（2）检验箱梁长度等尺寸，混凝土浇筑后应安排洒水养护。

三、质量验收标准

后张法预应力筋断丝、滑移限制见表8-5，后张法预应力筋制作、安装允许偏差见表8-6。

表8-5 后张法预应力筋断丝、滑移限制

类别	检查项目	控制数
钢丝束和钢绞线束	每束钢丝断丝或滑丝	1根
	每束钢绞线断丝或滑丝	1丝
	每个断面断丝之和不超过该断面钢丝总数的	1%
单根钢筋	断筋或滑移	不允许

注：1. 钢绞线断丝是指单根钢绞线内钢丝的断丝。
2. 超过表列控制数时，原则上应更换，当不能更换时，在许可的条件下，可采取补救措施，如提高其他束预应力值，但须满足设计对各阶段极限状态的要求。

表8-6 后张法预应力筋制作、安装允许偏差

项目		允许偏差/mm
管道坐标/mm	梁长方向	±30
	梁高方向	±10
管道间距/mm	同排	10
	上下层	10

任务8.4 装配式梁桥的安装

任务描述：大梁安装是装配式梁桥施工的一个重要工序，每个桥梁的位置环境不一样，安装方案也不一样，尤其是一些大桥，安装方案要专门研究。本次任务介绍一些大梁运输、安装的常用方法。

一、预制板、梁的出坑、堆放

为了将预制的钢筋混凝土梁或预应力混凝土板、梁从预制场运往桥孔现场，首先要把它

从预制底座上移出来，称为“出坑”。钢筋混凝土构件在混凝土强度达到设计强度的75%、预应力混凝土构件在预应力筋张拉完成后，即可进行这一项工作。

预制构件吊离底座时，可根据构件质量、外形尺寸和设备条件等采用不同的起吊设备。常用的起吊设备有轨道式起重机、轮式起重机。

预制构件出坑、堆放时应注意以下几点：

（1）装配式预制构件在出坑、移运、堆放时，混凝土强度不应低于设计对吊装所要求的强度，且不宜低于设计强度的75%；对于预应力混凝土构件孔道压浆，在预应力筋张拉锚固后，孔道应尽早压浆，且应在48h内完成，否则应采取避免预应力筋锈蚀的措施。

（2）预制构件在出坑前，拆模后应检查其实际尺寸，伸出的预埋钢筋（或钢板）、吊环的位置，以及混凝土的质量，并根据有关规定进行修补、处理，应使预制构件形状正确、表面光滑，安装时不致发生困难。尖角、突出或细长构件在装卸、移运过程中应用木板进行保护。如有必要，对构件应注上号码。

（3）构件移运时的起吊位置应按设计规定。

（4）构件的吊环应顺直，如发现弯扭必须校正，使吊环能顺利套入。吊绳（千斤绳）交角大于60°时，必须设置吊架或扁担，使吊环垂直受力，以防吊环折断或破坏临时吊环处的混凝土。如用钢丝绳捆绑起吊时，需用木板、麻袋等进行垫衬，以保护混凝土的棱角。

（5）预制板、梁构件移运和堆放时的支点位置应与吊点位置一致，并应支撑牢固。起吊及堆放板式构件时，注意不要吊错上下面位置，以免折断；顶起构件时必须垫好保险垛。构件移运时应有特制的固定架、构件应竖立或稍倾斜放置，注意防止倾覆。如平放，两端吊点处必须设支垫方木，以免产生负弯矩而断裂。

（6）堆放预制构件的场地，应平整压实且不积水。雨季和春季冻融期间，必须注意防止地面软化下沉而造成构件折断和损坏。

（7）预制构件应按吊运及安装次序顺号堆放，并注意在相邻两构件之间留出适当通道。构件堆垛时应设置在垫木上，吊环应向上，标志应向外；构件混凝土养护期未满时，应继续养护。

（8）构件堆放时，应按构件的刚度和受力情况决定平放还是竖放，并保持稳定。水平分层堆放构件时，其堆垛高度应按构件强度、地面耐压力、垫木强度及堆垛的稳定性确定。一般大型构件以2层为宜，不宜超过3层；预制梁堆垛不宜多于4层。小型构件堆放如有折断的可能时，应以其刚度较大的方向作为竖直方向。

（9）堆放构件必须在吊点处设垫木，层与层之间应以垫木隔开，上下层垫木应在一条垂线上。

二、预制梁的运输

预制梁通常在工地预制场或桥梁预制厂内预制，为此需配合吊装架梁的方法，通过一定的运输工具将预制梁运到桥头或桥孔下。从工地预制场到桥头或桥孔下的运输称为场内运输，从桥梁预制厂到桥头或桥孔下的运输称为场外运输。

1. 场内运输

短距离的场内运输可采用起重机配合轨道平板车来实现，这时需敷设钢轨便道，由起重机（或木扒杆）吊起预制梁，横移至钢轨便道，卸落到轨道平板车上。然后用卷扬机牵引至桥头或桥孔下。运输过程中梁应竖立放置，为了防止梁发生倾覆、滑动或跳动，需在梁两侧采用斜撑和木楔等进行临时固定。轨道平板车应设有转向装置，以便于装上梁后能在曲线轨道上运行；同时，还应设有制动设备，以便于在运行过程中随时制动。

场内运输时，为使运输平稳、安全，在卷扬机牵引轨道平板车前进的同时，后面的制动索应跟着缓慢放张，以控制前进的速度。

当采用水上浮式起重机架梁时，需要将预制梁装上船，则钢轨便道应延伸至河边能使驳船靠拢的地方，为此需要修筑一段装船用的临时栈桥（码头）。

2. 场外运输

距离较远的场外运输，通常采用汽车、大型平板拖车、火车或驳船。

受车厢长度、载重量的限制，一般中小跨径的预制梁可用汽车运输。50kN 以内的梁可用轮式起重机装卸；大于 50kN 的梁可用履带式起重机或扒杆装卸。要运较长的梁时，可在汽车上先垫以较长的型钢或方木，再放入梁。梁的支点应放在靠近两端处，以避免道路不平、车辆颠簸引起梁开裂。

特别长的梁应采用大型平板拖车或特制的运梁车运输。使用大型平板拖车运梁时，车长应能满足支撑间距要求，梁装车时需平衡放正，以使车辆承载对称均匀。梁支点下及相邻两梁之间，需垫麻袋或草帘，以防止梁相互碰撞。梁下的支点处需设活动转盘以免搓伤混凝土。预制简支梁运输时应竖立放置，并用斜撑进行支撑（应支在梁腹上，不得支在梁板上，以防梁板根部产生负弯矩而开裂），以防梁倾倒。

梁在起吊和安放时，应按设计规定的位置布置吊点或支撑点。

三、装配式梁桥的安装

预制梁（板）的安装是装配式梁桥施工中的关键性工序，应结合施工现场条件、工程规模、桥梁跨径、工期条件、架设安装的机械设备条件等具体情况，合理选择架梁的方法。

对于简支梁（板）的安装设计，一般包括起吊、纵移、横移、落梁（板）就位等工序。按架设的工艺分类，架梁方法有陆地架梁法、浮运架梁法和高空架梁法等。《公路施工手册——桥涵》详细介绍了预制梁安装的十几种方法，可供参考。这里简要介绍几种常用的架梁方法。

1. 陆地架梁法

（1）移动式支架架梁法。移动式支架架梁法是在架设孔的地面上，顺桥轴线方向敷设轨道，其上设置可移动支架，预制梁的前架搭在支架上，通过移动支架将梁移运到要求的位置后，再用起重机或人字扒杆吊装；或者在桥墩上设枕木垛，用千斤顶卸下，再将梁横移就位。移动式支架架梁法如图 8-9 所示。

利用移动支架进行架设，设备较简单，但可安装重型的预制梁；无动力设备时，可使用手摇卷扬机或移动支架进行架设。但不宜在桥孔下有水、地基过于松软的情况下使用，一般也不适合于桥墩过高的场合，因为这时为保证支架安全，支架必须很高大，这会显著增加费用支出。

（2）摆动式支架架梁法。摆动式支架架梁法是将预制梁（板）沿路基牵引到桥台上并稍悬出一段，悬出长度根据梁的截面尺寸和配筋确定。从桥孔中心河床上设置人字扒杆或木支架（图 8-10），前方用牵引卷扬机牵引梁（板）端，此时支架随之摆动而到达对岸。为防

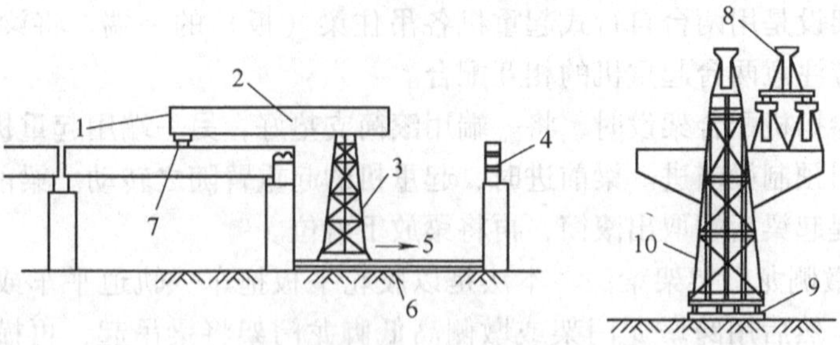

图8-9　移动式支架架梁法

1—后拉绳　2—预制梁　3—移动式支架　4—枕木垛　5—拉绳　6—轨道　7、9—平车　8—梁　10—移动支架

止摆动过快，应在梁（板）的后端用制动卷扬机进行制动。

摆动式支架架梁法较适宜于桥梁高跨比稍大的场合。当桥孔下有水时也可用此法架梁，但需在水中设一个简易小墩，以供设立木支架用。

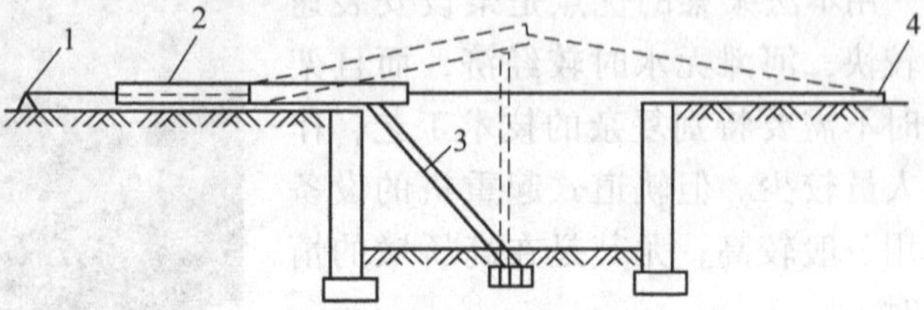

图8-10　摆动式支架架设法

1—移动绞车　2—预制梁　3—支架　4—牵引绞车

（3）自行式起重机架梁法。由于大型自行式起重机的逐渐普及，且自行式起重机本身有动力，不需要架设桥梁用的临时动力设备，不必进行任何架设设备的准备工作，不需要其他的技术工种。因此，一般中小跨径的预制梁（板）的架设安装越来越多地采用自行式起重机。

自行式起重机架梁法又可以分为一台起重机架设、两台起重机架设、起重机和卷扬机配合架设等。

当预制梁质量不大，而起重机又有相当的起重能力，河床坚实无水或少水，允许起重机行驶、停搁时，可用一台起重机架设。这时，应注意钢丝绳与梁面的夹角不能太小，一般以45°～60°为宜，否则应使用起重梁（扁担梁）。自行式吊机架梁如图8-11所示。

图8-11　自行式吊机架梁

两台起重机架设是用两台自行式起重机各吊住梁（板）的一端，将梁（板）吊起并架设安装。施工时应注意两台起重机的相互配合。

用起重机和卷扬机配合架设时，将一端用滚筒支垫好，另一端用起重机吊起，前方用卷扬机或绞缆筒牵引预制梁前进。梁前进时，起重机的起重臂随之转动。梁前端就位后，起重机行驶到后端，提起梁后端取出滚筒，再将梁放下就位。

（4）跨墩或墩侧龙门架架梁法。本法是以胶轮平板拖车、轨道平车或跨墩龙门架将预制梁运送到桥孔，然后用跨墩龙门架或墩侧高低脚龙门架将梁吊起，再横移到梁的设计位置，最后落梁就位完成架梁工作。

搁置龙门架脚的轨道基础要按承受最大反力时能保持安全的原则进行加固处理。河滩上如有浅水，可在水中填筑临时路堤；水稍深时，可考虑修建临时便桥，在便桥上敷设轨道。本法应与其他架设方法进行技术经济比较以决定取舍。

用本法架梁的优点是架设安装速度较快，河滩无水时较经济，而且架设时不需要特别复杂的技术工艺，作业人员较少。但轨道式起重机的设备费用一般较高，尤其是在高桥墩的情况时。

跨墩龙门架如图 8-12 所示。预制梁可由轨道平车运送至桥孔，如两台轨道式起重机能够自行且能同步运行，也可利用跨墩龙门架将梁吊着运送到桥孔，再吊起横移到梁的设计位置，然后落梁就位。

图 8-12　跨墩式墩侧龙门架架梁法

墩侧高低脚龙门架架设程序与跨墩龙门架基本相同，但预制梁必须用轨道平车或胶轮平板拖车运送至桥孔。

2. 浮运架梁法

浮运架梁法是将预制梁用各种方法移装到浮船上，并浮运到架设孔以后就位安装。采用浮运架梁法时，应有以下条件：河流需有适当的水深，水深需根据梁重确定，一般宜大于2m；水位应平稳或涨落有规律，如潮汐河流；水流流速及风力不大；河岸能修建装卸码头；具有坚固适用的船只。浮运架梁法的优点是桥跨中不需要设置临时支架，可以用一套浮运设备架设安装多跨同孔径的预制梁，较为经济，且架梁时浮运设备停留在桥孔的时间很短，不影响河流通航。

浮运架梁法采用以下两种方法：

（1）预制梁装船浮运至架设孔再起吊安装就位。装梁上船一般采用引道栈桥码头，用龙门架吊着预制梁上船，如图 8-13 所示。

预制梁较短、质量较轻时，可装载在一艘浮船上。如预制梁较长且较重时，可装载在两艘浮船上或以多艘浮船连成两组使用。不论浮船多少，预制梁的支撑处不宜多于两处，并由荷载分布确定。预制梁支撑处两端的伸出长度应考虑浮船进入架设孔便利，同时应考虑因两端伸出在支撑外而产生负弯矩，在浇筑梁体时应适当加固，防止开裂。

（2）浮船支架拖拉架梁法。此法是将预制梁的一端纵向拖拉到岸边的浮船支架上，再用与移动式支架架梁法相同的方法沿桥轴线拖拉浮船至对岸，预制梁也相应拖拉至对岸；当梁前端抵达安装位置后，用龙门架或人字扒杆安装就位，如图8-14所示。

图8-13　预制梁装船浮运至架设孔再起吊安装就位

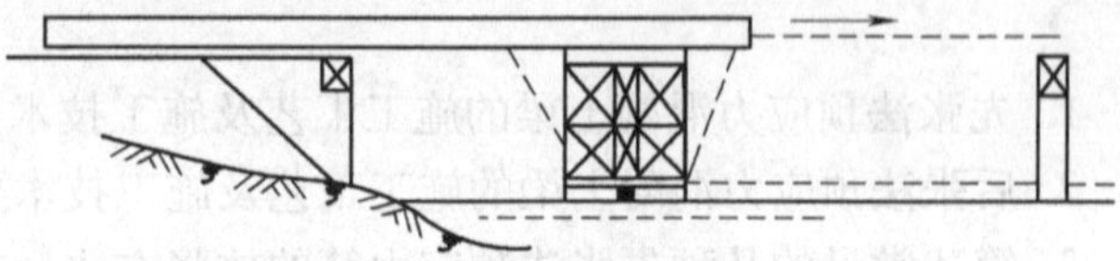

图8-14　浮船支架拖拉架梁法

预制梁装船的方法，应根据梁的长度、质量，以及河岸的情况选用不同的方法。对于河边有垂直驳岸，预制梁既不太长又不太重时，可采用大起重量、大伸幅的轮式起重机或履带式起重机将梁从岸上吊装到浮船上，或用大起重量、大伸幅的浮式起重机将梁从岸上吊装到浮船上。必须修建栈桥码头时，可用栈桥码头将预制梁纵向拖拉上船，也可用栈桥码头横移预制梁上船，但此时必须与河岸垂直修建两座栈桥，其间距等于预制梁的长度。

3. 高空架梁法

（1）联合架桥机架梁。此法适用于架设安装高度在30m以下的多孔桥，其优点是完全不设桥下支架，不受水流影响，架设过程中不影响桥下通航、通车，预制梁的纵移、起吊、横移、就位都较方便。缺点是架设设备用钢量较多，但可周转使用。

联合架桥机由两套起重机、一个托架（即蝴蝶架）、一根两跨长的钢导梁组成。钢导架由贝雷片装配，梁顶面敷设运梁平车和蝴蝶架行走的轨道。起重机由工字梁组成，并在上下翼缘处及接头的地方用钢板加固。起重机的顶横梁上设有吊梁用的行走小车，为了不影响架梁的净空位置，其立柱做成拐脚式（俗称拐脚龙门架）。起重机的横梁高程，由两根预制梁叠起的高度加上平车及起吊设备的高度确定。蝴蝶架是专门用来托运起重机转移的，它由角钢组成。整个蝴蝶架放在平车上，可沿导梁顶面的轨道行走。

联合架桥机架梁顺序如下：

1）在桥头拼装钢导梁，梁顶敷设钢轨，并用卷扬机纵向拖拉导梁就位。

2）拼装蝴蝶架和起重机，用蝴蝶架将两个起重机运至架梁孔的桥墩（台）上。

3）用平车轨道运送预制梁至架梁孔位，将导梁两侧可以安装的预制梁用两个起重机吊起，横移并落梁就位。

4）将导梁所占位置的预制梁临时安放在已架设好的梁上。

5）用卷扬机纵向拖拉导梁至下一孔后，将临时安放的梁用起重机架设就位，完成一孔梁的架设工作，并将各梁焊接起来。

6）在已架设的梁上铺接钢轨，再用蝴蝶架按顺序将两个起重机托起并运至前一孔的桥墩上。如此反复，直至将各孔梁全部架设好为止。

（2）自行式起重机桥上架梁法。在预制梁跨径不大、质量较轻且能运抵桥头引道时，可直接用自行式起重机来架梁。但是，对于架桥孔的主梁，当横向尚未连成整体时，必须核算其承载能力。此种架梁方法简单方便，几乎不需要任何辅助设备，如图 8-15 所示。

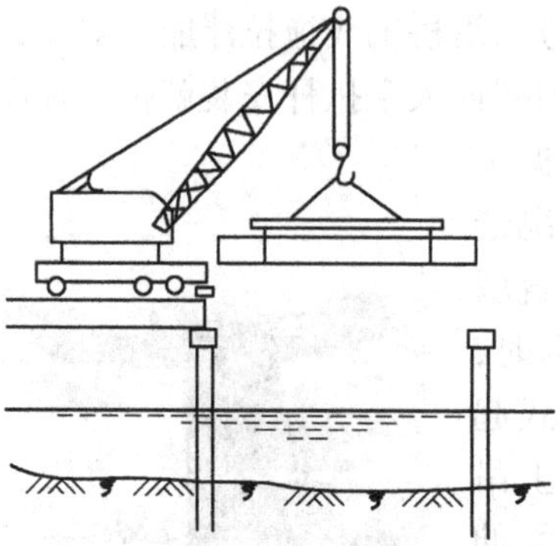

图 8-15　自行式起重机桥上架梁法

思　考　题

1. 先张法预应力混凝土梁的施工工艺及施工技术要点是什么？
2. 后张法预应力混凝土梁的施工工艺及施工技术要点是什么？
3. 简述常见的几种先张法预应力筋的放张方法。
4. 后张法中孔道压浆的目的是什么？
5. 孔道压浆应注意哪些事项？
6. 常见大梁吊装的方案有哪些？

项目9 悬 臂 施 工

学习目标：1. 掌握悬臂浇筑施工方法

2. 掌握悬臂拼装施工方法

悬臂施工法也称为分段施工法。悬臂施工法是以桥墩为中心向两岸对称地逐节悬臂接长的施工方法。悬臂施工法包括悬臂浇筑法和悬臂拼装法。

任务9.1 悬臂浇筑法施工

任务描述：悬臂浇筑是预应力混凝土连续梁常用施工方法之一，适用于连续梁桥、T形钢构桥、斜拉桥等桥型，它的特点是不需在跨间设置支架，使用少量施工机具设备，便可很方便地跨越深谷和河流，适用于大跨径连续梁桥的施工。

一、悬臂浇筑施工工序

悬臂浇筑施工工序如图9-1所示。

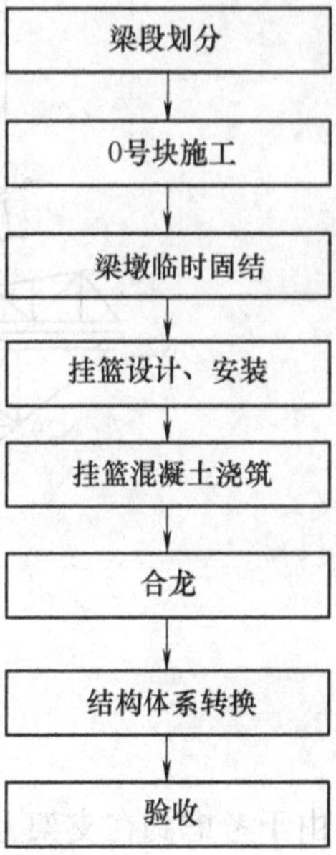

图9-1　悬臂浇筑施工工序

二、梁段划分

悬臂浇筑施工时，梁体一般要分成四部分浇筑，如图9-2所示。Ⅰ为墩顶梁段（又称0号块），Ⅱ为0号块两侧对称分段悬臂浇筑部分，Ⅲ为边孔在支架上浇筑部分，Ⅳ为主梁跨中合龙段。主梁各部分的长度根据主梁的形式、跨径，墩宽，挂篮的形式及施工周期确定。0号块一般为5～10m，悬浇分段一般为3～5m，边孔支架现浇梁段一般为2～3个悬臂浇筑分段长，主梁跨中合龙段一般为1～3m。

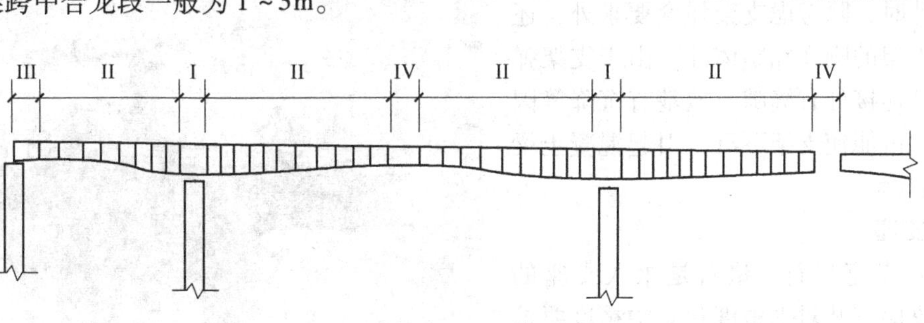

图9-2　悬臂浇筑分段示意图

注：图中每格为一个分段。

Ⅰ—墩顶梁段　Ⅱ—0号块两侧对称悬浇梁段　Ⅲ—边孔支架现浇梁段　Ⅳ—主梁跨中合龙段

三、0 号块施工技术要点

1. 施工支架

采用悬臂浇筑法施工时，墩顶 0 号块梁段在支架上立模现浇，并在施工过程中设置临时梁墩进行锚固，使 0 号块梁段能承受两侧悬臂施工时产生的不平衡力矩。施工支架可根据承台形式、墩身高度和地形情况，分别支撑在承台、墩身或地面上。施工支架可由万能杆件、贝雷桁架（或装配式公路钢桁架）及型钢等组成，也可采用钢筋混凝土构件作临时支撑。常用施工支架有扇形支架（图 9-3）、高墩支架（图 9-4）。支架的顶面尺寸，根据拼装挂篮的需要和拟浇梁段的长度确定，横桥间的宽度一般应比箱梁底板宽出 1.5～2.0m，以便设立箱梁的外侧模板。支架顶面（或增设垫梁）应与箱梁底面纵向线形的变化一致。支架可在现场整体拼装，也可分部在邻近场地或船上拼装，然后再就位整体组装。支架总长度根据拼装挂篮的需要决定。横桥支架的宽度要考虑箱梁外侧主模的要求。

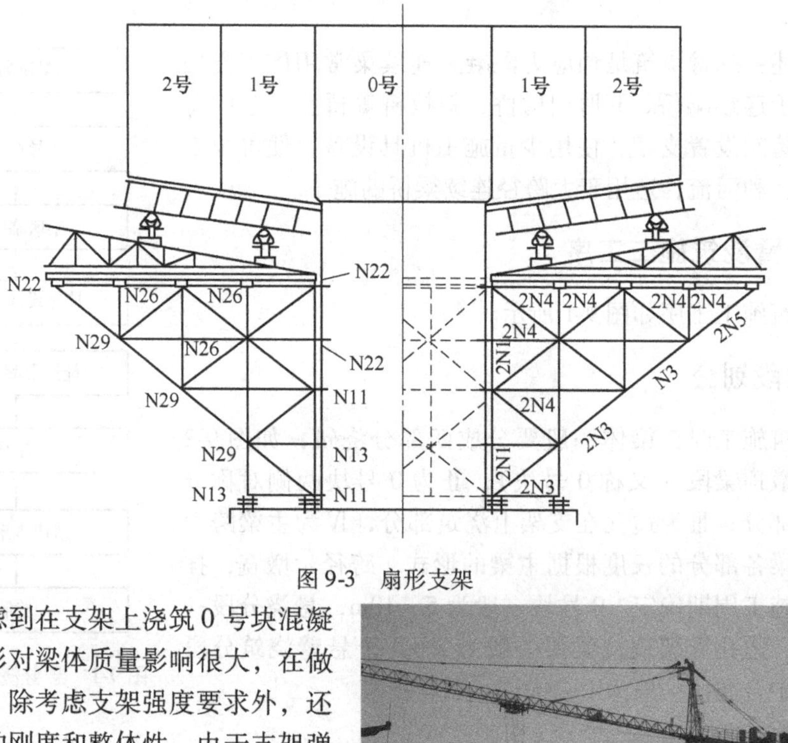

图 9-3　扇形支架

由于考虑到在支架上浇筑 0 号块混凝土，支架变形对梁体质量影响很大，在做支架设计时，除考虑支架强度要求外，还应考虑支架的刚度和整体性。由于支架弹性、杆件连接处有缝隙、地基有沉降等因素影响，可能使支架下沉，引起混凝土梁段出现裂缝。

图 9-4　高墩支架

2. 支座

（1）支座垫石。垫石是永久支座的基石。支座安装对平整度和对中精度要求较高，垫石高程误差应小于 2mm，为此垫石分两层浇筑。首层的浇筑标高比设计标高低 15cm。第二层应利用带有整平器的模板，控制浇筑标高比设计标高稍高，再利用整平器及精密水准仪量测，反复整平混凝土面。在安装支座前凿毛垫石，铺 2 ~ 3cm 厚的与墩身等强度的砂浆，砂浆的浇筑标高较设计标高略高（3cm）；然后安放支座就位，用锤振击，使支座标高满足设计要求；支座的水平位置偏差不得大于 2mm。

（2）临时支座。大跨径预应力混凝土梁桥采用悬臂施工法施工，如结构采用 T 形刚构，因墩身与梁本身采用刚性连接，所以不存在梁、墩临时固结的问题。悬臂梁桥及连续梁桥采用悬臂施工法时，为保证施工过程中结构的稳定可靠，必须对 0 号块梁段与桥墩采取临时固结措施或支撑措施。临时支座的作用是在施工阶段临时固结梁、墩，承受施工时由墩两侧传来的悬浇梁段荷载，在梁体合龙后拆除和进行体系转换。

临时固结措施或支撑措施的常见形式如图 9-5 所示，临时支座一般采用 C40 混凝土，并用塑料包裹的锚固钢筋穿过混凝土预埋在梁底和墩顶中。

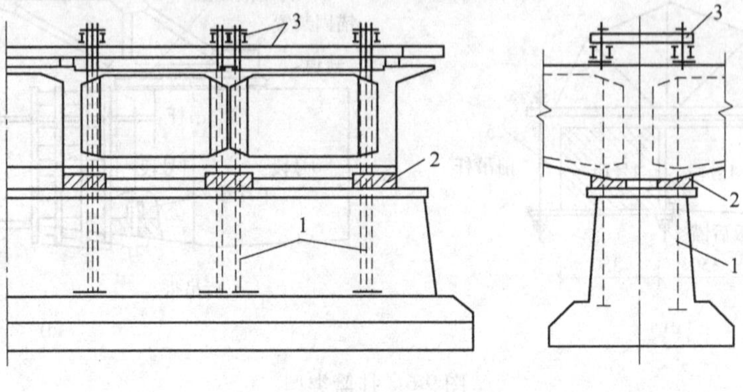

图 9-5　临时支座

a）横断面　b）纵断面

1—预埋临时锚固用预应力筋　2—支座　3—工字钢

3. 预应力混凝土施工

预应力混凝土的施工，详见本书“任务 8.3　后张法预应力梁预制方法”。

四 、施工挂篮技术要点

挂篮是悬臂浇筑施工的主要机具。挂篮是一个能沿着轨道行走的活动脚手架，挂篮悬挂在已经张拉锚固的箱梁梁段上，悬臂浇筑时，箱梁梁段的模板安装、钢筋绑扎、管道安装、混凝土浇筑、预应力张拉、压浆等工作均在挂篮上进行。当一个梁段的施工程序完成后，挂篮解除后锚，移向下一梁段继续施工。

1. 挂篮分类

挂篮按桁架构成形状的不同，可分为平行桁架式、平行无平衡重式、弓弦式、菱形式等多种，如图 9-6 所示。

施工中，斜拉式挂篮也经常用到，如图 9-7 所示。

2. 挂篮的主要构造组成

（1）主纵桁梁。主纵桁梁是挂篮的悬臂承重结构，可由万能杆件或贝雷桁架（或装配

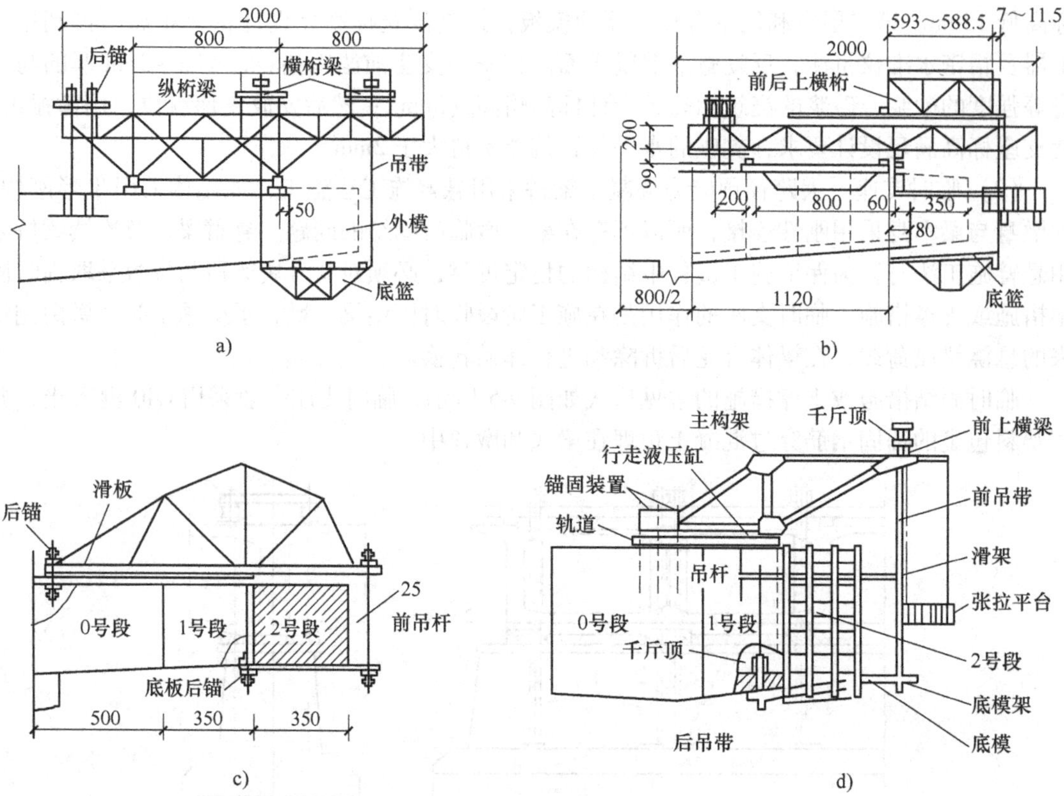

图 9-6　挂篮类型

a）平行桁架式　b）平行无平衡重式　c）弓弦式　d）菱形式

式公路钢桁架）组拼，或采用钢板或大号型钢加工而成。

（2）行走系统。行走系统包括支腿、轨道及拖移收紧设备。采用电动卷扬机牵引，通过圆轴滚动或在敷设的滑道上移动。滑道要求平整光滑、摩擦阻力小、拆装方便，能反复使用。

（3）底篮。底篮直接承受悬浇梁段的施工重量，可用于立模板、绑扎钢筋、浇筑混凝土、养护等工序，由下横桁梁、底模纵梁及吊杆（吊带）组成。

（4）后锚系统。后锚是主纵桁梁的自锚平衡装置，由锚杆压梁、压轮、连接件、升降千斤顶等组成，目的是防止挂篮在行走状态及浇筑混凝土梁段时倾覆失稳。系统结构按计算确定，混凝土浇筑前，应按设计锚力的 0.6 倍、1.0 倍、1.5 倍分别用千斤顶检验锚杆。

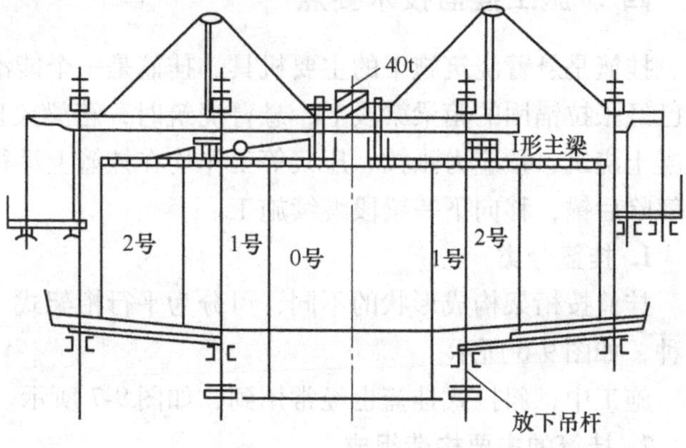

图 9-7　斜拉式挂篮

3. 挂篮的设计

挂篮的合理设计是保证施工质量、加快施工速度的重要因素。在设计中要求挂篮具有质量小、结构简单、受力明确、运行方便、坚固稳定、变形小、装拆方便等优点，并尽量利用当地现有构件。

(1) 设计时首先需确定悬浇的分段长度。分段长度长，节段数量少，挂篮周转次数少，施工速度快，但结构庞大，需要的施工设备较多；分段长度短，节段数量多，挂篮周转次数多，施工速度慢，但结构较轻，需要的施工设备较少。因此，悬浇长度应根据施工条件综合考虑确定。

(2) 设计时，应考虑各项实际可能发生的荷载情况，进行最不利的荷载组合。设计荷载大体有以下几种：①挂篮自重；②模板支架自重（包括侧模、内模、底模和端模等）；③振动器自重和振捣力，千斤顶、液压泵及其他有关设备自重；④施工人员荷载；⑤最大节段混凝土自重等。

(3) 挂篮的横断面布置，一般取决于桥梁宽度和箱梁横断面形式，当桥梁横断面为单箱时，全断面用一个挂篮施工；当桥梁横断面为双箱时，一般采用两个挂篮分别施工，最后在桥面板处用现浇混凝土连接。有时，为了加快施工速度，可采用大型宽体桁架式挂篮，双箱一次浇筑施工。

(4) 验算挂篮的抗倾覆稳定性能，确定结构整体的图式和尺寸，以及后锚点的锚力等。选择挂篮形式主要考虑结构简单、自重小、受力明确、变形较小、行走安全、装拆方便等因素。在一般情况下，应尽量利用当地现有构件。

4. 挂篮的安装

(1) 挂篮组拼后，应全面检查安装质量，并做载重试验，以测定其各部位的变形量，并设法消除其永久变形。

(2) 在起步长度内，梁段浇筑完成并获得要求的强度后，在墩顶拼装挂篮。有条件时，应在地面上先进行试拼装，以便在墩顶拼装挂篮时更为熟练。拼装时应对称进行。

(3) 挂篮的操作平台下应设置安全网，防止物件坠落，以确保施工安全。挂篮应呈全封闭形式，四周设围护，施工人员上下挂篮应有专用扶梯。

(4) 挂篮行走时，须在挂篮尾部压平衡重，以防倾覆。浇筑混凝土梁段时，必须在挂篮尾部将挂篮与梁进行锚固。

5. 挂篮试压

为了检验挂篮的性能和安全，并消除结构的非弹性变形，应对挂篮进行试压。试压通常采用试验台加压法、水箱加压法等。

(1) 试验台加压法。新加工的挂篮可用试验台加压法检测桁架的受力性能和状况。试验台可利用桥台或承台和在岸边梁中预埋的拉力筋锚住主桁梁后端，前端按最大荷载计算值施力，并记录千斤顶逐级加压的变化情况，测出挂篮弹性变形和非弹性变形参数，用作控制悬浇高程的依据。

(2) 水箱加压法。对就位待浇混凝土的挂篮，可用水箱试压法检查挂篮的性能和状况。加压的水箱一般设于前吊点处，后吊杆穿过紧靠墩顶梁段边的底篮和纵桁梁，锚固于横桁梁上，或穿过已浇箱梁中的预留孔，锚于梁体。在后吊杆的上端装设带压力表的千斤顶，反压挂篮上横桁梁，计算前后施加力后，分级、分别进行灌水和预压，记录全过程挂篮的变化情况即可求得控制数据。

6. 浇筑混凝土时消除挂篮变形的措施

每个悬浇段的混凝土一般可两次或两次以上浇筑完成（混凝土数量少的也可一次浇筑完成），为了使后浇混凝土不引起先浇混凝土的开裂，需要消除由后浇混凝土引起的挂篮变形。一般可采取如下几种措施：

（1）箱梁混凝土一次浇筑法。箱梁混凝土的浇筑采用一次浇筑，并在底板混凝土凝固前全部浇筑完毕。也就是要求挂篮变形全部发生在混凝土处于塑性状态时，以免混凝土开裂。但需在浇筑混凝土前预留准确的下沉量。

（2）水箱法。浇筑混凝土前先在水箱中注入相当于混凝土浇筑量的水，在混凝土浇筑过程中逐步放水，使挂篮的负荷和挠度基本不变。

（3）抬高挂篮的后支点法。浇筑混凝土前将模板前端的设计标高抬高 10 ~ 30mm，预留第一次浇筑混凝土的下沉量；同时，用螺旋千斤顶顶起挂篮后支点，使其高于滑道或钢轨顶面（一般顶高 20 ~ 30mm）。在浇筑第一次混凝土时千斤顶不动，浇筑混凝土的重量使挂篮的下沉量与模板的抬高量相抵消；在浇筑第二次混凝土时，将千斤顶分次下降，并立即收紧后锚系的螺栓，使挂篮后支点逐步贴近规定高度。随着后支点的下降，以前支点为轴的挂篮前端必然上升一个数值，此数值的设计大小应正好与第二次浇筑的混凝土质量使挂篮所产生的挠度相抵消，保证箱梁模板不发生下沉变形。斜拉式挂篮因其总变形较小，一般可在浇筑混凝土前预留下沉量，不必在浇筑过程中进行调整。

五、支架现浇梁段施工技术要点

施工边跨支架上的现浇梁段部分时，可在墩旁搭设临时墩支撑平台，一般采用万能杆件、贝雷架等拼装，在其上分段浇筑。

在桥梁合龙时，现浇梁段经预压后支架的变形已相对稳定，但悬臂端受气候影响仍可能产生较大变形，在预应力筋张拉之前，尤其是混凝土浇筑初期，这些变形可能导致合龙段混凝土开裂，所以施工工艺应保证合龙段能适应这些变形，避免裂缝出现。跟踪观测要点包括：

（1）选择日间悬臂标高最高时（一般在清晨）用支撑撑住悬臂端，使其既不能上翘（楔紧支撑的时间是在悬臂标高最高时），也不能下挠（有支撑撑住），这样既避免了竖向相对位移，又无需庞大的压重。支撑后再连续观测两日，确认稳定后再进行其余工序。

（2）端部现浇段的支架下装滚轴，使其能纵向移动；再在合龙段设两片由型钢组成的桁架，构成刚性支撑以抵抗悬臂端伸长产生的压应力。

（3）支撑桁架于合龙前一日的清晨焊接完毕。

（4）混凝土浇筑的次日，温度回落前，张拉部分顶板和底板的预应力钢筋，使合龙段混凝土受到与其强度发展相适应的预压应力，以抵抗次日的降温收缩应力。抵抗降温收缩应力的预应力筋应在混凝土浇筑次日温度回落前张拉。

（6）混凝土强度达到设计强度的 80% 时，再张拉与边跨合龙段体系转换有关的预应力筋。

六、合龙段施工及体系转换技术要点

连续梁分段悬臂浇筑法施工常采用对称施工，但在一定条件下也可采用不对称施工。合龙是连续梁施工和体系转换的重要环节，合龙施工必预满足受力状态的设计要求和保持梁体线形，控制合龙段的施工误差。

利用连续梁成桥设计的负弯矩预应力筋作为支撑，是连续梁分段悬臂浇筑法施工的受力特点。悬襞浇筑中各独立的梁体处于负弯矩受力状态，随着梁的依次合龙，梁体也依次转化为成桥状态的正负弯矩交替分布形式，这一转化就是连续梁的体系转换。因此，连续梁悬臂浇筑法施工的过程就是其应力体系转换的过程。通常，多跨连续梁合龙段施工的顺序为先各边跨、再各次边跨、最后为中跨。

任务9.2　悬臂拼装法施工

任务描述：悬臂拼装法是悬臂施工法的一种，它是先将梁段预制后，利用移动式悬臂拼装起重机将预制梁段起吊至桥位，然后采用拼接的办法连接成整体。

一、悬臂拼装工艺流程

悬臂拼装工艺流程如图9-8所示。

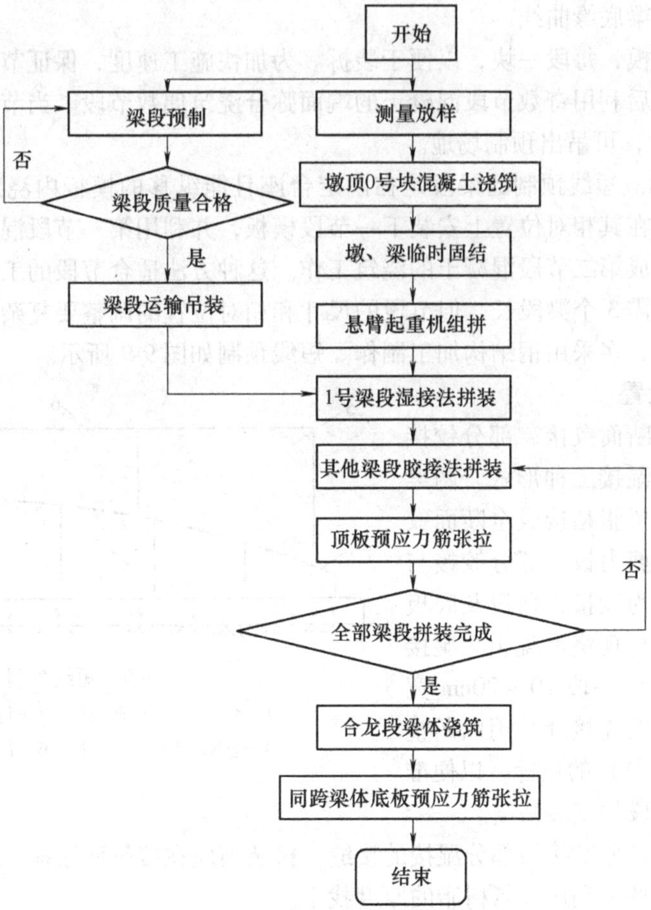

图9-8　悬臂拼装工艺流程

二、梁段预制施工技术要点

悬臂拼装的分段，主要决定于悬臂拼装起重机的起重能力，一般节段长度为2～5m。节段过长则自重大，需要悬臂拼装起重机有更大的起重能力；节段过短则拼装接缝多，工期也较长。

1. 预制方法

梁段预制的方法按照预制梁体是直立还是平卧分为立式预制和卧式预制；按照底模长度可分为长线预制和短线预制。

（1）长线预制。长线预制是在预制厂按桥梁底缘曲线制作固定台座，在台座上安装底模进行节段混凝土浇筑工作，组成预制梁半悬臂或全悬臂的各梁段均在固定台座上的活动模板内浇筑，且相邻段应相互贴合浇筑。长线预制需要较大的场地，台座两侧常设挡土墙，内填不沉降的砂石并用20cm厚的混凝土封顶，表面涂抹高强度找平砂浆，其上加铺一层镀锌薄钢板（在砂浆达到要求的强度前用铁钉固定）。底座的形成有多种方法，它可以利用预制场的地形堆筑土胎，经加固夯实后铺砂石层并在其上面做混凝土底板；盛产石料的地区可用石砌圬工筑成所需的梁底缘形状；在地质情况较差的预制场地，可先打短桩基础，再在桩基础上搭设排架形成梁底缘曲线。

模板常采用钢模，每段一块，以便于装拆。为加快施工速度，保证节段之间密贴，常先浇筑奇数节段，然后利用奇数节段混凝土的端面弥合浇筑偶数节段。当节段混凝土强度达到设计强度的70%时，可吊出预制场地。

（2）短线预制。短线预制的梁段是在固定台座且能纵移的模板内浇筑。当第一节段混凝土浇筑完成后，在其相对位置上安装下一节段模板，并利用第一节段混凝土的端面作为第二节段的端模，完成第二节段混凝土的浇筑工作。这种方法适合节段的工厂化生产，设备可周转使用，台座仅需3个梁段长，但节段的尺寸和相对位置的调整要复杂一些。短线预制的台座除基础部分外，多采用钢结构加工制作。短线预制如图9-9所示。

2. 拼接接合设置

梁段拼接有全断面铰接、部分铰接与部分湿接，以及湿接三种形式。两梁段全横断面靠环氧树脂粘接成全断面铰接，计算时假定为剪力铰。部分铰接与部分湿接时，腹板为铰接，顶板及底板通过伸出钢筋连接再现浇混凝土。湿接时，相邻梁段间浇筑一段10～20cm宽的混凝土作为接头的连接缝，用以调整后续梁段（基准梁段）的位置，以便准确地控制其后续梁段的安装精度。

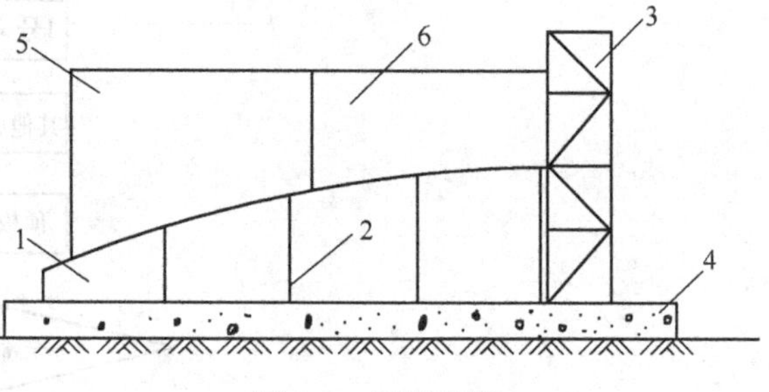

图9-9　短线预制

1—台座　2—可调底模　3—封闭式端模
4—基础　5—浇筑梁段　6—待浇筑梁段

全断面铰接、部分铰接与部分湿接的接缝，拼装前应在接触面涂抹多功能环氧树脂，以保证连接面的水密性和利用环氧树脂的厚度找平。

为了使预制节段在拼装时能准确而迅速地安装就位，在节段预制时，在预制梁段内均衡设置定位器（也称定位销）。有的定位器不仅能起到固定位置的作用，而且还能承受剪力，这种定位器称为抗剪楔或防滑楔。节段预制时，除注意预埋定位器外，还须注意按正确位置预埋孔道形成器和吊点装置（吊环或竖向预应力钢筋）等；同时，为了提高梁段拼接面的抗剪强度，拼接面做成齿合状。

3. 梁段模板、钢筋、预应力管道安装

（1）模板。按底模支架的设计图式搭设支架，在支架顶上安装底模，再安装外模及框架，然后安装端模。为了保证梁段端面的平整及管道位置的准确，每个断面均应制作一块定型的钢制端模板，最后安装内模。模板宜用大型钢模，以便周转使用。

（2）钢筋。钢筋应分块制作成型。对于腹板及齿板钢筋，先定位绑扎成骨架，再用起重机吊运至预制台座上安装。底板及顶板钢筋采用现场绑扎。

（3）预应力管道。在底板及顶板钢筋布设好后，进行管道布置。先在底板钢筋上每隔80cm按管道高度焊一道钢筋支架；然后通过端模上预先开好的孔将波纹管穿入，调直后与支架绑扎固定。对于湿接缝的断面，相邻梁段需连接的管道，均应在端头处连接长度为50cm的连接管，以利于后续管道的连接；对于铰接缝的断面，须连通的两管道的内部加以长度为30cm、外径与管道内径相匹配的纺锤形圆木连通管道，防止浇筑混凝土过程中水泥砂浆流入而堵塞管道。

对于设锚头的位置，需将锚垫板牢固地固定在端模上，并注意锚垫板面的角度符合设计要求，波纹管垂直于锚固平面。

对于竖向预应力钢筋的安设，应先将预应力钢筋按设计长度下好料后，套以波纹管；然后安装好锚固端的螺旋筋，紧固好锚垫板，再将套有波纹管的预应力钢筋按设计位置在梁肋钢筋内安装固定；然后安装压浆管，并密封波纹管下端以免漏浆；最后在梁顶张拉端安装排气管，套以锚下螺旋筋，安装并固定锚垫板。

关于梁段混凝土的浇筑，参照本项目的任务9.1。

三、梁段移运、存放和整修

梁段吊起除应满足《公路桥涵施工技术规范》（JTG/T F50—2011）及设计规范有关要求外，还应满足悬臂拼装施工的特殊要求。

1. 移运前准备工作

（1）在梁段顶面标定纵轴线和测控点，便于悬臂拼装时监控。

（2）测定梁段施工中顶板上测控点的标高，将其作为悬臂拼装时分析梁高、转角及扭转的依据。

（3）拆模后应及时注明梁段所属墩号、梁段编号、吊拼方向及混凝土浇筑日期。

（4）准备存放场地，检查吊运的机具设备。

（5）对同条件养护试件进行试压，以确保梁段吊运强度。

2. 轨道式起重机的设置

梁段移运常使用轨道式起重机，轨道式起重机一般用万能杆件或贝雷架组拼，结构形式有很多。预制场轨道式起重机如图9-10所示。

轨道式起重机现场组拼设计注意事项：

（1）计算荷载应考虑冲击力，取用最大荷载条件下的安全储备。

（2）轨道式起重机为临时结构，为降低成本，塔梁宜铰接。

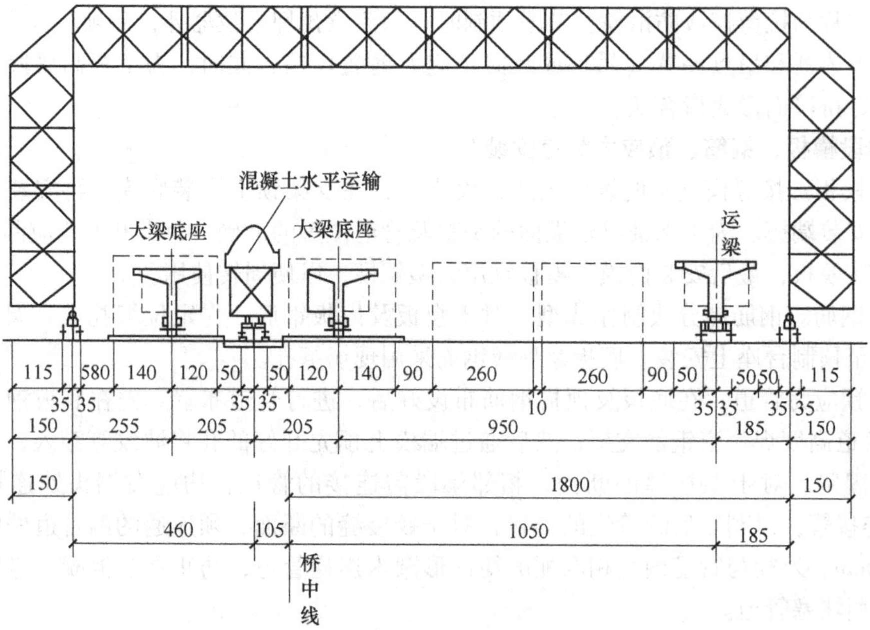

图 9-10　预制场轨道式起重机

(3) 考虑两塔杆因行走异步差值，因此设计时应控制允许偏差，防止异步误差发生危险。

3. 梁段存放

(1) 吊运时梁段强度应不低于设计强度标准值的 75%。

(2) 一般宜单层放置，不得多于 2 层，且应考虑梁段堆放的受力问题。

(3) 存梁宜用枕木支垫，梁面呈水平搁置。

(4) 梁段吊离台座后，应及时清除梁段上的隔离剂，以免影响拼装施工。

4. 梁段整修

存放期间应做好以下整修：

(1) 湿接缝两结合面必须凿毛，并修补预制缺陷。

(2) 清洗铰接面隔离剂后，应将突出端面的混凝土凿平整，不得沾染油污而影响树脂粘接。

(3) 在铰接面涂上一层环氧浆液，浆液由 A、B 两种配料复合而成，A 配料由 6101 树脂、丙酮和三丁酯组成，B 配料由无水乙二胺、水泥（填料）和三丁酯组成，将分别调配好的 A、B 配料复合即成环氧浆液。

(4) 检查各锚头垫板是否与预应力孔道垂直，否则应加焊楔形板进行纠正。

(5) 检查相邻段孔道接头是否错位，错位超过允许偏差的要进行调整，直至满足穿束要求。

(6) 压水检查孔道有无串孔。若有串孔，应对串孔进行有效补救。串孔较为严重的应压浆处理，即将串孔附近的孔道穿入比孔道小 2 ~ 3mm 的胶管，留 1 ~ 2 个孔道穿入钢管，压到各孔道沿胶管壁出浆为止。抽拔胶管，待水泥浆凝固后需再压水检查，如仍有串孔，应再补压浆直至不串孔为止。

四、梁段运输

梁段运输有陆上运输、水上运输、栈桥运输和缆索起重机运输等多种形式，可参见本书“任务 8.4 装配式梁桥的安装”中的相关内容。

五、悬臂拼装

1. 拼装机具介绍

常用的悬臂拼装机具有浮式起重机、悬臂起重机和连续桁架（闸式起重机）等。

（1）浮式起重机。浮式起重机将重型的起重机械装配在船舶上，全套设备在水上作业，具有就位方便、起重量大、辅助设备少、施工速度相对较快等优点，但台班费用较高。浮式起重机拼装工序如图 9-11 所示。

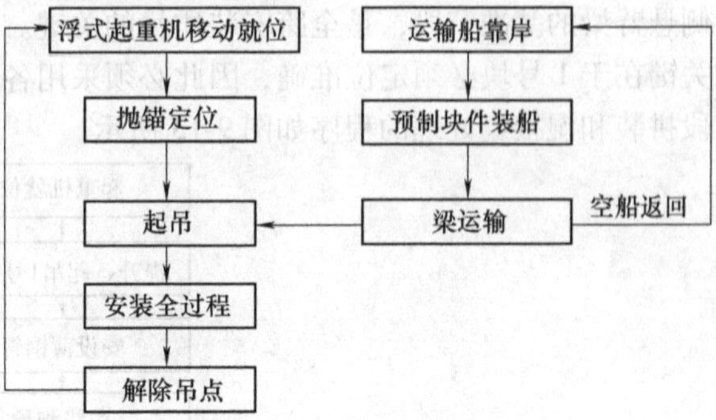

图 9-11 浮式起重机拼装工序

（2）悬臂起重机。悬臂起重机由纵向主桁架、横向起重桁架、锚固装置、平衡重、起重系统、行走系统和工作吊篮等部分组成，如图 9-12 所示。纵向主桁架为起重机的主要承重结构，可由贝雷片、万能杆件、大型型钢等拼制。它一般由桁片构成两组，用横向联结系联成整体，前后用两根横梁进行支撑。

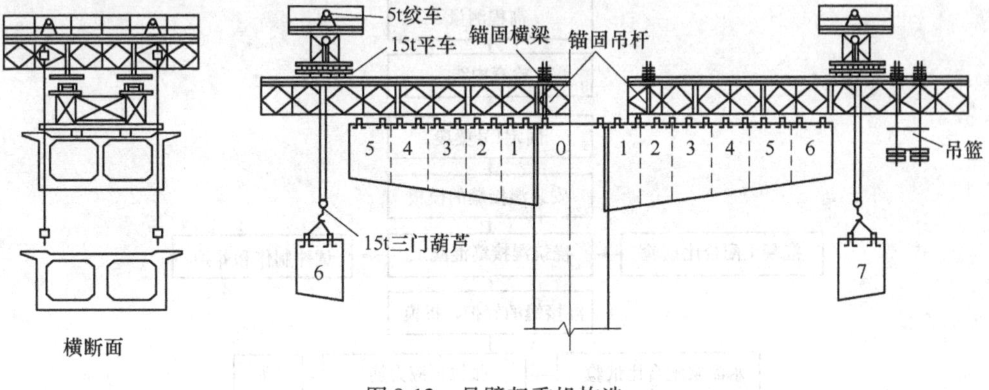

图 9-12 悬臂起重机构造

横向起重桁架用于安装起重卷扬机直接起吊箱梁节段，多采用贝雷架、万能杆件及型钢等拼制。纵向主桁架的外荷载就是通过横向起重桁架传递来的。横向起重桁架支撑在轨道平车上，轨道平车搁置于敷设在纵向主桁架上弦的轨道上，起重卷扬机安置在横向起重桁架的上弦。

（3）连续桁架（闸式吊机）。连续桁架可分为移动式和固定式两类，移动式连续桁架的长度大于桥的最大跨径，桁架支撑在已拼装完成的梁段和待拼墩顶上，由起重机在桁架上移运节段进行悬臂拼装；固定式连续桁架的支点均设在桥墩上，从而不增加梁段的施工荷载。

2. 支座临时固结或设置临时支架

为了确保连续梁分段悬臂拼装施工的平衡和稳定，常将连续梁支座临时固结。当支座临时固结后仍不能满足悬臂拼装要求时，一般考虑在墩两侧或一侧设置临时支架。悬臂拼装完成，连续梁合龙（合龙要点与悬臂浇筑相同），即可恢复原状，拆除临时支架。

3. 湿接缝处理和拼装程序

梁段拼装过程中的接缝有湿接缝、干接缝和胶接缝等几种。不同的施工阶段和不同的部位常采用不同的接缝形式。

1 号梁段即墩柱两侧的第一个节段，一般与墩柱上的 0 号块以湿接缝相接。1 号块是梁两侧悬臂梁的基准节段，是全跨安装质量的关键。连续梁悬臂拼装施工时，防止上翘和下挠的关键在于 1 号块必须定位准确，因此必须采用各种定位方法确保 1 号块的定位精度。1 号节段拼装和湿接缝处理的程序如图 9-13 所示。

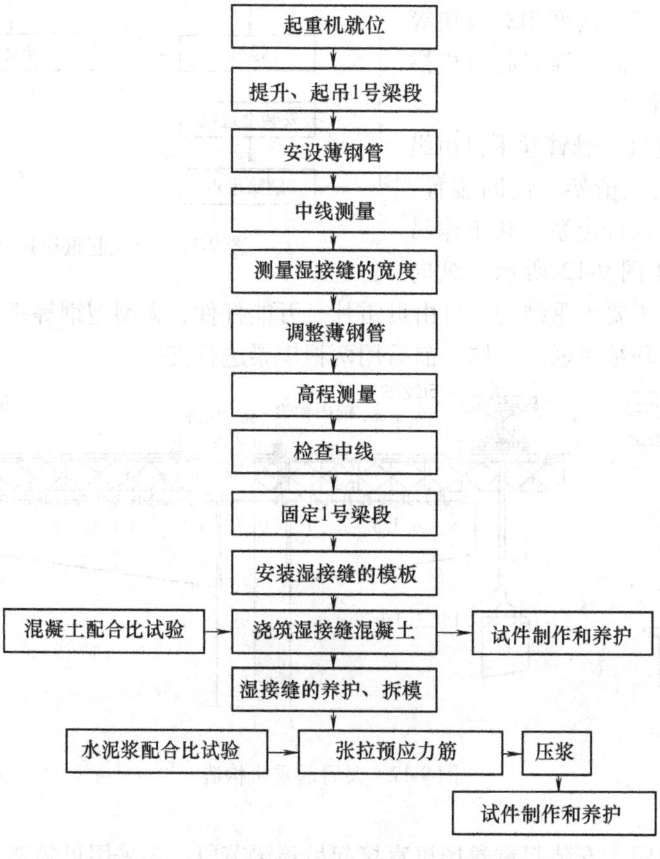

图 9-13　1 号节段拼装和湿接缝处理的程序

跨度大的连续梁桥，由于悬臂很长，常在悬臂中部设置一道现浇箱梁横隔板，同时设置一道湿接缝。这道湿接缝除了能增加箱梁的结构刚度外，还可以调整拼装位置。在拼装过程中，如拼装上翘的误差很大，难以用其他办法补救时，可以增设一道湿接缝进行调整。

湿接缝薄钢管的对接是一项很复杂的技术，常会出现薄钢管的长度、直径与接缝宽度不相称，预留管道位置不准确，管孔串浆，排气的三通管错乱等问题，施工时应特别注意。

4. 其他节段用胶接缝或干接缝拼接

其他梁段吊装基本定位后（此时接缝宽度为10~15cm），先将临时预应力筋穿入，装好连接器；然后再开始涂胶接材料并合龙，张拉临时预应力筋，使固化前胶接缝的压应力不低于0.3MPa，这时可解除吊钩。

5. 预应力钢筋穿束

梁纵向预应力钢筋的布置有两个特点：①较多集中于顶板部位；②钢束布置对称于桥墩。因此，拼装每一对对称于桥墩块件的预应力钢丝束须按锚固这一对块件所需的长度下料。

明槽钢丝束通常为等间距排列，锚固在顶板加厚的部分（这种板俗称“锯齿板”）。穿束时先将钢丝束在明槽内摆放平顺，然后再分别将钢丝束穿入两端管道之内。钢丝束在管道两头的伸出长度要相等。

暗管穿束比明槽穿束难度大，经验表明，长度在60m以下的短束穿束，一般均可采用人工推送；长度在60m以上的长束穿束，可先从孔道中插入一根钢丝与钢丝束引丝连接，然后一端以卷扬机牵引，一端以人工送入。

6. 钢丝束张拉

钢丝束张拉前要首先确定合理的张拉顺序，以保证箱梁在张拉过程中每批张拉合力都接近于该断面钢丝束总拉力重心处。

钢丝束张拉顺序的确定与箱梁横断面形式、同时工作的千斤顶数量、是否设置临时张拉系统等因素关系很大。在一般情况下，纵向预应力钢丝束的张拉顺序按以下原则确定：

（1）对称于箱梁中轴线，钢束两端同时成对张拉。

（2）先张拉肋束，后张拉板束。

（3）肋束的张拉顺序是先张拉边肋，后张拉中肋（若横断面为三根肋，仅有两对千斤顶时）。

（4）同一肋上的钢丝束先张拉下边的，后张拉上边的。

（5）板束的顺序是先张拉顶板中部的，后张拉边部的。

每一束的张拉程序参见后张法预制工艺。

7. 压浆

管道压浆的目的是为了保证预应力筋不受腐蚀。目前的工艺是先用高压水检查管道是否畅通、匹配面的密贴情况以及封端情况后再进行正式压浆，直到出浆口出浓浆；此时，封闭出浆口持压几分钟，以保证水泥浆尽量充满管道。

压浆是在局部封锚后进行的，如未进行封端，封锚水泥砂浆极易收缩开裂，造成压浆时漏浆，直接影响持压效果；且水泥浆在管道内会产生收缩，使压浆质量难以控制。故除了要保证封端质量外，若在水泥浆中加入适量微膨胀剂，选取合适的配合比，则既能使压浆工作顺利进行，又能使凝固后的水泥浆尽量充满管道，尽可能地排出管道内的水和空气，避免预应力筋被腐蚀。

六、合龙段施工

用悬臂拼装法建造的连续刚构桥、连续梁桥和悬臂桁架拱，需在跨中将悬臂端刚性连接、整体合龙。合龙段的施工宜采用现浇合龙段的方法。悬臂拼装现浇合龙应注意以下三点：

(1) 尽量缩短合龙长度，一般预留1.5～2m。

(2) 合龙段浇筑宜在一天中最低气温时完成，合龙段混凝土强度可以提高一级。

(3) 浇筑完毕后应覆盖养护，减少日照直射，以免影响温度。

思 考 题

1. 悬臂施工的施工特点是什么？
2. 悬臂浇筑法的施工程序是什么？
3. 悬臂浇筑法施工中临时固结措施或支撑措施有哪几种形式？
4. 悬臂浇筑法中挂篮的设计要求是什么？
5. 悬臂浇筑法中挂篮试压的要求是什么？
6. 悬臂拼装法施工的施工控制包含哪些内容？

项目10 拱 桥 施 工

学习目标：1. 掌握拱桥有支架施工法
2. 掌握拱桥预制拼装施工法
3. 掌握钢管拱施工法

拱桥是公路交通中广泛使用的一种桥梁形式，拱桥与梁桥相比，在受力性能上有较大的差别，拱式结构在竖向荷载作用下，支撑处除产生竖向反力外，还产生水平力。由于拱圈存在水平推力，使拱圈的弯矩比相同跨径梁的弯矩小很多，拱圈内主要承受压力，这就使抗压性能较好而抗拉性能较差的石料和混凝土能得到充分利用；同时，拱桥对基础也有较高要求。就施工技术方面，拱桥和梁桥一样主要是钢筋混凝土构件，有很多共同之处，拱桥施工中和梁桥相同的施工技术在本项目中不再详述。

任务10.1 拱桥有支架就地浇筑施工

任务描述：拱桥有支架就地浇筑施工是拱桥施工比较常用的一种施工方法，主要内容是在拱桥施工位置搭设支架、安装模板、绑扎钢筋及现场浇筑混凝土等。

一、拱架的构造及安装

拱架按其使用材料可分为木拱架、工字梁钢拱架、竹拱架、钢桁架拱架、竹木混合拱架、钢木组合拱架以及“土牛拱胎”等；按结构形式可分为排架式、斜撑式、扇形式、桁架式、组合式、叠格式、斜拉式等。

1. 木拱架

木拱架一般有排架式、撑架式、扇形式、叠桁式及木桁架式等。前四种在桥孔中间设有数量不等的支架，统称满布式拱架；最后一种可采用三铰木桁架形式，在桥孔中完全不设支架。图10-1为撑架式木拱架示意图。

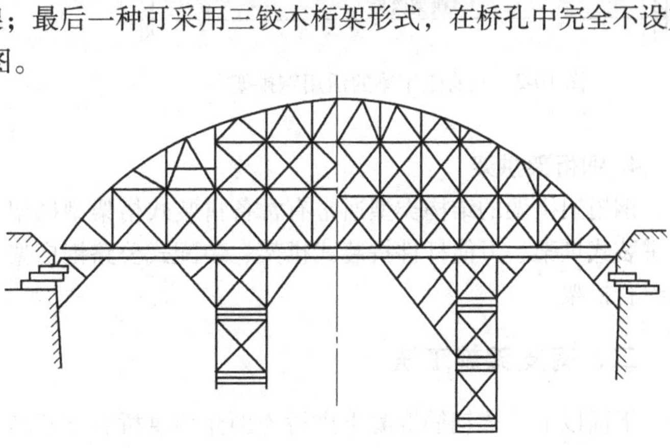

图10-1　撑架式木拱架示意

拱架弧形木的上缘应按拱圈或拱肋的内侧弧线制成弧形。当拱跨不大、矢高不超过立柱或斜撑木料的长度时，拱架的水平拉杆可设置在起拱线的水平位置上；当拱跨较大、矢高较高时，可提高拉杆的位置。拱架的横向间距由拱圈重量确定，间距较大时，模板下需设置横梁。各片拱架间需设夹木连接。拱架的卸落设备，一般设置在拱架水平拉杆与支架帽木之间上下立柱相对应处，跨径较大时，可设于弧形木下支点处；当为扇形式拱架或木桁架式拱架时，设置于支点下；对于叠桁式拱架，由于它不设支架帽木和水平拉杆，双层弓形木组成的叠桁二端又嵌入桥台，因此卸落设备（一般为木楔）置于拱顶叠衔接头处和立柱接头之间。拱架各杆件的连接应当紧密，可用铁夹板、硬木夹板、螺栓、抓钉或硬木等进行连接。

拱架的弧形木立柱等主要杆件和木桁架的各种杆件，应采用高强度、无损伤、无腐烂及湿度不大的木材制成。拱架制作、安装时，拱架的尺寸和形状要符合设计要求，立柱位置准确且保持直立，各杆件连接接头要紧密，支架基础要牢固，高拱架应特别注意横向稳定性。拱架全部安装完成后，应全面检查，确保结构牢固可靠。

2. 工字梁钢拱架

工字梁钢拱架可采用两种形式：一种是有中间木支架的钢木组合拱架，一种是只有工字钢梁的活用钢拱架。

只有工字梁的活用钢拱架具有构造简单、拼装方便、可重复使用等优点，其构造形式如图 10-2 所示。它适用于施工期间需保持通航、墩（台）较高、河水较深或地质条件较差的桥孔。

3. 钢木组合拱架

钢木组合拱架是在木支架上用工字钢梁代替木斜梁，以加大斜梁的跨度，减少支架用量。工字钢梁的顶面可用垫木垫成拱模弧形线，但在工字梁接头处应适当留出间隙，以防桁架加载沉降后顶死。钢木组合拱架的支架常采用框架式，如图 10-3 所示。

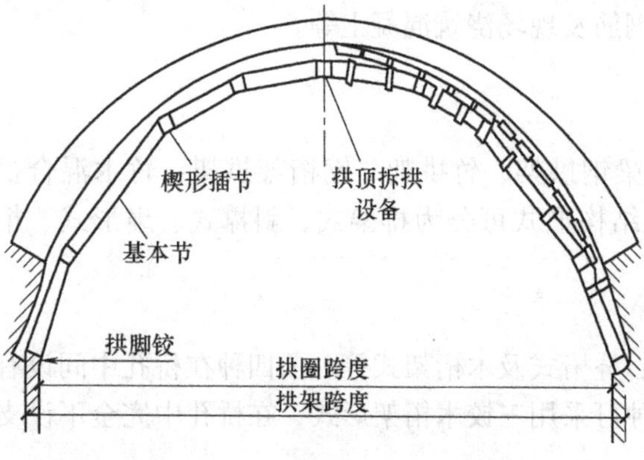

图 10-2　只有工字梁的活用钢拱架

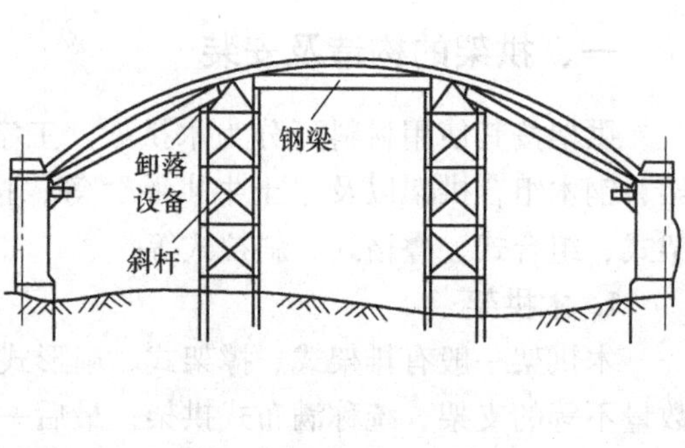

图 10-3　钢木组合拱架

4. 钢桁架拱架

钢桁架拱架的结构类型通常有常备拼装式桁架型拱架（图 10-4）、装配式公路钢桁架节段拼装式拱架、万能杆件拼装式拱架、装配式公路钢桁架或万能杆件桁架与木拱盔组合的钢木组合拱架。

二、有支架施工法

下面以上承式钢筋混凝土拱桥为例介绍拱桥有支架施工法。

有支架就地浇筑拱圈的上承式钢筋混凝土拱桥，其上部构造的施工工序一般分为三个阶

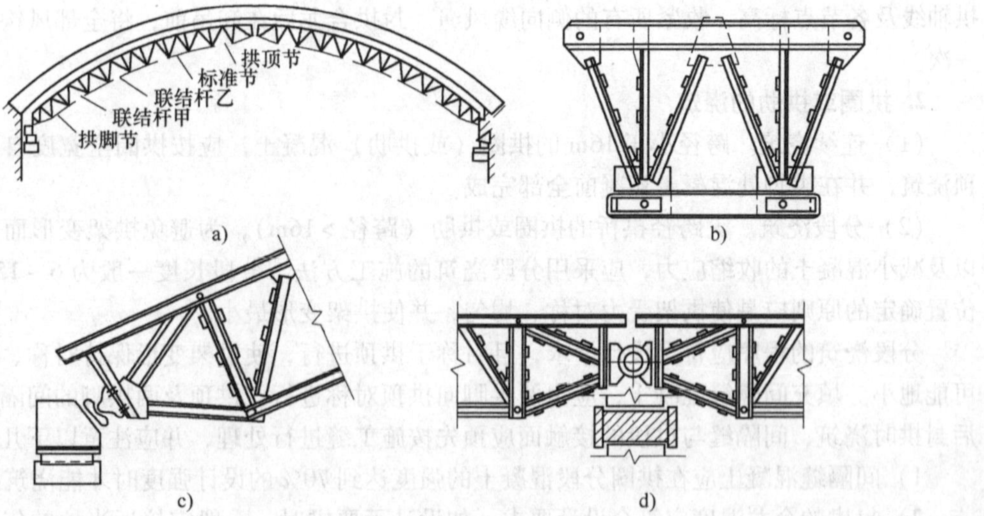

图 10-4 常备拼装式桁架型拱架示意

a）桁架拱架 b）标准节 c）拱脚节 d）拱顶节

段：第一阶段：浇筑拱圈（或拱肋）及拱上立柱的底座。第二阶段：浇筑拱上立柱、联结系及横梁等。第三阶段：浇筑桥面系。

前一阶段的混凝土达到设计强度的70%时才能浇筑后一阶段的混凝土，拱架在第二阶段或第三阶段混凝土浇筑前拆除，应预先对拆除拱架后拱圈的稳定性进行验算。

1. 拱架安装

下面以常备拼装式桁架型拱架悬臂拼装为例进行讲解。拱架常常采用标准节、拱顶节、拱脚节及联结杆等以钢销连接组成，再以横向连接将几片拱架连成足够宽度的拱圈，作为浇筑拱圈或拱肋的支架。拱轴曲线的曲度采用变换连接杆长度的方法得到。

（1）拱架吊运安装。安装前拱架需先按框架形式组成安装单元，其长度可包括2~3节拱架。安装时由拱脚至拱顶，两岸对称进行。拱架用门式索塔安装，中间拱架可采用直接抬吊法吊运就位。拱架运输轨道固定在塔门中间时，两侧拱架可采用交换抬吊法吊运就位。图10-5为抬吊法施工示意图。

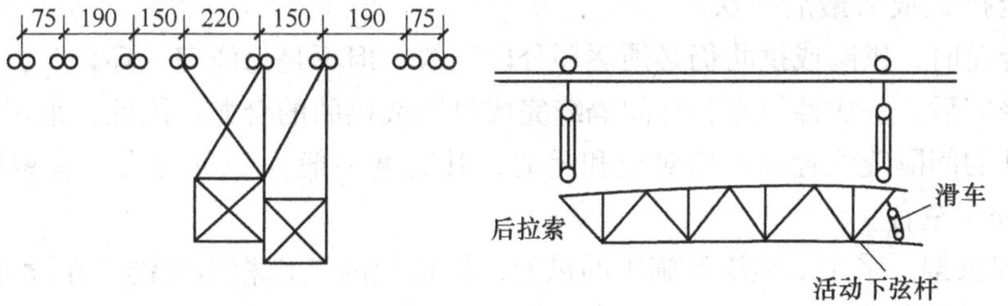

图 10-5 抬吊法施工示意

（2）封拱及卸吊。悬臂安装法安装拱架时，以采用低温封拱、高温卸吊的成拱方法较为适宜。卸吊应由拱顶向拱脚分次、对称、循环进行，一次放松不能过多，斜拉索的花篮螺栓一次放松不得超过5cm。吊装前应做好各项准备工作，并应进行试拼。封拱前必须调整好拱轴线及各节点标高，收紧所有的侧向缆风绳。封拱合龙后在卸吊前，将全部风钩螺栓拧紧一次。

2. 拱圈或拱肋的浇筑

（1）连续浇筑。跨径小于16m的拱圈（或拱肋）混凝土，应按拱圈全宽度自两端向拱顶浇筑，并在拱脚处混凝土初凝前全部完成。

（2）分段浇筑。大跨径拱桥的拱圈或拱肋（跨径>16m），为避免拱架变形而产生裂缝以及减小混凝土的收缩应力，应采用分段浇筑的施工方法。分段长度一般为6~15m，分段位置确定的原则应是使拱架受力对称、均匀，并使拱架变形最小。

分段浇筑的程序应符合设计要求，且对称于拱顶进行，使拱架变形保持对称、均匀和尽可能地小。填充间隔缝混凝土，应由两拱脚向拱顶对称进行。拱顶及两拱脚的间隔缝应在最后封拱时浇筑，间隔缝与拱段的接触面应预先按施工缝进行处理，并应注意以下几点；

1）间隔缝混凝土应在拱圈分段混凝土的强度达到70%的设计强度时才能浇筑。

2）封拱的合龙温度应符合设计要求，如设计无要求时，一般宜接近当地的年平均温度或在5~15℃之间。

（3）箱形截面拱圈（或拱肋）的浇筑。大跨径拱桥一般采用箱形截面拱圈（或拱肋），为减轻拱架负担，一般采取分环、分段的浇筑方法。分段的方法与上述相同。分环的方法一般是分成两环或三环，分两环时，首先浇筑底板（第一环），然后分段浇筑肋墙、隔墙与顶板（第二环）；分三环时，先分段浇筑底板（第一环），然后分段浇筑肋墙、隔墙（第二环），最后分段浇筑顶板（第三环）。图10-6为箱形拱分段、分环浇筑示意图。

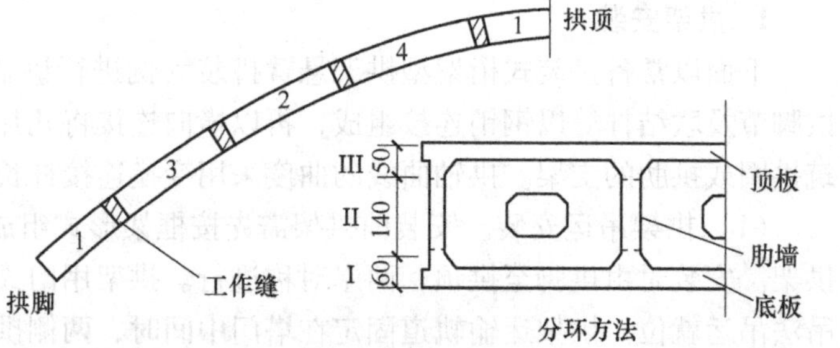

图10-6　箱形拱分段、分环浇筑示意

分环、分段浇筑时，可采取分环填充间隔缝合龙和全拱完成后最后一次填充间隔缝合龙两种不同的合龙方法。采取分环填充间隔缝合龙时，已合龙的环层可起到拱架作用。在浇筑后一环混凝土时，可减轻拱架的负担，但施工工期较一次合龙的方法要长。采取全拱完成后最后一次填充间隔缝合龙时，拱圈或拱肋仍必须逐环分段浇筑，但不是每浇完一环合龙，而是在最后一环混凝土浇完后，一次性填充各环间隔缝完成拱圈或拱肋的合龙。因此，采用这种合龙方法时，上下环的间隔缝位置应互相对应和贯通，其宽度一般为2cm左右，有钢筋接头的间隔缝一般为4cm左右。

（4）卸拱架。采用就地浇筑施工的拱架，卸拱架的工作相当关键。在设计没有要求时，拱架拆除必须在拱圈混凝土强度达到85%之后进行。为了能使拱架所承受的拱圈重量能逐渐由拱圈自身来承受，拱架不能突然卸除，而应按一定的程序进行。

1）卸架设备。为保证拱架能按设计要求均匀下落，必须采用专门的卸架设备。常用的卸架设备有砂筒（图10-7）、木楔（图10-8）和千斤顶。

2）卸架程序。

①满布式拱架的卸落。满布式拱架可根据计算出的各支点的卸落量，由拱顶至拱脚同

时、逐次、对称地卸落。多孔连续拱桥，拱架的卸落应考虑对相邻孔的影响。若桥墩为单向推力墩，就可以直接卸落拱架，否则应多孔同时卸落拱架。

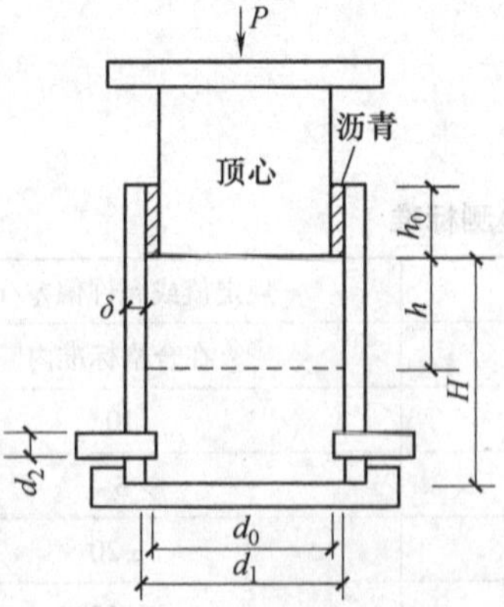

图 10-7 砂筒构造

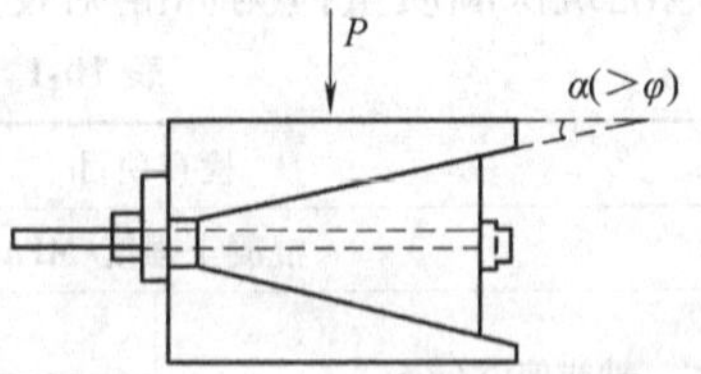

图 10-8 木楔构造

②只有工字梁的活用钢拱架的卸落。这种拱架的卸落设备一般放于拱顶，卸落拱架时，先将卷扬机摇紧，然后将拱顶卸落设备上的螺栓松两转，即可放松卷扬机，敲松拱顶卸拱木；如此循环松降，直至降落到设定的卸落量。

③钢桁架拱架的卸落。当钢桁架拱架的卸落设备架设于拱顶时，可在系吊或支撑的情况下，逐次松动卸落设备，逐次卸落拱架；直至拱架脱离拱围后，才将拱架拆除。当卸落设备（一般为砂筒）架设于拱脚时，为防止拱架与墩（台）顶紧阻碍拱架下降，应在拱脚三角垫与墩（台）之间设置木楔。卸落拱架时，先松动木楔，再逐次、对称地泄砂落架。

拼装式钢桁架拱架可利用拱围进行拱架的分节拆除，拆除后的拱架节段可用缆索起重机吊移。图 10-9 为拼装式钢桁架拱架的拆除。

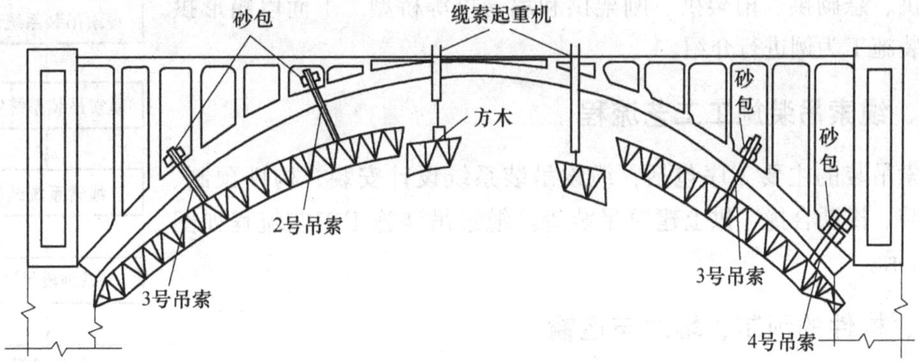

图 10-9 拼装式钢桁架拱架的拆除

3. 拱上建筑施工

拱上建筑施工包括立柱、横梁及桥面铺装等构件施工。主拱圈混凝土达到设计强度后方能进行拱上结构施工。应先卸除拱架、扣索等约束，施工时应严格按照设计加载程序进行，一般应根据施工验算由拱脚至拱顶均衡、对称加载。应加强施工观测，使施工过程中的拱轴线与设计拱轴线尽量吻合。拱上结构的立柱、横墙的基座，在施工前应对其位置和高程复测检查，如超过允许偏差应予以调整。基座与主拱的联结应牢固。拱上腹拱圈施工时，应注意腹拱圈所产生的推力对立柱或横墙的影响，相邻腹板的施工进度应同步。

三、就地浇筑拱圈质量检测标准

就地浇筑拱圈质量检测标准见表 10-1。

表 10-1　就地浇筑拱圈质量检测标准

检查项目		规定值或允许偏差/mm
混凝土强度/MPa		在合格标准内
轴线偏位/mm	板拱	10
	肋拱	5
内弧线偏离设计弧线	跨径 $L \leqslant 30m$	±20
	跨径 $L > 30m$	±$L/1500$
断面尺寸/mm	高度	±5
	顶、底、腹板厚	+10，-0
拱宽/mm	板拱	±20
	肋拱	±10
拱肋间距/mm		5

任务 10.2　拱桥装配式施工方法

任务描述：装配式拱桥施工，是将拱桥构件分块预制，然后采用缆索吊装系统进行拼装。

混凝土拱桥采用缆索吊装系统进行装配式施工，主要适用于双曲拱、肋拱、箱形拱、组合箱形拱、悬砌拱、桁架拱、刚架拱和扁壳拱等桥型。下面以箱形拱缆索安装施工为例进行介绍。

一、缆索吊装施工工艺流程

缆索吊装的主要工序包括：缆索吊装系统设计安装、构件预制、拱肋吊装、拱肋合拢、拱上建筑吊装等。缆索吊装施工工艺流程如图 10-10 所示。

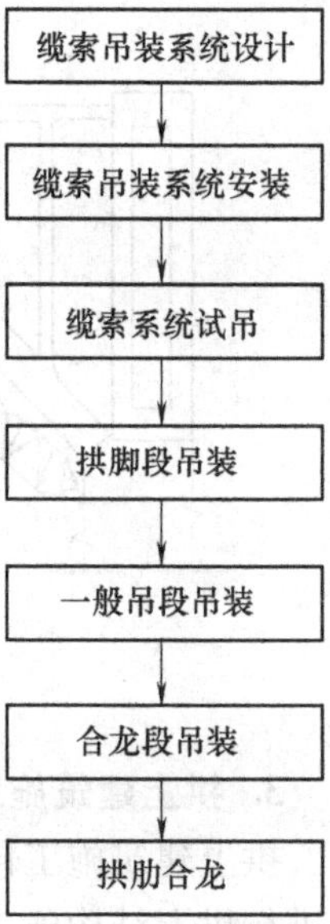

图 10-10　缆索吊装施工工艺流程

二、构件的预制、堆放与运输

1. 预制方法

(1) 拱肋坐标放样。对于装配式混凝土拱桥，拱肋坐标放样与有支架施工的拱肋坐标放样相同。

(2) 拱肋立式预制。采用立式浇筑方法预制拱肋，具有起吊方便、节省木材的优点。底模采用土牛拱胎密排浇筑时，能缩小预制场地，是预制拱肋最常用的方法，尤其适用于大跨径拱桥。立式预制的具体方法有：

1）土牛拱胎立式预制，如图 10-11 所示。

2）木支架立式预制。

3）条石台座立式预制。

（3）拱肋卧式预制。采用卧式预制，拱肋的形状和尺寸较易控制，特别是空心拱肋，浇筑混凝土时操作十分方便。卧式预制有下列几种方法：

1）木模卧式预制。预制拱肋数量较多时，宜采用木模，如图 10-12a 所示。

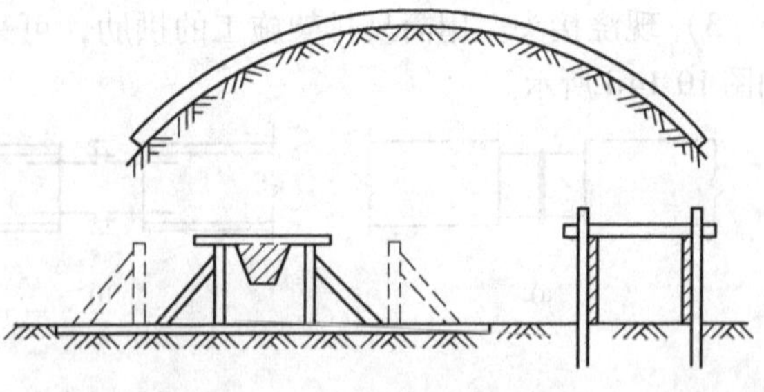

图 10-11　土牛拱胎立式预制

2）土模卧式预制。如图 10-12b 所示，在平整好的土地上，根据放样尺寸，挖出与拱肋尺寸大小相同的土槽；然后将土槽壁仔细抹平、拍实，铺上油毛毡或水泥袋，便可浇筑拱肋。虽然此法可节省木料，但土槽开挖较麻烦且容易损坏，尺寸也不如木模准确，仅适用于预制数量较少的中、小跨拱桥。

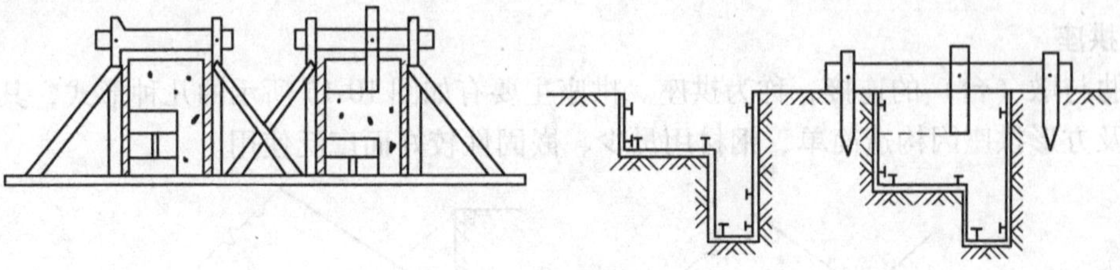

a）　　b）

图 10-12　拱肋卧式预制

3）卧式叠浇。如图 10-13 所示，采用卧式预制的拱肋，其混凝土强度达到设计强度的 30% 以后，在其上安装侧模，浇筑下一片拱肋，如此连续浇筑称为卧式叠浇。卧式叠浇的厚度一般可达 5 层。浇筑时，每层拱肋的接触面用油毛毡、塑料布或其他隔离剂将其隔开。

2. 拱肋分段与接头

（1）拱肋的分段。拱肋跨径在 30m 以内时，可不分段或仅分两段；在 30 ~ 80m 时，可分 3 段；大于 80m 时，一般分 5 段。拱肋分段吊装时，理论上接头宜选择在拱肋的自重弯矩最小的位置及其附近，但一般为等分，这样各段重量基本相同，有利于吊装。

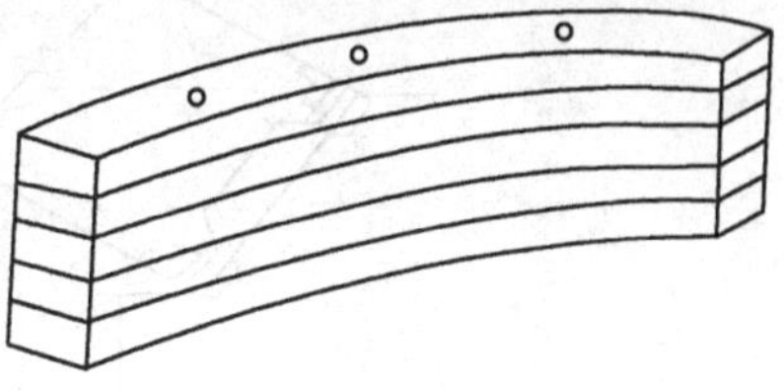

图 10-13　拱肋卧式叠浇

（2）拱肋的接头形式

1）对接。为方便预制，简化构造，拱肋分两段吊装时多采用对接形式，如图 10-14a，b 所示。吊装时先使中段拱肋定位，再将边段拱肋向中段拱肋靠拢，以防中段拱肋搁置在边段拱肋上，增加扣索拉力及中段拱肋的搁置弯矩。对接接头在连接处为全截面通缝，要求接头的连接材料具有很高的强度。

2）搭接。分 3 段吊装的拱肋，因接头处在自重弯矩较小的部位，一般宜采用搭接形式，如图 10-14c 所示。分 5 段安装的拱肋，边段与次边段拱肋的接头也可采用搭接形式。

搭接接头受力较好，但构造复杂，预制也较困难，须用样板进行校对、修凿，以确保拱肋的安装质量。

3）现浇接头。用简易排架施工的拱肋，可采用主筋焊接或主筋环状套接的现浇接头，如图 10-14d 所示。

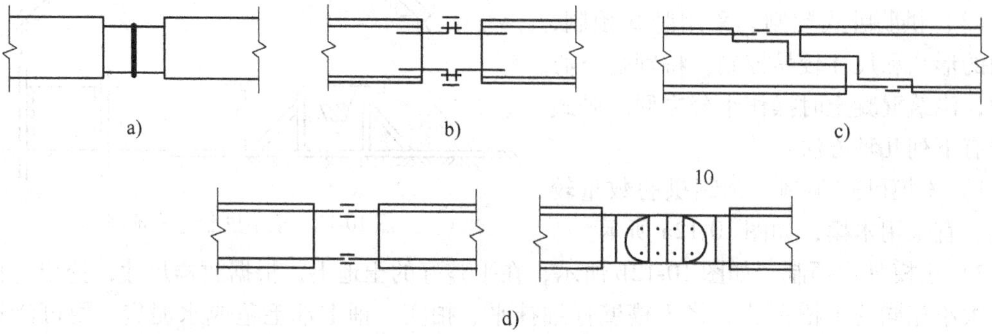

图 10-14　拱肋接头形式

3. 拱座

拱肋与墩（台）的连接，称为拱座。拱座主要有如图 10-15 所示的几种形式，其中插入式拱座及方形拱座因构造简单、钢材用量少、嵌固性较好而广泛使用。

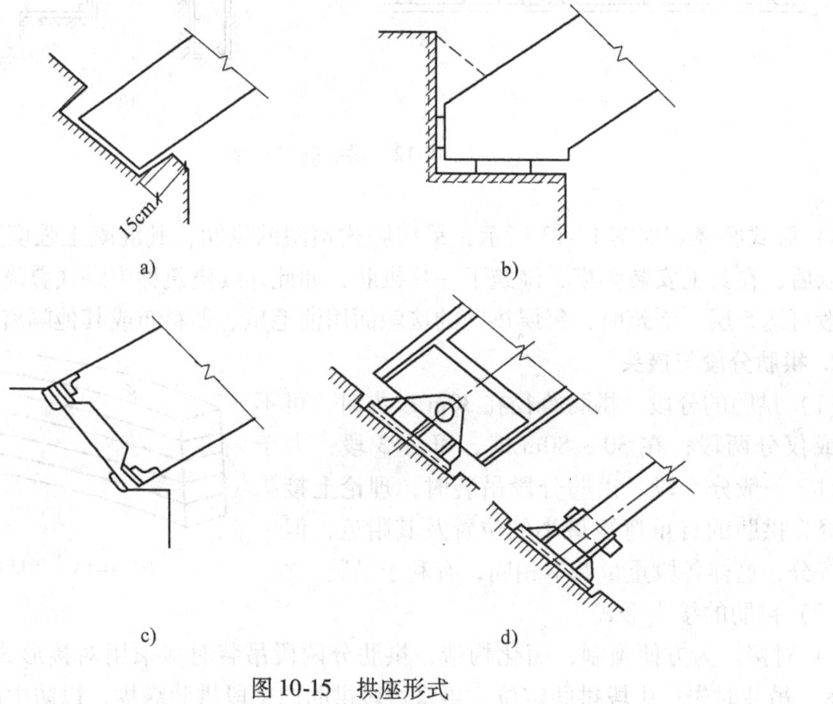

图 10-15　拱座形式

a）插入式　b）预埋钢板法　c）方形肋座　d）钢铰连接

4. 拱肋起吊、运输及堆放

拱肋在脱模、运输、起吊时，混凝土的强度不应低于设计所要求的吊装强度，一般不得低于设计强度的 75%。

（1）场内起吊。拱肋移运起吊时的吊点位置应是设计图上的设计位置，如设计无要求时，应结合拱肋的形状、拱肋截面内的钢筋布置，以及吊运、搁置过程中的受力情况等综合考虑确定，以保证移运过程中的稳定、安全。当采用两点起吊时，吊点位置应设在拱肋弯曲平面的重心轴上，一般可设在离拱肋端头（0.22～0.24）L处（L为拱肋长度）。当拱肋较长或曲率较大时，应采用3点起吊或4点起吊，以保证拱肋受力均匀和稳定。3点起吊除跨中设一吊点外，其余两吊点可设在离拱肋端头0.2L处。采用4点起吊时，外吊点一般设在离拱肋两端头0.17L处，内吊点可设在离拱肋两端头0.37L处，4个吊点应左右对称布置。

大跨径拱桥的拱肋脱模起吊一般采用龙门架，小跨径拱桥的拱肋脱模起吊可采用三角扒杆、起重机等。

(2) 场内运输（包括纵、横移）。场内运输可采用龙门架、胶轮平板挂车、汽车平板车、轨道平车或船只等机具。

龙门架适用于场地平整，预制构件集中，构件质量大、数量多的场合。当采用一组龙门架时，可进行脱模、起吊和横向运输；当采用两组龙门架时，还可进行纵向运输。

当拱肋较长较重时，可利用汽车平板车运输。运输时，在前后车上加设纵梁，以保证构件安全。

重型的拱肋可采用轨道平车进行纵向和横向运输，横向运输时只能从预制场外侧向中间行进。纵向运输时需敷设简易轨道，将拱肋移到主索下起吊。当必须从水上运输时，可采用驳船、浮箱或渡船。

(3) 构件堆放。拱肋堆放时应尽可能卧放，特别是矢跨比较小的构件（拱肋、拱块）。卧放时应垫三点，垫木位置应在拱肋中央及离两端0.15L处，三个垫点应同高度。如必须立放时，应搁放在符合拱肋曲度的弧形支架上，若无此种支架，则应垫搁三个支点，其位置应在中央及距两端0.2L处，各支点高度应符合拱肋曲度，以免拱肋折断。

堆放构件的场地应平整夯实，不得积水。当因场地有限而采用堆垛时，应设置垫木。堆放高度应由构件强度、地面承载力、垫木强度以及堆放的稳定性确定，一般以2层为宜，不应超过3层。

构件应按吊运及安装顺序堆放，并留适当通道，防止越堆吊运。

三、吊装程序

根据拱桥的吊装特点，其一般吊装程序为：边段拱肋吊装及悬挂、次边段拱肋吊装及悬挂（对五段吊装）、中段拱肋吊装及拱肋合龙、拱上构件的吊装或砌筑安装等。

全桥拱肋的安装可按下列原则进行：

(1) 单孔桥吊装拱肋的顺序常由拱肋合龙的横向稳定方案决定；多孔桥吊装应尽可能在每孔内多合龙几片拱肋后再推进，一般不少于两片拱肋。对于肋拱桥，在吊装拱肋时应尽早安装横系梁，加强拱肋的稳定性。

(2) 设有制动墩的桥跨，常以制动墩为界分孔吊装，先合龙的拱肋可提前进行拱肋接头、横系梁及拱波等的安装。

(3) 采用缆索吊装时，为减少主索的横向移动次数，可将每个主索位置下的拱肋全部吊装完毕后再移动主索。一般将起吊拱肋的桥孔安排在最后吊装，必要时该孔最后几段拱肋可在两肋之间用“穿孔”方法起吊。

(4) 为减少扣索往返拖拉次数，可按吊装推进方向，顺序地进行吊装。缆索吊装施工工序为：在预制场预制拱肋（箱）和拱上结构，将预制拱肋和拱上结构通过平车等运输设备移运至缆索吊装位置；将分段预制的拱肋吊运至安装位置，利用扣索对分段拱肋进行临时固定，吊装合龙段拱肋；对各段拱肋进行轴线调整，主拱圈合龙，拱上结构安装。

四、吊装准备工作

1. 预制构件质量检查

预制构件起吊安装前必预进行质量检查，不符合质量标准和设计要求的不准使用，有缺陷的应预先予以修补。拱肋的接头和端头应用样板进行校验，突出部分应予以凿除，凹陷部分应用环氧树脂砂浆抹平；接头混凝土的接触面应凿毛，钢筋应除锈；螺栓孔应用样板进行套孔，如不合适应适当扩孔；拱肋的接头及端头应标出中线。应仔细检测拱肋的上下弦长，如与设计不符，应将长度大的弧长凿短。拱肋在安装后如发生接合面张口现象，可在拱座和接头处垫塞钢板。

2. 墩（台）拱座尺寸检查

墩（台）拱座混凝土面要修平，水平顶面高程应略低于设计值，预留孔长度应不小于计算值；拱座后端面应与水平顶面相垂直，并与桥墩中线平行。在拱座面上应标出拱肋安装位置的台口线及中线，用红外线测距仪或钢卷尺（装拉力计）复核跨径，每个拱座在肋宽范围内左右均应至少测量两次。用装有拉力计的钢卷尺测量时，测量结果要进行温度和拉力修正。

3. 跨径与拱肋的误差调整

每段拱肋在预制时，拱背弧长宜短于设计弧长 5 ~ 10cm，使拱肋合龙时接合面保留上缘张口，以便嵌塞钢板，调整拱轴线。通过测量和计算得到的拱肋长度及墩（台）之间净跨的施工误差，可以用拱座处垫铸铁片来调整。

五、拱肋缆索起吊

拱肋从预制场运到现场后，一般用起重索直接起吊。当不能直接起吊时，可采用下列方法：

1. 翻身

(1) 就地翻身，如图 10-16a 所示，先用枕木垛将平卧拱肋架至一定高度，使其在翻身后两端头不致碰到地面，然后用一根短钢索将拱肋吊点与吊钩相连，边起重拱肋边翻身直立。

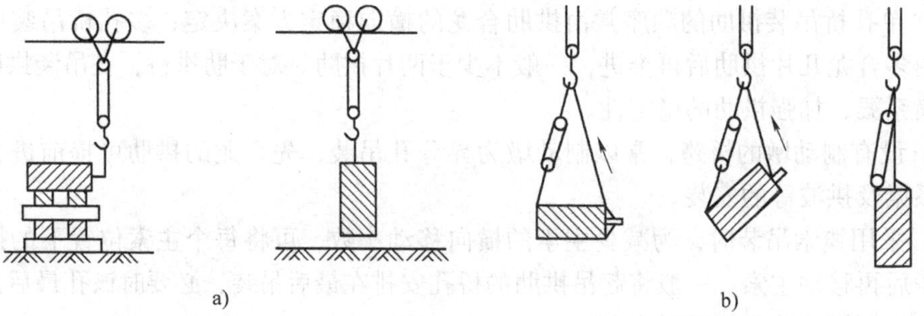

图 10-16　拱肋翻身

（2）空中翻身，如图 10-16b 所示，在拱肋的吊点处用一根串有滑车的短钢索穿过拱肋吊环，将拱肋兜住，挂在主索吊钩上；然后收紧起重索起吊拱肋，当拱肋起吊至一定高度时，缓慢放松滑车，使拱肋翻身为立式。

2. 掉头

为方便拱肋预制，边段拱肋有时采用同一方向预制，这样部分拱肋在安装时就需要掉头，掉头方法常因设备不同而异：

（1）在河中起吊时，可利用装载拱肋的船进行掉头。

（2）在平坦场地采用胶轮平车运输时，可将起重机与平车配合起吊将拱肋掉头。

（3）用一个起重机吊钩将拱肋吊离地面约 50cm，再用人工拉动麻绳使拱肋旋转 180° 掉头放下；当一个起重机承载力不够时，可在两个起重机下另加一钢扁担起吊，旋转调头。

3. 吊鱼法起吊

如图 10-17 所示，当拱肋从塔架下面通过后，在塔架前起吊而塔架前场地不足时，可先用一个起重机吊起一个吊点并向前牵出一段距离后，再用另一个起重机吊起第二个吊点。

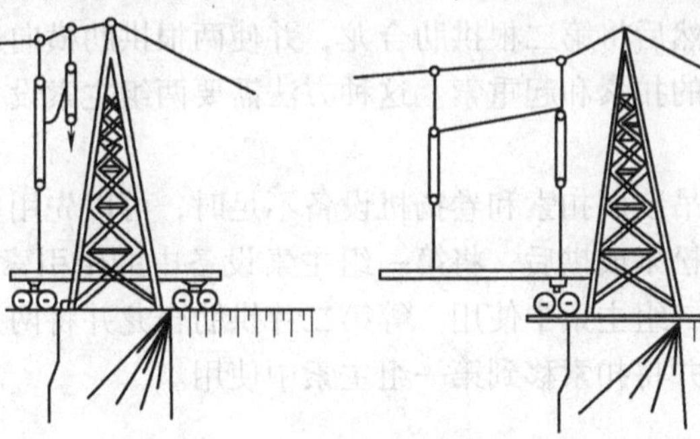

图 10-17　吊鱼法起吊

4. 穿孔

拱肋在桥孔中起吊时，最后几段拱肋常需在该孔已合龙的拱肋之间穿过，俗称穿孔，如图 10-18 所示。

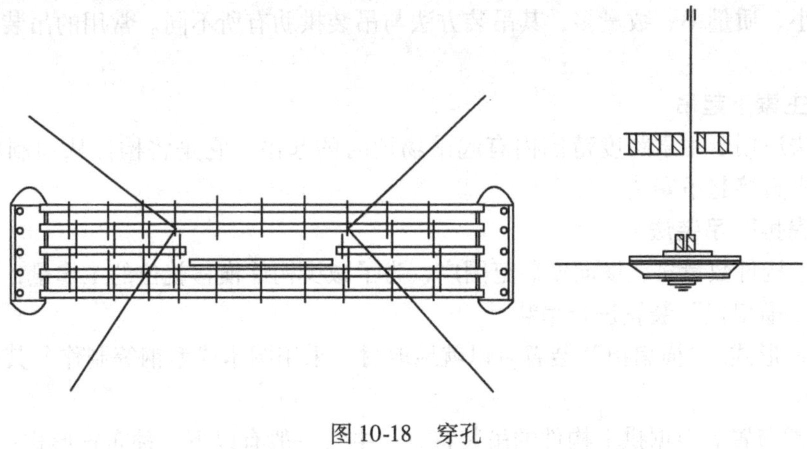

图 10-18　穿孔

六、拱肋缆索吊装合龙方式

边段拱肋悬挂固定后，就可以吊运小段拱肋进行合龙。拱肋合龙后，通过接头、拱座的连接处理，使拱肋由铰接状态逐步成为无铰拱，因此拱肋合龙是拱桥无支架吊装的一项关键工作。拱肋合龙的方式比较多，主要根据拱肋的纵向与横向稳定性、跨径、分段数，以及地形和机具设备等选用不同的合龙方式。

1. 单基肋合龙

拱肋整根预制吊装或分两段预制吊装的中、小跨径拱桥，当拱肋高度大于0.009L（L为跨径），拱肋底面宽度为肋高的0.6～1.0倍，且横向稳定系数不小于4时，可以进行单基肋合龙，嵌紧拱脚后，松索成拱。这时，其横向稳定性主要依靠拱肋接头附近所设的缆风索来加强，因此缆风索必须十分可靠。

单基肋合龙的突出优点是所需要的扣索设备较少，相互干扰也较少，因此可用在扣索设备不足的多孔桥跨中。

2. 双基肋同时合龙

当拱肋跨径大于等于80m或虽小于80m，但单肋合龙横向稳定系数小于4时，应采用双基肋同时合龙。即当第一根拱肋合龙并调整轴线，楔紧拱脚及接头缝后，松索压紧接头缝，但不卸掉扣索和起重索；然后将第二根拱肋合龙，并使两根拱肋横向连接固定。拉好缆风索后，再同时松卸两根拱肋的扣索和起重索。这种方法需要两组主索设备。

3. 留索单肋合龙

在采用两组主索设备吊装而扣索和卷扬机设备不足时，可以先用单肋合龙方式吊装一片拱肋合龙。待合龙的拱肋松索成拱后，将第一组主索设备中的牵引索、起重索用卡子固定，抽出卷扬机和扣索移到第二组主索中使用。等第二片拱肋合龙并将两片拱肋用木夹板横向连接固定后，再松开起重索并将扣索移到第一组主索中使用。

七、拱上构件吊装

主拱圈以上的结构部分，均称为拱上构件。拱上构件的砌筑同样应按规定的施工程序进行，以免产生过大的拱圈应力。为了能充分发挥缆索吊装设备的作用，可将拱上构件中的立柱、盖梁、行车道板、腹拱圈等做成预制构件，用缆索吊装施工，以加快施工速度。但因这些构件尺寸小、质量小、数量多，其吊装方法与吊装拱肋有所不同。常用的吊装方法有以下几种：

1. 运入主索下起吊

这种方法适用于主索跨度范围内有起吊场地时的起吊，它是将构件从预制场运到主索下，由起重机直接起吊安装。

2. “横扁担”吊装法

由于拱上构件数量多，横向安装范围广，为了减少构件横移就位的工作量，加快施工速度，可采用“横扁担”装置进行吊装。

（1）构造形式。“横扁担”装置可以就地取材，采用圆木或型钢等制作，其构造形式如图10-19所示。

（2）主索布置。根据拱上构件的吊装特点，主索一般有以下三种布置形式：

1）将主索布置在桥的中线位置上，起重机前后布置，并用吊绳连接。每个起重机的吊点上安装一副“横扁担”。这种布置比较简单，多用于一组主索吊装（图10-20）；但吊装的稳定性较差，起吊构件须左右对称、质量相等。

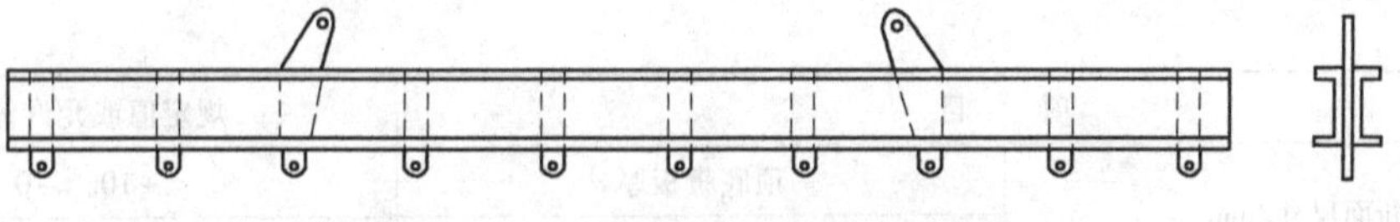

图10-19　“横扁担”装置构造形式

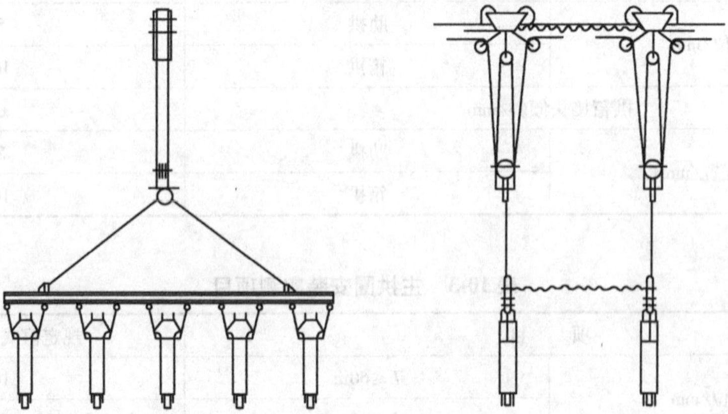

图10-20　一组主索吊装

2）在双跨缆索吊装中，将两起重机拆开，每一跨缆索中安装一个，用一根长钢丝绳联系起来（钢丝绳长度相当于两跨中较长一跨的长度）。这种布置，由于起重机车只能平行运行，因此两跨不能同时吊装构件，如图10-21所示。

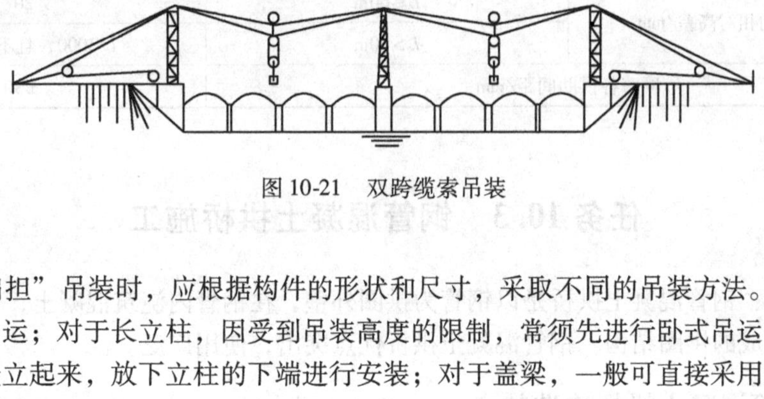

图10-21　双跨缆索吊装

3. 吊装

用“横扁担”吊装时，应根据构件的形状和尺寸，采取不同的吊装方法。对于短立柱，可直接直立吊运；对于长立柱，因受到吊装高度的限制，常须先进行卧式吊运，待运到安装位置后，再竖立起来，放下立柱的下端进行安装；对于盖梁，一般可直接采用卧式吊运进行安装；对于腹拱圈、行车道板的吊装，为减小立柱所承受的单向推力，应在横桥方向上分组，沿桥跨方向逐次安装。

八、预制拱圈节段检测项目及拱圈安装检测项目

预制拱圈节段检测项目见表10-2，拱圈安装检测项目见表10-3。

表10-2　预制拱圈节段实测项目

项　目	规定值或允许偏差
混凝土强度/MPa	在合格标准内
每段拱箱内弧长/mm	+0，－10
内弧偏离设计弧线/mm	5

（续）

项　　目		规定值或允许偏差
断面尺寸/mm	顶底腹板厚	+10，-0
	宽度及高度	+10，-5
轴线偏位/mm	肋拱	5
	箱拱	10
拱箱接头倾斜/mm		±5
预埋件位置/mm	肋拱	5
	箱拱	10

表 10-3　主拱圈安装实测项目

项　　目		规定值或允许偏差
轴线偏位/mm	$L \leqslant 60$m	10
	$L > 60$m	$L/6000$，且不超过 40
拱圈高差/mm	$L \leqslant 60$m	±20
	$L > 60$m	$\pm L/3000$，且不超过 50
两对称接头相对高差/mm	$L \leqslant 60$m	20
	$L > 60$m	$L/3000$，且不超过 40
同跨各拱肋相对高差/mm	$L \leqslant 60$m	20
	$L > 60$m	$L/3000$，且不超过 50
同跨各拱肋间距/mm		±30

注：L 为跨径。

任务 10.3　钢管混凝土拱桥施工

任务描述：钢管混凝土拱桥是以钢管为拱圈外壁，在钢管内浇筑混凝土，使其形成由钢管和混凝土组成的拱圈结构。钢管混凝土拱桥优点突出，使用广泛。

一、钢管混凝土拱桥构造特点

1. 截面形式

钢管混凝土结构的主要特点之一是钢管对混凝土的套箍作用，使钢管内的混凝土处于三向受力状态，提高了混凝土的抗压强度和抗变形能力。钢管混凝土拱桥的拱肋截面形式如图 10-22 所示。

2. 结构形式

随着钢管混凝土拱桥的迅速发展，全国已修建了各种结构形式的钢管混凝土拱桥。中承式钢管混凝土拱桥（图 10-23）是目前钢管混凝土拱桥中应用最多的一种，由于桥面位置在拱的中部穿过，可以随引桥两端接线所需的高度上下调整，所以适应性很强。当地质条件较好时，一般均采用有推力的中承式钢管混凝土拱桥。当地质条件较差，或受城市道路接线高

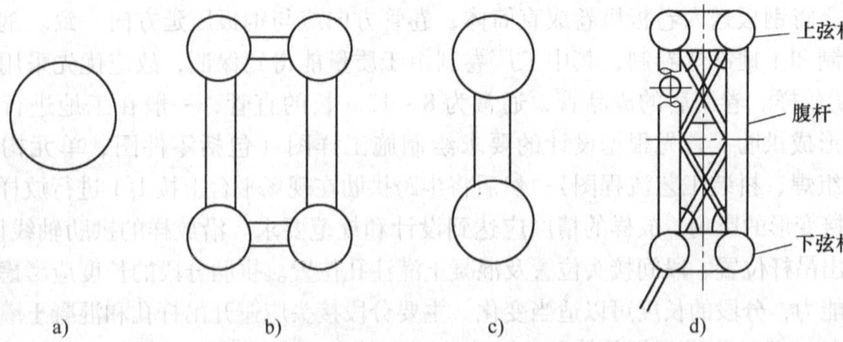

图10-22 钢管混凝土拱桥的拱肋截面形式

度的限制时，往往采用下承式系杆拱结构形式，拱脚的推力由系杆承受。本节以中承式钢管混凝土拱桥为例介绍钢管混凝土拱桥施工技术。

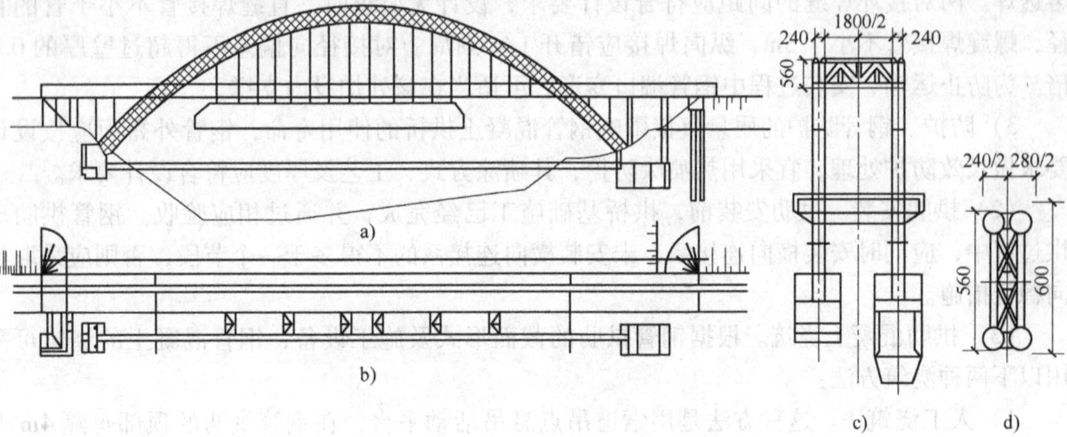

图10-23 某中承式钢管混凝土拱桥

二、中承式钢管混凝土拱桥施工

1. 施工程序

第一步：分段制作钢管、腹杆及斜撑，然后在样台上拼接钢管；接着吊装钢管拱肋就位合龙，从拱顶向拱脚对称施焊，封拱脚，使钢管拱肋转为无脚拱。

第二步：从拱顶向拱脚对称安装肋间横梁、“X”形支撑及“K”形支撑等结构。

第三步：按设计程序浇筑钢管内混凝土。

第四步：安装吊杆，拱上立柱，纵、横梁，以及桥面板，浇筑桥面混凝土。

2. 施工技术要点

（1）钢管拱肋制作。钢管混凝土拱桥所用的钢管直径较大，钢管由钢板卷制成型，管节长度由钢板宽度确定，一般为120～180cm。采用桁式截面时，上下弦之间的腹杆由于直径较小，可以直接采用无缝钢管。拱肋制作的关键在于拱肋在放样平台上的精确放样和严格控制焊接质量，应尽量减少高处焊接，严格控制钢管拱肋的制作质量。

1）钢管卷制和焊接。钢板利用焰割机切割，应将热力影响的宽度（3～5mm）去掉。拱肋及横撑结构的外表面均应先喷砂除锈，按一级表面清理。钢板卷制前，应根据要求将板端开好坡口，将钢板送入卷板机卷成直筒体，卷管方向应与钢板压延方向一致。钢板卷制可采用工厂卷制和工地冷弯卷制，其中工厂卷制由于质量能得到保证，故应优先采用。

2）拱肋放样。卷制后的成品管，通常为 8～12m 长的直管，一般在工地进行接头、弯制、组装，形成拱肋。首先根据设计的要求绘制施工详图（包括零件图、单元构件图、节段单元图及组焊、拼装工艺流程图）；然后将半跨拱肋在现场平台上按 1:1 进行放样，注意考虑温度和焊接变形的影响，放样的精度应达到设计和规范要求。沿放样的拱肋轴线设置胎架，在大样上放出吊杆位置、段间接头位置及混凝土灌注孔位置。拱肋分段的长度应考虑从工厂到工地的运输能力，分段的长度可以适当变化。主要分段接头应避开吊杆孔和混凝土灌注孔。

按拱肋加工段长度进行钢管接长。首先应对两管的对接端进行校圆，除成品管按相应的国家标准外，圆度一般不大于 $3D/1000$（D 为钢管直径），达不到要求的必须进行调校。接下来进行坡口处理，包括对接端平面度的检查，然后焊接。在工地弯管宜采用加热顶压方式，加热温度不得超过 800℃。钢管的对接焊缝可采用有衬管的单面坡口焊和无衬管的双面熔透焊。两对接环焊缝的间距应符合设计要求，设计无要求时，直缝焊接管不小于管的直径，螺旋焊接管不小于 3m，纵向焊接应错开 1/4 圆周。对接径向偏差不得超过壁厚的 0.2 倍。为防止运输、安装过程中钢管端口变形，可适当在该处加设内支撑。

3）防护。钢管防护的质量直接影响钢管混凝土拱桥的使用寿命，钢管外露面应按设计要求做长效防护处理，宜采用热喷涂防护，其喷涂方式、工艺及厚度应符合设计要求。

（2）拱肋安装。拱肋安装前，拱桥基础施工已经完成，并通过相应验收。钢管拱肋成拱过程中，应同时安装横向连接系，未安装横向连接系的不得多于一个节段，否则应采取横向稳定措施。

（3）拱肋混凝土浇筑。根据钢管拱肋的截面形式及施工设备，钢管混凝土的浇筑可采用以下两种浇筑方法：

1）人工浇筑法。这种方法是用索道吊点悬吊活动平台，在钢管拱肋的顶部每隔 4m 开孔作为灌注孔和振捣孔。混凝土由吊斗运至拱肋灌注孔，混凝土由人工铲进，用插入式振捣棒振捣。人工浇筑法一般适用于单管、哑铃形等实体形拱肋截面的混凝土浇筑。拱肋截面为哑铃形时，浇筑程序为先腹板、后下管、再上管，从拱脚向拱顶对称、均衡地加载、并通过严格控制拱顶上升及墩顶位移来调整浇筑顺序，使施工中钢管拱肋的应力不超过规定值，并保证拱肋的稳定性。

2）泵送顶升浇筑法。钢管混凝土应采用泵送顶升压注施工，泵送顺序应由拱脚至拱顶对称均衡连续压注完成。有腹箱的断面应先管后腹，除拱顶外不宜在其余部位设置横隔板。钢管混凝土的配合比应具有低泡、大流动性、收缩补偿、延后初凝和早强等良好的工作性能。钢管混凝土压注前应先清洗管内污物，润湿管壁，泵入适量水泥浆，然后再压注混凝土。管内混凝土的压注应连续进行，直至钢管顶端排气孔排出正常的混凝土时才能停止。混凝土压注完成后应及时关闭设于压注口的倒流截止阀。钢管混凝土的内部质量检测应以检测混凝土与钢管之间的脱粘程度和混凝土的密实为主，其检测方法可参照《超声波检测混凝土缺陷技术规程》（CECS 21—2000）执行。

（4）浇筑混凝土注意事项。钢管混凝土填充的密实度是保证钢管混凝土拱桥承载能力的关键问题。钢管内混凝土是否灌满，混凝土收缩后与钢管壁形成的空隙往往是问题所在。质量检测以超声波检测为主，人工敲击为辅。当然，采用小铁锤敲击钢管听声音的方法是十分简单和有效的。通过检测，有空隙的部位必须进行钻孔压浆补强。施工中除应按设计要求进行处理外，还应注意以下几点：

1）每根钢管的混凝土应由拱脚至拱顶一次连续浇筑完，不得中断，且浇筑完成时间不宜超过第一盘入管混凝土的初凝时间。当钢管直径较大，混凝土初凝时间内不能浇完一根钢管时，可设隔板把钢管分为3段或5段分段灌注。隔板的钢板厚度应大于1.5倍的钢管壁厚。下段开口应紧靠隔板，使两段混凝土通过隔板严密结合。隔板周边应与钢管内壁焊接。

2）浇筑入口应设在浇筑段根部，应从两拱脚向拱顶对称浇筑。用顶升法浇筑时，严禁从中部或顶部抛灌。

3）浇筑混凝土的前进方向，应每隔30cm左右设一个排气口，以利于排出空气，提高管内混凝土的密实度。

4）桁式钢管拱肋混凝土的浇筑顺序，一般为先下管、后上管或上下管和相邻管的混凝土浇筑按一定程序交错进行或按设计要求进行。

5）浇筑时环境温度应高于5℃。当环境温度高于40℃，钢管温度高于60℃时，应采取措施降低钢管温度。

6）因浇筑管道较小，要求混凝土有较高的和易性，为控制混凝土凝结时的收缩，施工时应加入适量的减水剂和微膨胀剂，并注意振捣密实。

大跨径钢管混凝土拱桥的混凝土可以分环或分段浇筑，浇筑时应从拱脚向拱顶对称进行。大跨径拱肋灌注混凝土时，应对拱肋变形和应力进行观测，并在拱顶附近配置压重，以保证施工安全。

（5）桥面系安装

1）主拱圈混凝土达到设计强度后方能进行拱上结构施工。应先卸除拱架、扣索等约束。施工时应严格按照设计加载程序进行，一般应根据施工验算由拱脚至拱顶均衡、对称加载。应加强施工观测，使施工过程中的拱轴线与设计拱轴线尽量吻合。

2）拱上结构的立柱、横墙的基座，在施工前应对其位置和高程复测检查，如超过允许偏差应予以调整。基座与主拱的联结应牢固。

3）拱上腹拱圈施工时，应注意腹拱圈所产生的推力对立柱或横墙的影响，相邻腹板的施工进度应同步。

4）安装桥面板时，应按照纵向对称和横向对称原则进行。宜从拱一端到另一端分阶段往复安装，以改善主拱圈受力。

三、钢管拱肋混凝土浇筑实测项目

钢管拱肋混凝土浇筑实测项目见表10-4。

表10-4 钢管拱肋混凝土浇筑实测项目

项目		规定值或允许偏差
混凝土强度/MPa		在合格标准内
轴线偏位/mm	$L\leq60m$	10
	$L=200m$	30
	$L>200m$	$L/4000$，且不超过40

（续）

项　目	规定值或允许偏差
拱圈高程/mm	±L/3000，且不超过±50
对称点高差/mm	L/3000，且不超过40

注：L 为跨径。当 L 在 60～200m 之间时，轴线偏位允许偏差内插。

思 考 题

1. 简述有支架现浇混凝土拱桥的施工工艺。
2. 简述有支架现浇混凝土拱桥的施工工艺。
3. 拱上建筑有哪些？
4. 拱肋的预制方法有哪些？
5. 简述钢管混凝土的特点？

项目 11 斜拉桥与悬索桥施工

学习目标：1. 了解斜拉桥施工方法

2. 了解悬索桥施工方法

斜拉桥、悬索桥是特大桥梁的常用桥型，具有工程规模大、质量要求高、施工技术难度大的特点。

任务 11.1 斜拉桥施工

任务描述：斜拉桥是特大桥梁的常用桥型。斜拉桥的组成部分包括基础、索塔、主梁及斜拉索等，斜拉桥的施工主要是基础、索塔、主梁及斜拉索的施工。本项目介绍索塔、主梁及斜拉索的施工方法。

一、斜拉桥的结构形式

斜拉桥是用许多拉索将主梁直接拉在桥塔上的一种组合受力体系的桥梁，其主体结构由斜拉索、索塔、基础、主梁等组成。

1. 斜拉桥整体布置

常见的斜拉桥布置形式有独塔双跨式、双塔三跨式和多塔多跨式。

（1）相对于双塔三跨式，独塔双跨式斜拉桥的主跨径较小，而且常采用双跨不等的非对称形式，使结构整体以受轴向力为主，以充分发挥材料的优势，这种布置形式在跨越中、小河流和城市通道时较常用。

（2）斜拉桥布置成双塔三跨式时，具有主跨径较大、便于通航、计算简单、方便施工等优点，因此在大跨度桥中最为常见，适用于跨越海峡和宽度较大的河流、峡谷等。

（3）多塔多跨式斜拉桥现在已经很少采用，因为这种形式的桥中间塔顶处没有端锚索来有效地限制其变位，采用多塔多跨式会使结构的柔性增大，对抗风不利。

2. 索塔

索塔常见的布置形式有独柱式、“A”形、倒“Y”形、“H”形等。索塔的形状和高度对审美、结构刚度及整体稳定性有重大影响。索塔受力比较复杂，必须保证其具有足够的刚度和强度。索塔的形式必须适合于拉索的布置，使传力简单明确。主塔高度设计时应考虑经济情况、主跨跨度、所选主塔的形状、主梁截面形式以及景观要求等。

3. 斜拉索

斜拉索常见的布置形式有单索面、竖向双索面和斜向双索面。单索面应用较少，因为采用单索面时拉索对结构抗扭不起作用，主梁需要采用抗扭刚度大的截面。采用双索面时，拉索的轴力可以抵抗较大的扭矩，所以主梁可以采用抗扭刚度较小的截面，而且双索面对抗风非常有利，因此双索面在大跨度斜拉桥中已经成为主要的形式。

4. 主梁

主梁常见的截面形式有板式截面和箱形截面。主梁截面选取主要由斜拉索的布置形式和抗风稳定性情况所决定。板式截面主梁构造简单、施工方便，一般适用于双索面斜拉桥。箱形截面主梁具有抗弯、抗扭刚度大，收缩变形较小等特点，能适应许多不同形式的拉索布置，对悬臂施工非常有利，而且可以部分预制、部分现浇，为施工方案提供了多种选择，因此箱形截面主梁逐渐成为现代斜拉桥中经常采用的形式。

二、索塔施工

索塔还常用钢结构、钢筋混凝土或预应力混凝土制成。索塔的构造远比一般桥墩复杂，塔柱可以是倾斜的，塔柱之间还可能有横梁；塔内须设置前后交叉的管道以备斜拉索穿过锚固；塔顶有塔冠，并须设置航空标志灯及避雷器；沿塔壁须设置检修攀登步梯，塔内还可建设观光电梯。因此，索塔施工必须根据设计、构造要求进行施工组织设计。

1. 钢主塔施工

钢主塔施工主要包括工厂加工和现场安装两大部分。钢主塔应在工厂分段立体试拼装合格后方可出厂。主塔在现场安装，常采用焊接和栓接混合连接的方式。经过工厂加工制造和分段立体试拼装的钢塔，在正式安装时，应予以测量控制，并及时用垫板或对螺栓孔进行扩孔来调整轴线和方位，防止施工误差、受力误差、安装误差、温度误差、测量误差的积累。

主塔的防锈措施可用耐久钢材或采用喷锌层，但绝大部分钢塔都采用油漆涂料，一般可保持的使用年限为 10 年。油漆涂料常采用两层底漆、两层面漆，其中 3 层由加工厂涂装，最后一层面漆由施工安装单位最终完成。

2. 混凝土主塔施工

（1）混凝土主塔施工工艺流程如图 11-1 所示。

（2）主塔施工。混凝土塔柱一般可采用支架法、滑模法、爬模法进行施工。在塔柱内，在塔壁中间常设有劲性骨架，劲性骨架在工厂加工，在现场分段拼接。劲性骨架安装定位后，可供测量放样、立模、拉索钢套管定位用，也可供施工受力用。劲性骨架在倾斜塔柱中的作用很大，应结合构件的受力需要设置。当塔柱为倾斜的内倾或外倾布置时，应考虑每隔一定的高度设置受压支架（塔柱内倾）或受拉拉条（塔柱外倾），以保证斜塔柱的受力、变形和稳定性。

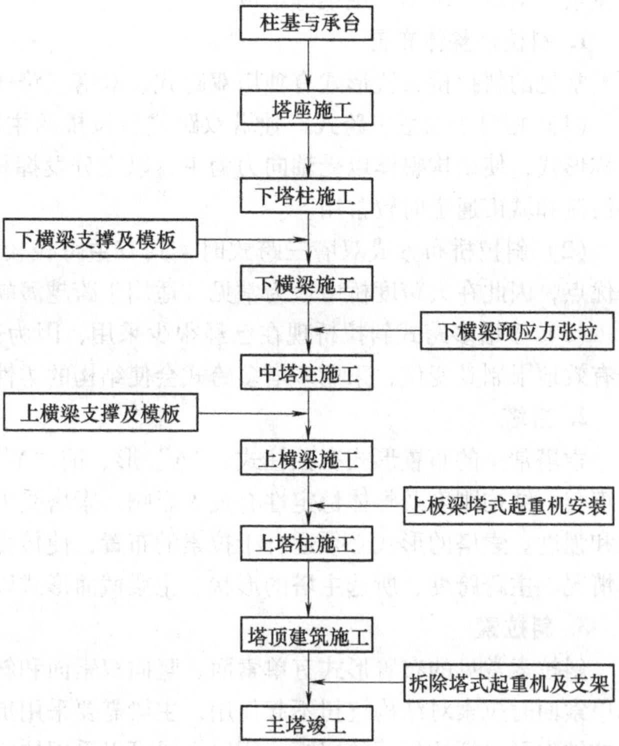

图 11-1 混凝土主塔施工工艺流程

主塔混凝土采取现场搅拌、吊

斗提送的施工方法。当主塔高度较高，用吊斗提送混凝土难以满足设计及施工要求时，可采用商品混凝土。为了改善混凝土的泵送性能和强度，应经试验确定配合比。

（3）下横梁、上横梁的施工。在高空中现浇大跨度、大断面、高强度等级预应力混凝土横梁，其难度很大。施工时要考虑到模板系统的弹性变形和模板支撑部分的不均匀沉降，混凝土梁、柱与钢支撑不同的线膨胀系数影响，日照对混凝土不同部位产生的温差致使构件产生的不均匀变形等影响，以及相应的变形调节措施。每次浇筑混凝土的供应量应保证在混凝土初凝前完成浇筑，并且采取有效措施，防止在早期养护期间及每次浇筑过程中由于支架的变形影响而造成混凝土梁开裂。

3. 主塔施工测量控制

斜拉桥主塔一般由基础、承台塔座、下塔柱、下横梁、中塔柱、上横梁、上塔柱（拉索锚固区）、塔顶建筑等八大部分或其中几部分组成。由于主塔的建筑造型千姿百态，断面形式各异，在主塔各部位的施工全过程中，除了应保证各部位的几何尺寸正确之外，更重要的是应该进行主塔局部测量系统的控制，并与全桥总体测量系统“接轨”。

主塔局部测量系统的控制基准点，应建立在相对稳定的基准点上，如选择在主塔的承台基础上，进行主塔各部位的空间三维测量控制；测量控制的时间，一般应选择22：00～7：00日照之前的时段内，以减少日照对主塔造成的变形影响。此外，随着主塔高度的不断升高，也应选择风力较小的时机进行测量，并对日照和风力影响予以修正。

若主塔局部测量系统的基点选择在相对稳定的承台基础上，随着主塔高度的增高及混凝土收缩、徐变、沉降，以及风荷载、温度等因素的影响，基准点必然会有少量的变化。为此，应该在上述八大部位的相关转换点上，与全桥总体测量坐标系统“接轨”，以便进行总体坐标的修正，进行测量的系统控制。

三、主梁的施工

1. 主梁施工方法

斜拉桥主梁施工方法与梁式桥基本相同，大体上有以下几种方法：

（1）顶推法。顶推法施工时需在跨间设置若干临时支墩，顶推过程中主梁反复承受正、负弯矩。该法较适用于桥下净空较低、修建临时支墩造价不大、支墩不影响桥下交通、抗压和抗拉能力相同、能承受反复弯矩作用的钢斜拉桥主梁施工。对混凝土斜拉桥主梁而言，由于斜拉索作用力是主梁承受荷载的主要保证，顶推施工需要在拉索张拉前顶推进行，顶推法一般临时支墩间距过大，主梁无法负担自重荷载弯矩，为满足施工需要，需设置预应力束。

（2）平转法。平转法是将上部构造分别在两岸或一岸顺河流方向的矮支架上现浇，并在岸上完成所有的安装工序（落架、张拉、调索等）；然后以墩、塔为圆心，整体旋转到桥位合龙。平转法适用于桥址地形平坦、墩身较矮和结构系适合整体转动的中、小跨径斜拉桥。

（3）支架法。支架法是在临时支架上进行混凝土浇筑的施工方法。其优点是施工简单方便、能确保结构满足设计线形。该施工方法适用于桥下净空低、临时支架不影响桥下交通的情况。

（4）悬臂法。悬臂法可以是在支架上修建边跨，然后中跨采用悬臂拼装和悬臂浇筑的单悬臂法；也可以是对称平衡方式的自由悬臂法。悬臂施工法分为悬臂拼装法和悬臂浇筑法两种。

2. 斜拉桥主梁施工特点

斜拉桥与其他梁桥相比，主梁高跨比很小，梁体十分纤细，拉弯能力差。在考虑施工方法时，必须充分利用斜拉桥结构本身的特点，在施工阶段就充分发挥斜拉索的效用，尽量减轻施工荷载，使结构在施工阶段和运营阶段的受力状态基本一致。

对于单索面斜拉桥，一般都需采用箱形断面。如全断面一次浇筑，为减少浇筑重量，要在一个索距内纵向分块，并需额外配置承受施工荷载的预应力束。所以，一般做法是将横断面适当地分解为三部分，即中箱、边箱和悬臂板，先完成包含主梁锚固系统的中箱，张拉斜拉索，形成独立稳定结构；然后以中箱和已浇节段的边箱为依托，浇筑两侧边箱；最后用悬挑小挂篮浇筑悬臂板，使整体箱梁按“品”字形向前推进。

对于双索面斜拉桥，主梁节段在横断面方向分为两个边箱和中孔梁段三段，边箱安装就位后张拉斜拉索，利用预埋于梁体内的小钢箱来传递斜拉索的水平分力，使边箱自重分别由两边的拉索承担，从而降低了对挂篮承重的要求，减轻了挂篮自重；最后安装中孔梁段并现浇纵、横接缝混凝土。

3. 中孔合龙

为保证大桥中孔能顺利合龙，根据以往斜拉桥的成功经验，一般选择自然合龙的方法。

采用自然合龙的方法需要考虑以下几个方面：

（1）合龙温度的确定。

（2）温度变形的控制。施工过程中应对温度变形进行监测，特别是对将接近合龙段时的中孔梁段温度变形更应重点量测。

（3）合龙段钢梁长度的确定。先设计合龙段长度，在实际施工时再予以修正。其实际长度应为合龙温度下的设计长度加减温度变形量。

（4）合龙段的安装。合龙段钢梁的安装是一个抢时间、抢速度的施工过程，必须在有限的时间里完成，因此在合龙前必须做好一切准备工作。钢梁应预先吊装就位，一旦螺孔位置平齐，即打入冲钉，施拧高强度螺栓，确保合龙一次成功。

（5）临时固结的解除。中孔梁一旦合龙，必须马上解除临时固结，否则由温度变化所产生的结构变形和内力会使结构难以承受，因此在合龙段钢梁高强度螺栓施拧完毕后，立即拆除临时固结。

四、斜拉索施工

1. 钢索的种类

钢索作为斜拉桥的主体，必须用高强度的钢筋、钢丝或钢绞线制作。钢索主要有以下几种形式：

（1）平行钢筋索。

（2）平行（半平行）钢丝索。

（3）平行（半平行）钢绞线索。

（4）单股钢绞缆。

（5）封闭式钢缆。

2. 斜拉索制作有关要求

（1）斜拉索色彩要求与制作。由聚乙烯材料作护套的斜拉索均为黑色。当设计要求采用涂料涂成彩色护套时，应在斜拉索安装调试完成后进行，所用涂料必须具有抗老化的能力；当设计要求在工厂制索直接制成彩色护套时，则可以采用两次挤塑的制作工艺，在黑色护套挤塑完成后，继续加挤所需的彩色护套。

(2) 平行钢丝索的制作

1) 调直与防锈。未经镀锌的高强度钢丝应堆放于室内，并防止潮湿锈蚀。使用前应调直，用调直机进行调直和除锈。

2) 确定标准钢丝。

3) 钢丝排列与夹紧定位。

4) 内防腐处理。在夹紧定位后的钢丝束上须进行内防腐处理，一般可采用涂刷橡胶沥青防水涂料和包以玻璃纤维布的做法，要求涂料涂刷均匀，无空白漏涂现象。玻璃纤维布的包裹应紧密重叠。

5) 平行钢丝索的外防护。平行钢丝索的外防护有多种处理方法，一般宜采用聚乙烯管作护套，安装后再在护套内压注特种水泥砂浆。因此，护套须能承受一定的内压力并具有一定的抗老化能力。可根据设计所要求的直径与管壁厚度，由专业工厂制作，其分节长度可根据工地现场及运输条件确定。

3. 钢绞线索的制作

(1) 防锈、防伤。绞制钢绞线索所用的高强度钢丝未镀锌时，应采取临时防腐措施；当采用镀锌钢丝时，应注意在放丝绞制过程中防止擦伤镀锌表层。

(2) 绞制要求。钢丝匝按设计断面进行排列定位，不能错位。钢绞线索绞制的角度须严格控制在2°~4°以内。

(3) 缠绕紧密。钢绞线索绞制成型后立即绕上高强度复合带2~4层，要求绕缠紧密，绕缠后的钢束断面形状应正确，且钢丝紧密无松动现象。

(4) 热挤护套要求。热挤护套可采用聚乙烯材料。聚乙烯材料中应掺有一定比例的炭黑，以提高抗老化能力。

五、挂索及张拉

1. 施工技术要点

挂索是将拉索的两端分别穿入梁上和塔上预留的索孔，并初步固定在索孔端面的锚板上。张拉是用千斤顶对拉索的索力进行调整，索力应经计算确定。不同的拉索、不同的锚具和不同的斜拉桥设计，要求采用不同的挂索和张拉方式。

对于配装拉锚式锚具的拉索，可以借助卷扬机直接将锚具拉出索孔后用螺母固定。当拉索长度超过100m，重量超过5t，只用卷扬机是无法满足施工要求的。这时，可以先将张拉用的连接杆接装在拉索锚具上，用卷扬机拉至连接杆露出洞口，即可完成挂索。对于更长更重的拉索，由于卷扬机的牵引力有限，连接杆的长度就要相应加大。

在塔上的索孔中先穿入一束由若干根钢绞线组成的柔性牵引索，并在千斤顶上附设一套钢绞线束的牵引装置。卷扬机将拉索提升，直至连接杆到达塔外索孔的进口附近，即可和钢绞线束连接，从而利用千斤顶的力量将连接杆拉入索孔，完成挂索。

除了预先通过计算确定所需的卷扬机型号和连接杆长度外，在挂索过程中还应校验计算值是否和实际相符。斜拉桥的结构特性决定了施工时的挂索过程必定是由短到长。因此，根据先期挂索的实践，可以预计到下一根较长索的挂索情况，及时对卷扬机的型号和连接杆的长度做调整。

上海南浦大桥最长的拉索长 228m，每延米重 86kg。挂索时所用的连接杆由 3 节组成，长度接近 4m，牵引束由 7 根 $\phi15$ 钢绞线组成，张拉千斤顶为带有钢绞线牵引装置的 YQL-600 型。由于预先对挂索的方案、程序、机具作了统筹安排，所以全桥的挂索过程安全顺利，如期完成。上海杨浦大桥的拉索更长更重，最长的达 331m，每延米重 98kg，利用上述方法，也顺利完成挂索。

对于配装拉丝式夹片群锚锚具的钢绞线拉索，挂索时先要在拉索上方设置一根粗大钢缆作为辅助索，拉索的聚乙烯套管先悬挂在辅助索上；然后逐根穿入钢绞线，用单根张拉的小型千斤顶调整好每根钢绞线的初应力；最后用群锚千斤顶整体张拉。新型的夹片群锚拉索锚具，第一阶段张拉使用拉丝方式，调索阶段可以使用拉锚方式。张拉及调整索力的过程中，要校核索力的增量和伸长量的对应关系。

大部分斜拉桥采用塔上张拉的张拉方式，也有部分斜拉桥采用梁上张拉的张拉方式，但先挂索、后张拉索的程序不变。

挂索、张拉属于起重和高处作业，必须考虑周全，作业方案应经过优选，确保作业安全、顺利地完成。所有的机具、设备、连接件，均应根据负荷选用。

2. 斜拉索的安装要求

（1）安装方法和选用。斜拉索的安装方法可根据索塔高度、斜拉索长度、缆索的材质、起重设备的起重能力和缆索护套的性能等选用，具体有单点吊法、多点吊法、脚手架法、起重机吊装法及钢管法等。对于已制成的较硬或较脆的外防护缆索，不得采用单点吊法安装。

（2）在塔上张拉并向上安装斜拉索。如在塔上张拉并向上安装斜拉索时，塔上张拉端的锚头上应安装连接器与引出杆，并从锚箱管内伸出（引出杆的长度与直径应根据计算确定）；缆索吊升至引出杆的连接器处，即可与缆索端的锚具连接；再用塔上锚箱内的千斤顶将缆索张拉就位。缆索锚头引出就位后应将引出的千斤顶、引出杆、连接器等拆除，再按设计要求的索力进行纠正张拉。

（3）在塔上张拉并向下安装斜拉索。如在塔上张拉并向下安装斜拉索时，可将缆索吊升至安装高度后，牵引钢丝绳可从塔上锚箱管道内引出并拴住张拉端锚具，配合起重机的提升将锚具从锚箱管道中伸出，并旋紧锚具的螺母，使其初步定位；然后再用特制的夹具将锚固端锚具伸入主梁锚箱管道中直至露出锚具，并初步旋紧定位；最后再按设计要求的索力进行张拉。

（4）斜拉索安装、张拉顺序与张拉力控制。斜拉索安装、张拉顺序与张拉力控制应满足设计要求。

各斜拉索的张拉应按设计规定的张拉力进行控制，以伸长量作为校核。在斜拉索的张拉过程中，必须同时进行梁段高程和索塔变位的观测，并与设计值进行比较。如果标高与张拉力有矛盾时，一般以标高为主进行控制；当实际张拉力与设计张拉力相差过大（一般误差控制在 10% 以内）时，应查明原因，并与设计单位商讨，采用适当方法进行控制调整。

（5）同步张拉的要求。索塔顺桥向两侧和横桥向两侧对称的缆索组的缆索应同步张拉；中孔无挂梁的连续梁与两端索塔和主梁两侧对称位置的缆索也应同步张拉。同步张拉的缆索，张拉中不同步拉力的相对差值，不得超过设计规定。如设计无规定时，不得大于张拉力的 10%，不同步拉力使塔顶产生的顺桥向偏移值不得大于 $H/1500$（H 为桥面起算的索塔高度）。两侧不对称的缆索或设计拉力不同的缆索，应按设计规定的拉力分阶段同步张拉。

（6）各斜拉索的拉力测定和调整。斜拉索张拉完成后，应使用振动频率测力计测定各缆索的张拉力值，每组及每索的拉力误差均应控制在 10% 以内（如设计有规定时，应符合设计规定），如有超过应进行调整。调整时，可从超过设计拉力值最大或最小的缆索开始调整（放松或拉紧），应调整到设计拉力值。在调整拉力时应对索塔和相应梁段进行位移观测。各斜拉索的拉力调整值和调整顺序应会同设计单位决定。

六、斜拉桥施工检测

施工检测是施工控制的重要组成部分。通过检测所获得的斜拉桥在施工各阶段结构内力和变形的第一手资料是施工控制、调整的主要依据，同时它也是监测施工、改进设计、确保结构在施工过程中安全的重要手段。施工测试的内容主要包括如下几个方面：

（1）变形测试。主要观测主梁挠度、主梁轴线偏差和塔柱水平位移。通常使用（精密）水准仪、经纬仪、倾角仪等测量仪器。

（2）应力测试。主要测定斜拉索索力、支座反力和主梁、塔柱的应力在施工过程中的变化情况。一般使用千斤顶油压表、荷载传感器或激振法、随机振动法等测定斜拉索的索力，主梁塔柱应力的测试则使用各种应变仪（应变片）或测力计等。

（3）温度测试。主要观测主梁、塔柱和斜拉索的温度（温度场）以及主梁挠度、塔柱位移等随气温和时间变化的规律。斜拉桥的主梁为预制钢梁时，合龙段施工前夕温度测试对于合龙温度的选择和合龙段预制长度的确定具有重要的指导作用。

任务 11.2　悬索桥施工

任务描述：悬索桥施工主要有锚碇、塔、主缆和加劲梁的制作与安装。

一、锚碇与塔的施工

1. 锚碇施工

锚碇是主缆锚固装置的总称，由混凝土锚块（含钢筋）、支架、锚杆、鞍座（散索鞍）等组成。

锚碇的形式可分为重力式（图 11-2a）和隧道式（图 11-2b）。若锚碇处有坚实基岩层靠近地表，修建隧道式锚碇有可能比较经济。

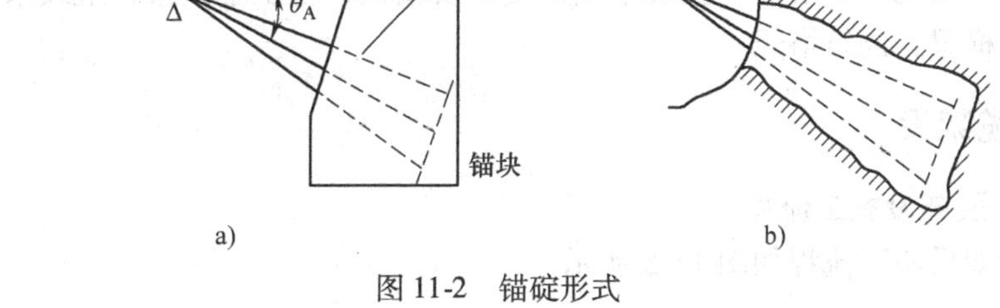

图 11-2　锚碇形式

有坚实基岩层靠近地表时也可以采用重力式锚碇，让锚块嵌入基岩，使位于锚块前的基岩凭借承压来抵抗主缆的水平力。例如我国于1995年建成的汕头海湾大桥，就是利用两岸的山体岩层，设计为重力式锚碇（锚块兜住石质山头，抵抗主缆拉力）。巨大的主缆拉力通过锚杆、后锚梁、锚块混凝土，均匀传递给基岩（图11-3）。

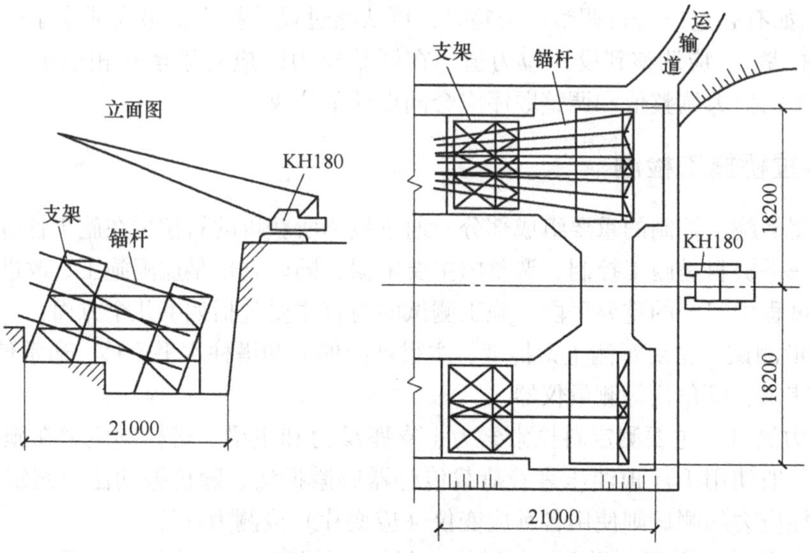

图11-3　汕头海湾大桥锚碇

若坚实基岩层在桥面下的深度为30～50m，可修建直接坐落在基岩上的锚块。若坚实基岩层的深度更深，而设计意图是使荷载完全传到该持力层，则必须设置沉井、沉箱大直径桩（含斜桩）等深基础，但造价要高很多。虎门大桥的西锚碇基础原设计为沉井加桩基方案，后经细探，发现基岩严重不平，沉井施工将会遇到很大困难，遂改为地下连续墙方案。如果将地基在荷载之下的各种变形予以充分考虑，也可以采用浅基础。

2. 索塔施工

悬索桥索塔一般有混凝土索塔和钢结构索塔两种，其中混凝土索塔的应用比较普遍。常见混凝土索塔的施工工艺流程如图11-4所示。

索塔施工建立在基础施工完成的前提下，基础结构比较常见的是灌注桩群桩形式，群桩上面是混凝土承台，承台混凝土浇筑第二次混凝土前，需预埋好塔座钢筋、塔柱劲性骨架、塔吊基础、横梁钢管支架固定支座和0号块梁段钢管支架支座；待承台混凝土浇筑完成以后，先进行塔吊安装，浇筑塔座混凝土；下塔柱采用翻模施工工艺，施工至下塔柱相应节段后，架设下横梁钢管支架，施工下横梁；翻模施工至主塔的相应节段，开始预埋爬锥，采用爬模施工工艺继续施工中塔柱，安装中横梁支架及模板，施工中横梁；继续采用用爬模法施工上塔柱及上横梁，浇筑塔冠。

二、主缆架设

1. 主缆索股架设施工流程

主缆索股架设施工流程如图11-5所示。

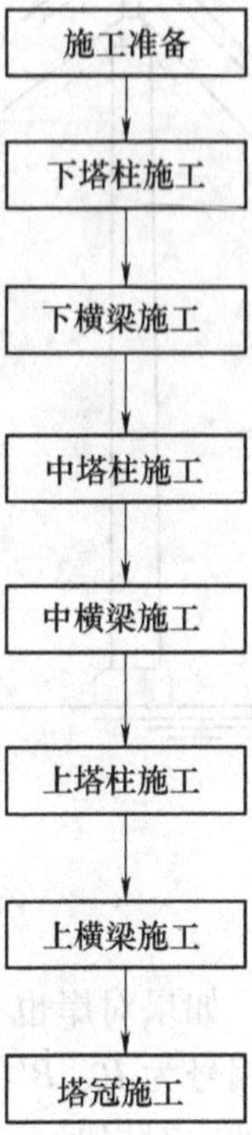

图11-4　混凝土索塔的施工工艺流程

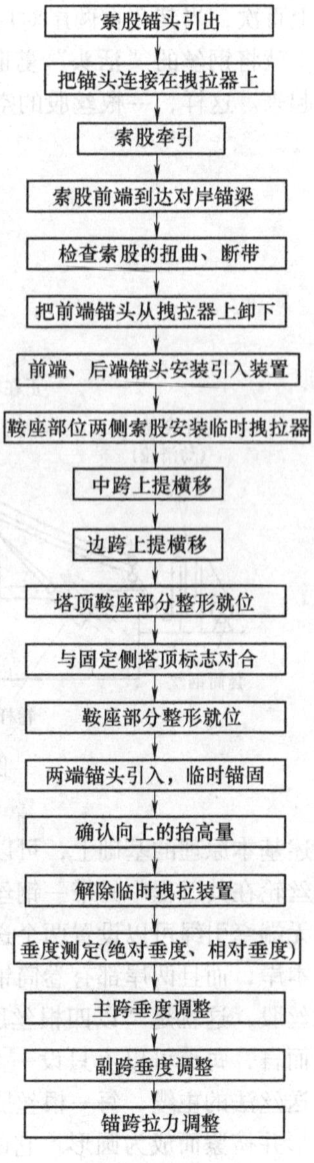

图11-5　主缆索股架设施工流程

2. 空中送丝法

在桥两岸的塔和锚碇等都已安装就绪后，沿主缆设计位置，在两岸锚碇之间布置一无端牵引绳，将牵引绳的端头连接起来，形成连通两岸的长绳圈。将送丝轮扣牢在牵引绳上，且将缠满钢丝的卷筒放在一侧岸边的锚碇旁，从卷筒中抽出钢丝头，暂时固定在某靴跟处（可编号为A），称这一钢丝头为“死头”。继续将钢丝向外抽，由“死头”、送丝轮和卷筒将正在输送的钢丝编成一个钢丝套圈，用动力机械驱动牵引绳，于是送丝轮就带着钢丝送向对岸。在钢丝套圈送到对岸时，将套圈从送丝轮上取下，套到其对应的靴跟上（可编号为A'）。图11-6为送丝工艺示意图。

随着牵引绳的驱动，送丝轮又从对岸带回，取下套圈套在靴跟A上，然后又送向对岸。

这样进行上百次，当其套在两岸对应靴跟（例如 A 及 A'）上的丝数达到一根丝股钢丝的设计数目时，就将钢丝的“活头”剪断，并将该“活头”同上述暂时固定的“死头”用钢丝连接器连起来。这样，一根丝股的空中编制就完成了。

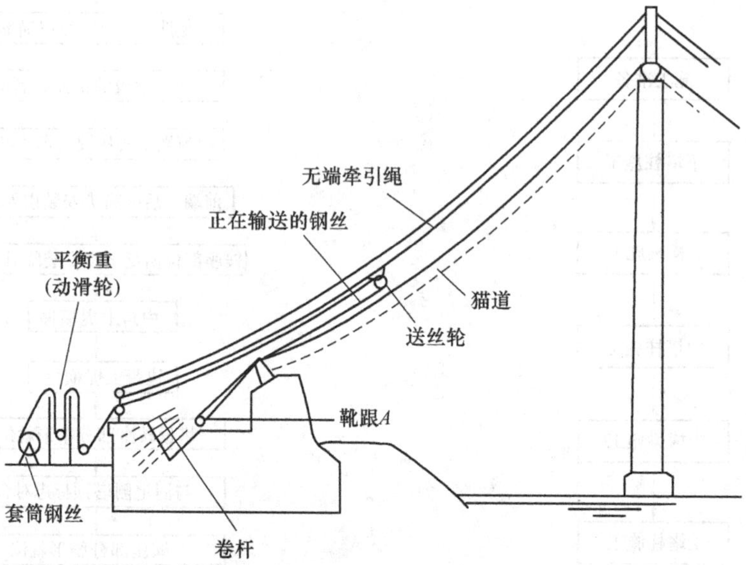

图 11-6　送丝工艺示意图

在上述基本原理的基础上，可以采取多种提高工效的措施。如果对岸也有卷筒钢丝，可以利用送丝轮在其返程中另带一钢丝套圈回来，从而在另一对编号为 B、B'的靴跟之间进行编股。沿无端牵引绳可以设置两个送丝轮，当甲送丝轮从本岸驶向对岸时，乙送丝轮正好从对岸驶向本岸，而且两岸都有卷筒钢丝，于是就可以同时在 C、C'和 D、D'靴跟之间编制另外的两根丝股，这就是“以四根丝股为一批”的安排。再者，对于送丝轮扣牢在牵引绳上的两个点而言，每点可以不只设一个送丝轮，而且每个送丝轮上的缠丝道路也可以不只一条。空中送丝法的主缆，每一根丝股内的钢丝根数为 300～600 根，再将这种丝股配置成六角形或矩形并挤紧而成为圆形。它的施工必须设置脚手架（猫道）并配备送丝设备，还需有稳定送丝的配套措施。为使主缆各钢丝均匀受力，必须对钢丝长度和丝股长度分别进行调整，还应及时进行紧缆和缠丝。

三、加劲梁施工

悬索桥加劲梁一般采用钢结构梁，常见的有钢箱梁和钢桁架梁等。加劲梁施工包括梁段加工和吊装两部分内容。下面对钢箱梁的加工、安装做简单的介绍。

1. 钢箱梁加工

（1）零部件加工。除施工图及工艺文件另有规定外，零部件加工范围及允许偏差应符合规范要求。零部件边缘的加工，应优先选用精密切割。边缘加工后，必须将边缘刺屑清除干净，磨去飞刺、挂渣及波纹，还应将崩坑等缺陷部位磨修匀顺。零件应根据预留加工量及平直度要求，加工端边。已有孔（或锁口）的零件按孔（或锁口）中心线定位加工边缘。

按设计要求需要刨（铣）加工的零件，刨（铣）边时应避免油污污染钢料，加工面的表面粗糙度 Ra 不应大于25μm，顶紧加工面与板面垂直度偏差应小于0.0t（t 为板厚）且不得大于0.3mm。

(2) 组装。组装前应熟悉施工图和工艺文件，核对编号及图样无误后方可组装。板件、部件及节段组装应在专用平台或胎架上进行，使用专用夹具或马板进行固定，并按工艺要求施放余量或补偿量，在确保产品组装精度、控制焊接变形的条件下应尽量使用夹具，减少使用马板的数量。

桥面板、桥底板纵、横对接焊缝应带产品试板，对产品试板进行拉伸试验及焊缝热影响区低温冲击试验。产品试板数量为：桥面板、桥底板纵向对接焊缝每10条带1块产品试板，横向对接焊缝每5条焊缝带1块产品试板。

(3) 焊接。在工厂或工地首次焊接工作之前或材料、工艺在施工过程中遇有须重新评定的变化，必须分别进行焊接工艺评定试验。焊工应经过考试，熟悉焊接工艺要求，取得资格证书后方可从事焊接工作。焊工停焊时间超过6个月，应重新考核。工厂焊接宜在室内进行，湿度不宜高于80%。焊接环境温度，低合金高强度结构钢不应低于5℃，普通碳素结构钢不得低于0℃。主要杆件应在组装后24h内焊接。

(4) 试拼装。钢梁应按拼装图进行厂内试拼装，试拼不少于3个节段，按架梁顺序进行试拼装。试拼装前，应认真做好各项准备工作，仔细检查试拼装胎位、工具、仪器及吊具是否完好和安全可靠。依据设计图及工艺文件核对每个零件、部件、梁段，不允许使用未经检验或不合格的零部件及梁段参加厂内试拼装。

(5) 成品。钢梁成品应由工厂检验部门进行全面检查、验收，并与业主委派的质量监理工程师共同确认，合格后方可填发产品合格证。

2. 钢箱梁安装

(1) 安装钢箱梁的起重机可选用卷扬机提升跨缆起重机或液压提升跨缆起重机，启用前必须进行试吊。

(2) 吊装方法可根据以下情况选定：如能将梁段运至吊点位置处，可采用垂直起吊法架设；因河床的限制，梁段不能运至吊点正下方时，可将吊机偏位将梁段垂直起吊，然后纵向牵引箱梁就位。

(3) 吊装过程应符合以下规定：

1) 吊装过程必须严格遵守高空作业及水上作业的安全规定。

2) 吊装过程应观察索塔变位情况，应根据设计要求和实测塔顶位移量分阶段调整索鞍偏移量，以保证工程质量和施工安全。

3) 安装前应确定安装顺序，一般可以从中跨跨中对称地向两边进行，安装完一段跨中梁段后，再从两边跨对称地向索塔方向进行。

4) 钢箱梁水上运输必须由有经验的人员操作。架设前，宜进行现场驳船定位试验，以保证定位精度。

5) 各工作面上，吊装第二节段起须与相邻节段间预偏一定间隙（0.5～0.8m），吊至标高后，牵拉连接，避免吊装过程与相邻节段发生碰伤，影响吊装工作顺利进行。

6) 安装合龙段前，必须根据实际的合龙长度，对合龙段长度进行修正。

思　考　题

1. 预应力混凝土斜拉桥的斜拉索有哪些类型?
2. 斜拉桥的斜拉索张拉及安装有何要求?
3. 预应力混凝土斜拉桥索塔施工有哪些主要方法?
4. 斜拉桥主梁施工采用自然合龙的方法应注意哪些问题?

项目 12　桥面系施工

学习目标：1. 掌握桥梁铰缝、桥面铺装施工方法

　　　　　2. 掌握栏杆扶手施工安装方法

　　　　　3. 掌握伸缩缝安装方法

梁桥与拱桥的桥面系组成基本相同，施工方法也基本相同，桥面系施工主要包括桥面铺装施工、铰缝施工、伸缩缝安装及栏杆扶手施工等。

任务 12.1　梁间铰接缝与桥面铺装施工

任务描述：装配式梁桥的梁间铰接缝，是指预制梁安装完成后，将梁与梁之间纵向接纵钢筋衔接，将混凝土浇筑完成，其目的是为保证桥梁上部形成整体结构。桥面铺装是梁体上面的铺装层，一般有混凝土铺装层和沥青铺装层。

一、简支板梁桥铰接缝施工

板梁纵向铰接缝如图 12-1 所示，企口铰接的形状在板梁预制时形成，相邻两块板的底部应紧密接触，形成铰缝混凝土底模；铰缝钢筋在梁板预制时紧贴着模板向上竖起，浇筑混凝土前将其扳平，焊接或绑扎牢固。用水将缝内冲洗干净并使其充分湿润。

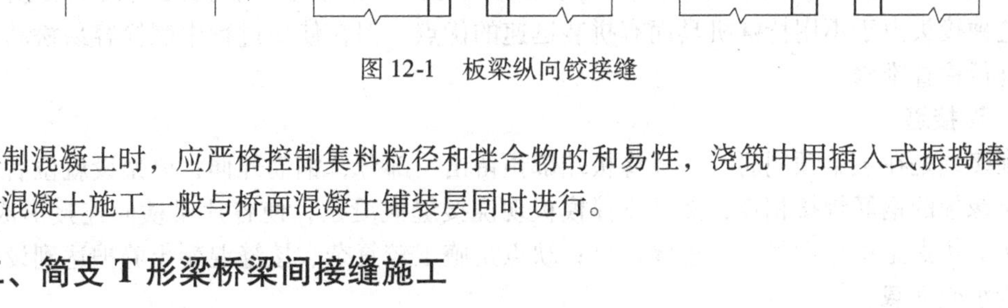

图 12-1　板梁纵向铰接缝

拌制混凝土时，应严格控制集料粒径和拌合物的和易性，浇筑中用插入式振捣棒捣实。此部分混凝土施工一般与桥面混凝土铺装层同时进行。

二、简支 T 形梁桥梁间接缝施工

简支 T 形梁桥梁间接缝按梁体设计不同有干接缝和湿接缝两种。

1. 干接缝

干接缝是用钢板或螺栓将相邻两片梁翼缘板和横隔板焊接起来形成横向联系。该方法的优点是施工方便、连接速度快、焊接后能立即承受荷载。但整体性效果稍差一些。干接缝示

意图如图 12-2 所示。

在 T 形梁翼缘板及横隔梁相应位置预埋钢板，梁架设安置好后，把对应位置的钢板焊接起来，使其形成整体。

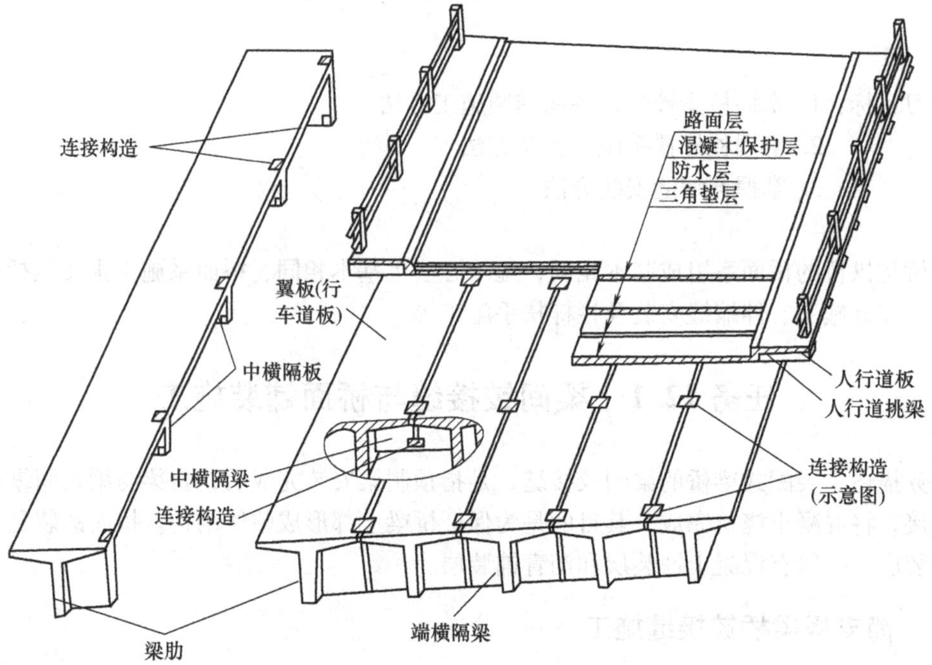

图 12-2　干接缝示意

在横隔梁靠近下部边缘的两侧和顶部的翼缘板内均埋有焊接钢板，焊接钢板与横隔梁的受力钢筋焊接在一起做成安装骨架。当 T 形梁安装就位后，在横隔梁的预埋钢板上再加焊盖接钢板使其连成整体。端横隔梁焊接钢板的接头构造与中横隔梁相同，但由于其外侧（近墩（台）一侧）不好施焊，故焊接接头只设于内侧。相邻横隔梁之间的缝隙宜用水泥砂浆填满，所有外露钢板也应用水泥浆封盖。

为了简化接头的现场施工，也可采用螺栓接头，此种接头方法基本上与焊接钢板接头相同，不同之处是盖接钢板不用电焊，而是用螺栓与预埋钢板连接，为此钢板上要预留螺栓孔。这种接头由于不用特殊机具而有拼装迅速的优点，但在使用过程中螺栓容易松动，需要定期进行检查维修。

2. 湿接缝

湿接缝是在主梁预制时，将翼缘板端部预留出一部分，钢筋外伸；梁架设就位后，将相邻两翼缘板的钢筋焊接相连；然后支撑模板现浇接缝混凝土，使各片梁横向连接形成整体。该方法的优点是钢板用量少、整体性好；缺点是施工较复杂、接缝混凝土养护达到设计强度后方能承受荷载。

湿接缝示意图如图 12-3 所示。无论是 T 形梁还是箱梁其构造相同，都是把翼缘板和横隔板用现浇混凝土相连。除了梁翼缘板钢筋外伸相互对接外，还要加设扣环钢筋。横隔梁在预制时，在接缝处预埋了伸出钢筋和扣环钢筋，安装时在相邻构件的扣环钢筋两侧绑扎圆形接头钢筋，在形成的圆环内绑扎纵向分布筋后就可以现浇混凝土封闭接缝，接缝宽度为

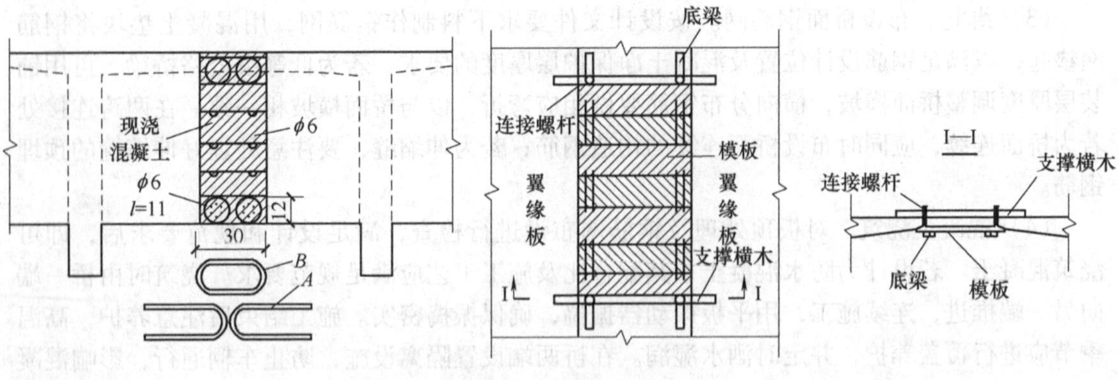

图12-3　湿接缝示意

0.20~0.50m。

横隔板的湿接缝施工难度较大，应在翼缘板的接缝施工之前施工；端横隔板的湿接缝施工较简单，工人可以站在墩（台）帽上立模浇筑接缝混凝土；中横隔板的湿接缝施工较为困难，若条件允许可在桥下设临时支架或用高空作业平台将工人送至预定高度立模浇筑。若桥下有水，则应设法从桥面向下悬吊施工，不仅横隔板要有悬吊设施，施工人员也要系安全带从桥面悬吊下去施工，要特别注意施工安全。

三、桥面铺装层施工

桥面铺装层的作用是实现桥梁的整体化，使各片主梁共同受力，同时为行车提供平整舒适的行车道面。高等级公路及一、二级公路的桥面铺装层一般为两层，上层为4~8cm的沥青混凝土，下层为8~10cm的钢筋混凝土。钢筋混凝土增加桥梁的整体性；沥青混凝土提高行车的舒适性，同时能减轻车辆对桥梁的冲击和振动。四级公路或个别三级公路为减少工程造价，直接采用水泥混凝土桥面，所以，桥面铺装层的结构形式应根据公路等级、交通量和荷载等级经设计确定。现就钢筋混凝土和沥青混凝土铺装层施工方法分别进行介绍。

1. 桥面铺装施工工艺流程

（1）施工工艺流程：凿除浮渣→清洗桥面→精确放样→绑扎钢筋→安装模板→调整钢筋→浇筑混凝土→混凝土养护→防水层施工→沥青面层摊铺。

2. 钢筋混凝土桥面铺装层施工

（1）梁顶标高的测定和调整

预应力混凝土空心板或大梁在预制后的存梁期间，由于预应力的作用，往往会产生反拱，如果反拱过大就会影响到桥面铺装层的施工，因此设计中对存梁时间、存梁方法都做了一定的要求。如果架梁前已发现反拱过大，则应采取降低墩顶标高、减少垫石厚度等方法，保证铺装层厚度。架梁后对梁顶标高进行测量，测定跨中和支点处的中线、边线标高，分析其是否满足规范要求；若偏差过大，则应采取调整桥面标高、改变引线纵坡等方法，以保证铺装层厚度，使桥梁上部结构形成整体。

（2）梁顶处理。为了使现浇混凝土铺装层与梁、板结合成整体，预制梁、板时应对其顶面进行拉毛处理，有些设计还要求梁顶每隔50cm设一条1~1.5cm深的齿槽。浇筑前要用清水冲洗梁顶，不能留有灰尘、油渍、污渍等，并使板顶充分湿润。

（3）绑扎、布设桥面钢筋网。按设计文件要求下料制作钢筋网，用混凝土垫块将钢筋网垫起，以满足钢筋设计位置及混凝土净保护层厚度的要求。若为低等级公路桥梁，可用铺装层厚度调整桥面横坡，横向分布钢筋要做相应弯折，以与桥面横坡相一致。在两跨连接处若为桥面连续，应同时布设桥面连续的构造钢筋；若为伸缩缝，要注意处理好伸缩缝的预埋钢筋。

（4）混凝土浇筑。对板顶处理及钢筋网布设进行检查，满足设计和规范要求后，即可浇筑混凝土。若设计为防水混凝土，其配合比及施工工艺应满足规范要求。浇筑时由桥一端向另一端推进，连续施工，用平板振动器振捣，确保振捣密实。施工结束后注意养护，高温季节应进行覆盖养护，并定时洒水湿润。在桥两端设置隔离设施，防止车辆通行，影响混凝土强度。待混凝土强度达标后，方能开放交通或铺筑上层沥青混凝土。

3. 沥青混凝土面层施工

桥面沥青混凝土与同等级公路沥青混凝土路面的材料、工艺、施工方法相同，一般与路面同时施工。采用拌和厂集中拌和，现场机械摊铺，沥青材料及混合料的各项指标应符合设计和施工规范要求。沥青混合料每日应做抽提试验（包括马歇尔稳定度试验），严格控制各种矿料和沥青的用量，以及各种材料和沥青混合料的加热温度。用胶轮压路机碾压成型，碾压温度要符合设计要求。摊铺后进行质量检测，强度和压实度要达到合格。注意铺装后桥面的泄水孔的进水口应略低于桥面面层，以保证排水顺畅。

四、栏杆扶手施工

1. 防撞护栏施工

边板（梁）预制时应在翼缘板上按设计位置预埋防撞护栏的锚固钢筋，支设护栏模板时应先进行测量放样，确保位置准确。特别是曲线形桥梁，应首先计算出护栏各控制点的坐标，用全站仪逐点放样进行控制，使其满足曲线线形要求。绑扎钢筋时注意避开预埋防护钢管支撑钢板的固定螺栓，保证其牢固可靠。在有伸缩缝处，防撞护栏应断开，依据选用的伸缩缝形式安装相应的伸缩装置。混凝土浇筑及养护与其他构件相同。

2. 人行道、栏杆施工

人行道、栏杆通常采用预制块件安装施工方法，有些桥的人行道采用整块预制，分为中块和端块两种，若为斜交桥，其端块还要做特殊设计。预制时要严格按照设计尺寸制模成型，以保证强度。大部分桥梁的人行道采用分构件预制法，一般分为 *A* 挑梁、*B* 挑梁、路缘石、支撑梁、人行道板等。如图 12-4 所示，*A* 挑梁、*B* 挑梁、人行道板为预制构件，路缘石和支撑梁采用现场浇筑。

注意 *A* 挑梁上要留有槽口，以保证立柱的安装固定。栏杆的造型多种多样，一般由立柱、扶手、栅栏等几部分构成，均为预制拼装。施工时应注意以下几点：

（1）悬臂式安全带和悬臂式人行道构件必须与主梁横向连接或拱上建筑完成后才可安装。

（2）安全带梁及人行道梁必须安放在未凝固的 M20 稠水泥砂浆上，并以此形成人行道顶面设计的横向排水坡。

（3）人行道板必须在人行道梁锚固后才可敷设。对设计无锚固的人行道梁，人行道板的敷设应按照由里向外的顺序。

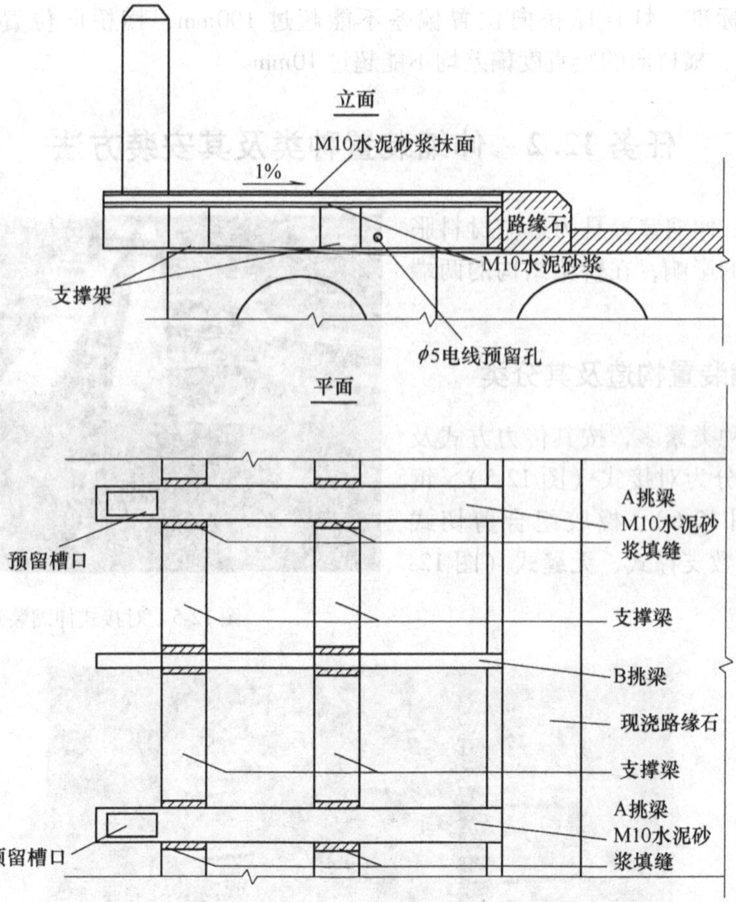

图12-4　人行道构造

（4）栏杆块件必须在人行道板敷设完毕后才可安装。安装栏杆柱时，必须全桥对直、校平（弯桥、坡桥要求平顺）、竖直后用水泥砂浆填缝固定。

（5）在安装设计有锚固的人行道梁时，应对焊接处认真检查，注意施工安全。

3. 灯柱安装

灯柱通常只在城镇设有人行道的桥梁上设置，灯柱的设置位置有两种：一种是设在人行道上；另一种是设在栏杆立柱上。

第一种布设较为简单，在人行道下布埋管线，按设计位置预设灯柱基座，在基座上安装灯柱、灯饰，连接好线路即可。这种布设方法大方、美观、灯光效果好，适合于人行道较宽（大于1m）的情况。但灯柱会减小人行道的宽度，影响行人通过，且要求灯柱布置满足设计要求，不能影响行车净空高度。

第二种布设稍麻烦一些，电线在人行道下预埋后，还要在立柱内布设线管通至顶部，因立柱既要承受栏杆上传来的荷载，又要承受灯柱的重量，因此带灯柱的立柱要做特殊设计。在立柱顶部还要预设灯柱基座，保证其连接牢固。这种布设方法的优点是灯柱不占人行道空间，桥面开阔，但施工、维修较为困难。

大型桥梁须配置照明控制配电箱，固定在桥头附近的安全场所。

检查验收标准：灯柱顺桥向位置偏差不能超过 100mm，横桥向位置偏差不能超过 20mm；顺桥向、横桥向的竖直度偏差均不能超过 10mm。

任务 12.2　伸缩装置种类及其安装方法

任务描述：伸缩装置是为适应材料胀缩变形对结构的影响，在桥梁结构的两端设置的装置。

一、伸缩装置构造及其分类

伸缩装置种类繁多，按其传力方式及构造特点可以分为对接式（图 12-5）、钢质支撑式（图 12-6）、橡胶组合剪切式（图 12-7）、模数支撑式、无缝式（图 12-8），见表 12-1。

图 12-5　对接式伸缩装置

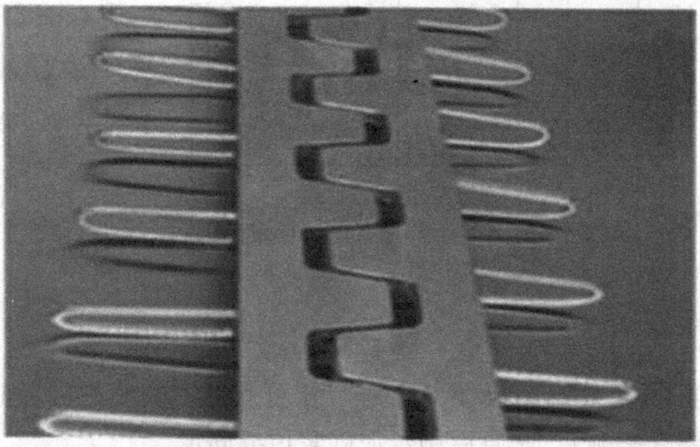

图 12-6　钢质支撑式伸缩装置

图 12-7　橡胶组合剪切式伸缩装置

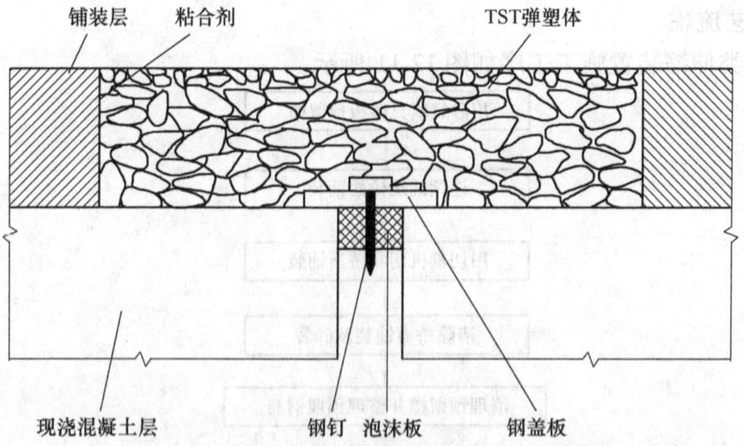

图12-8　无缝式伸缩装置

表12-1　伸缩装置类型

类别	类型	说　明
对接式	填塞对接型	以橡胶、沥青、麻絮填塞缝隙（在任何情况下都处于受压状态）
	嵌固对接型	采用不同形态的钢构件将不同形状的橡胶条（带）嵌固，以橡胶条的拉压变形吸收梁体变形
钢质支撑式	钢质型	采用面层钢板或疏齿钢板
橡胶组合剪切式	板式橡胶型	将橡胶材料与钢构件组合，以橡胶的剪切变形吸收梁体的伸缩变形
模数支撑式	模数型	采用异形钢板（或钢组件）与橡胶密封带组合使用
无缝式	暗缝型	以可伸缩的特殊材料代替面层

二、伸缩装置的安装施工

1. 安装方法分类

桥梁伸缩装置分成对接式、钢质支承式、橡胶组合剪切式、模数支承式、无缝式5大类，前4类的组成部分可简化为图12-9，第5类的组成部分可简化为图12-10。

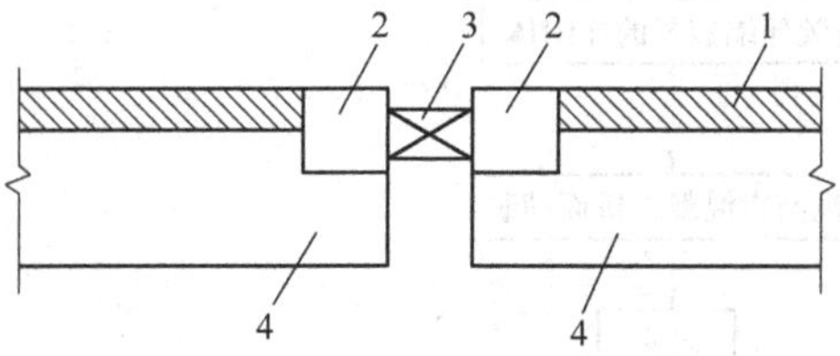

图12-9　1~4类伸缩装置示意

1—桥面铺装　2—桥面整体化混凝土

3—伸缩体　4—梁

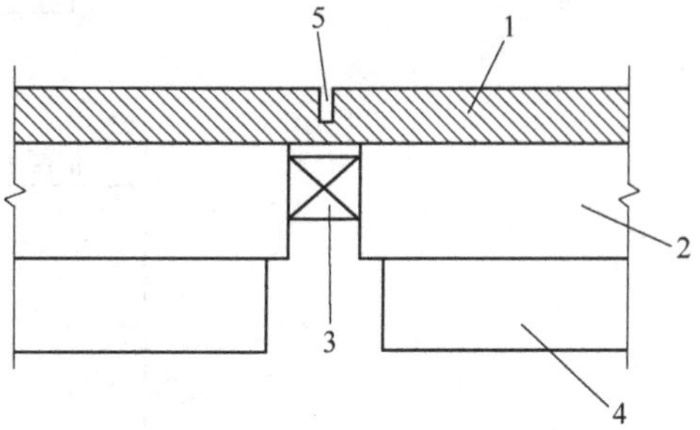

图12-10　第5类伸缩装置示意

1—桥面铺装　2—伸缩装置锚固系统　3—伸缩体

4—梁　5—锯缝

2. 施工工艺流程

（1）1 ~4 类伸缩装置施工工序如图 12-11 所示。

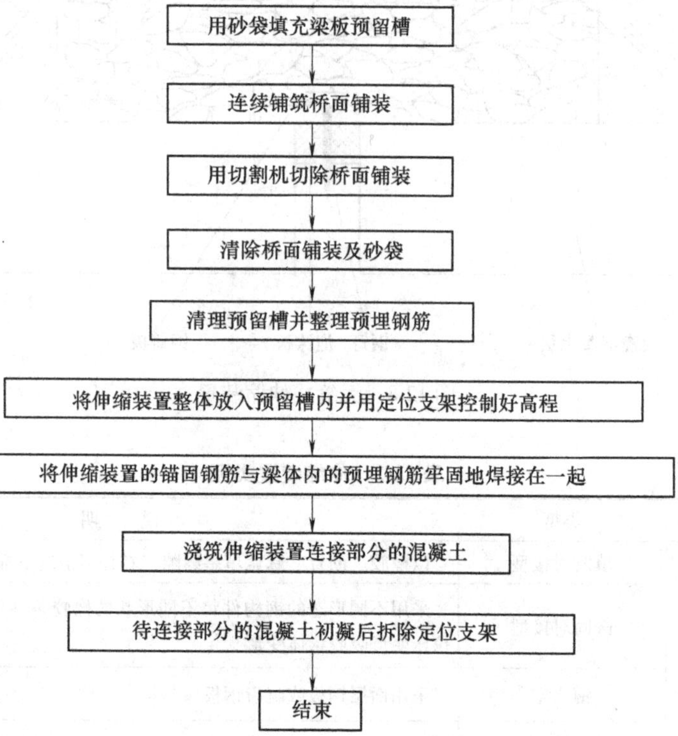

图 12-11　1 ~4 类伸缩装置施工工序

（2）第 5 类伸缩装置施工工序如图 12-12 所示。

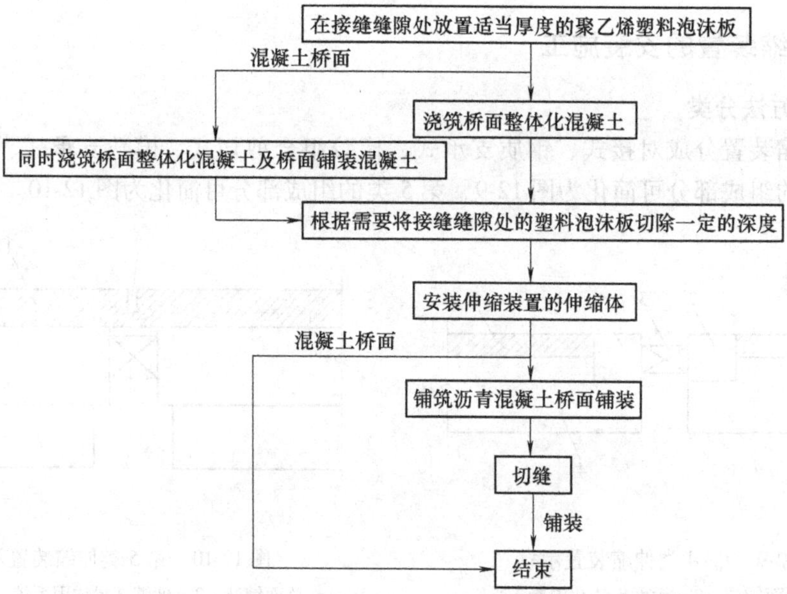

图 12-12　第 5 类伸缩装置施工工序

3. 安装技术要点

（1）桥面施工完成后方可进行伸缩装置的安装工作，以保证桥面与伸缩装置之间的平整度。

（2）伸缩装置的安装一定要按照程序进行。

（3）将地板角钢及锚固螺栓固定在定位角铁上时，一定要仔细控制好各部位的尺寸与标高。

（4）地板角钢下的混凝土一定要饱满密实，不得有空洞。

（5）一定要将伸缩装置的锚固螺栓筋及其他钢筋与预埋筋和桥面钢筋焊为一体。

（6）浇筑C50混凝土（或C50环氧树脂混凝土）要振捣密实，严格养护；当混凝土初凝之后，立即拆除定位角铁，以防温度变化造成梁体伸缩而使锚固松动。

三、桥面连续施工

为了减少桥面伸缩缝的数量，目前简支梁桥常采用桥面连续。桥面连续的道数及联跨长度根据当地环境温度和桥梁跨径由设计部门经计算确定，桥面连续的构造如图12-13所示。

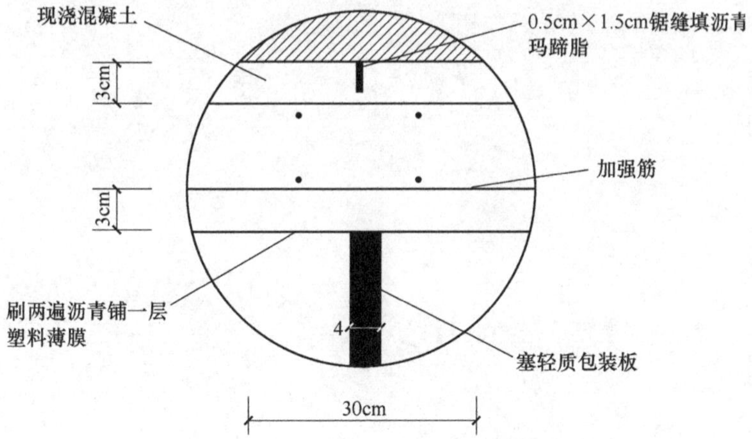

图12-13　桥面连续的构造

桥面连续与桥面铺装层混凝土同时施工，桥面钢筋网采用Φ12钢筋，间距15cm×15cm靠顶层布设。桥面连续处为保证梁体伸缩应力能通过连续部位传递，在桥面铺装层的顶层增加一层纵向连接钢筋，一般选用Φ8钢筋，间距一般为10cm×10cm、15cm×15cm、20cm×20cm。在底层还要增设分布钢筋和连接筋，同样为Φ8钢筋，间距一般为10cm×10cm、15cm×15cm、20cm×20cm。浇筑混凝土之前用轻质包装板将梁端缝隙填塞密实，这样既保证上部现浇混凝土不致落下，又能使梁自由伸缩。混凝土强度形成后，在连续桥面顶部梁伸缩缝中心位置锯开1.5cm深的假缝，用沥青玛瑅脂填实，保证桥面在温度下降时不产生裂缝。

思　考　题

1. 桥面常用伸缩缝的类型有哪些？
2. 伸缩装置安装工艺流程是什么？
3. 简支梁桥面连续的优点是什么？桥面连续施工工艺是什么？
4. 钢筋混凝土桥面铺装层施工有何注意事项？
5. 人行道、栏杆采用预制块件安装施工方法时应注意哪些问题？

参 考 文 献

[1] 中华人民共和国交通运输部. JTG/T F50—2011 公路桥涵施工技术规范[S]. 北京：人民交通出版社，2011.

[2] 中华人民共和国交通部. JTG F80/1—2004 公路工程质量检验评定标准：第一册：土建工程[S]. 北京：人民交通出版社，2004.

[3] 中华人民共和国交通部. JTG D60—2004 公路桥涵设计通用规范[S]. 北京：人民交通出版社，2004.

[4] 中华人民共和国交通部. JTG D62—2004 公路钢筋混凝土及预应力混凝土桥涵设计规范[S]. 北京：人民交通出版社，2004.

[5] 中华人民共和国交通运输部. JTG D64—2015 公路钢结构桥梁设计规范[S]. 北京：人民交通出版社，2015.

[6] 中华人民共和国住房和城乡建设部. JGJ 130—2011 建筑施工扣件式钢管脚手架安全技术规范[S]. 北京：中国建筑工业出版社，2011.

[7] 范立础. 预应力混凝土连续梁桥[M]. 北京：人民交通出版社，1988.

[8] 范立础. 桥梁工程[M]. 北京：人民交通出版社，2001.

[9] 王常才. 桥涵施工技术[M]. 2版. 北京：人民交通出版社，2007.

[10] 王运周. 桥涵施工[M]. 北京：人民交通出版社，2007.

[11] 匡希龙. 桥涵施工[M]. 成都：西南交通大学出版社，2008.

[12] 杨渡军. 公路施工技术[M]. 北京：人民交通出版社，2007.

[13] 交通部第一公路工程总公司. 公路施工手册—桥涵：上册[M]. 北京：人民交通出版社，2000.

[14] 交通部第一公路工程总公司. 公路施工手册——桥涵：下册[M]. 北京：人民交通出版社，2000.

[15] 姚玲森. 桥梁工程[M]. 北京：人民交通出版社，1985.

[16] 向中富. 桥梁施工控制技术[M]. 北京：人民交通出版社，2001.

[17] 郭发忠. 桥梁工程技术[M]. 2版. 北京：人民交通出版社，2010.

